李红霞 ◎ 著

跨年度预算平衡机制
理论与实践问题研究

—— 以北京市为例

首都经济贸易大学出版社

Capital University of Economics and Business Press

·北 京·

图书在版编目（CIP）数据

跨年度预算平衡机制理论与实践问题研究：以北京市为例/
李红霞著. --北京：首都经济贸易大学出版社，2021.9
　　ISBN 978-7-5638-3250-7

　　Ⅰ. ①跨…　Ⅱ. ①李…　Ⅲ. ①预算管理—研究—北京
Ⅳ. ①F812.713

中国版本图书馆 CIP 数据核字（2021）第 143672 号

跨年度预算平衡机制理论与实践问题研究——以北京市为例
李红霞　著
Kuaniandu Yusuan Pingheng Jizhi Lilun Yu Shijian Wenti Yanjiu
——Yi Beijingshi Weili

责任编辑	陈雪莲
封面设计	砚祥志远·激光照排　TEL：010-65976003
出版发行	首都经济贸易大学出版社
地　　址	北京市朝阳区红庙（邮编100026）
电　　话	（010）65976483　65065761　65071505（传真）
网　　址	http：//www.sjmcb.com
E-mail	publish@cueb.edu.cn
经　　销	全国新华书店
照　　排	北京砚祥志远激光照排技术有限公司
印　　刷	人民日报印刷厂
成品尺寸	170毫米×240毫米　1/16
字　　数	296千字
印　　张	16
版　　次	2021年9月第1版　2021年9月第1次印刷
书　　号	ISBN 978-7-5638-3250-7
定　　价	56.00元

前　言

　　财政为庶政之母，预算乃邦国之基。一国的预算模式及其运行贯穿于政府治理的各个环节，与民生保障、社会公平和国民经济发展息息相关。在新一轮政府预算管理改革中，跨年度预算平衡机制已成为社会日益关注的现实财政问题，以往的预算决策过程更多侧重于年度预算的平衡结果与赤字规模，但年度预算容易助长预算过程的短期行为，忽视预算安排的中长期可持续性。跨年度预算平衡机制从传统的关注年度平衡理念逐步向中期预算平衡拓展，能够进一步强化支出预算约束，充分发挥财政政策逆周期调节作用。党的十九大报告明确提出："建立全面规范透明、标准科学、约束有力的预算制度。"因此，建立跨年度预算平衡机制是进入新时代建立现代预算制度的新要求，有利于优化预算资源配置，有利于增强预算的约束力。跨年度预算平衡机制的引入是我国预算管理制度的一场重大变革，是推进国家治理体系和治理能力现代化的有力举措，也是落实十九大报告关于强化预算约束的重要保障。探索中期财政规划下跨年度预算平衡机制，对提升财政资金配置效率，推进国家治理体系和治理能力现代化，打造责任政府和效率政府，具有重要的理论及现实意义。

　　根据2015年新实施的《预算法》及《国务院关于实行中期财政规划管理的意见》（国发〔2015〕3号）等文件要求，我国于2015年开始建立跨年度预算平衡机制，全面实施中期财政规划。北京市财政局按照中央及市委、市政府关于"建立跨年度预算平衡机制，实施编制三年滚动预算"的要求，从2015年开始首次试编2016—2018年中期财政规划，随后编制2017—2019年、2018—2020年等"以三年为计划周期"的跨年度中期预算，实现财政政策逆周期调节。北京市实行跨年度预算平衡机制，对深化北京市财政改革和宏观调控，提升北京市各部门、各单位中期预算管理水平，加强预算执行中的绩效管理起到了积极的作用。但几年的实践证明，由于跨年度预算平衡机制实施的制度环境以及编制中期预算的理念还尚未深入人心，加上编制三年滚动预算在我国各级财政及部门都是一种新的尝试，编制三年滚动预算还存在财政收支预测不够准确、预算约束力较低、执行力弱等问题，这些都可能影响跨年度预算平衡机制的顺利实施。为使跨年度预算平衡机制的作用得到有效发挥，应实现政府决策方式与跨年度预算平衡机制的有机结合，有效提高准

1

确预测中期预算收支的技术水平，实现绩效问责实质性嵌入三年滚动预算全过程。根据跨年度预算平衡机制的相关理论及国际成功经验，本书拟从北京市实施跨年度预算平衡机制面临的困境入手，针对北京市实行三年滚动预算出现的问题及深层次原因进行分析和探讨，并提出进一步完善的政策建议。

本书主要围绕以下内容展开：首先，对跨年度预算平衡机制实施的内在机理进行充分阐述。从西方国家预算平衡理论演进出发，阐述年度预算平衡转向多年度预算平衡的历史跨越。其次，本书对北京市实施跨年度预算平衡机制存在的问题，如跨年度预算平衡机制与中期规划之间衔接不够紧密、绩效评价比较薄弱、三年滚动预算的"滚动"效应难以真正实现及保障机制不够健全等进行深入剖析。再次，本书通过借鉴发达国家先进经验，并运用时间序列模型和主成分回归模型，对北京市未来三年财政收支进行预测。最后，本书提出了进一步完善北京市跨年度预算平衡机制的政策建议。

本书正文部分共分为七章：第一章，跨年度预算平衡机制实施的内在机理；第二章，跨年度预算平衡机制框架设计；第三章，他山之石——国际视野下跨年度预算平衡机制的经验借鉴；第四章，北京市跨年度预算平衡机制实施背景及程序设计；第五章，北京市实施跨年度预算平衡机制的现状及存在的问题；第六章，北京市跨年度预算平衡机制财政收支预测模型设计；第七章，进一步完善北京市跨年度预算平衡机制的政策建议。

本书是在笔者主持的北京市社科基金项目"北京市跨年度预算平衡机制与实现路径研究"（16YJB028）与教育部人文社会科学研究规划基金项目"新时代中期预算脆弱度分析与可持续路径选择研究"（18YJA790044）等基础上完成的。本书写作中收集整理了大量资料、数据，将跨年度预算平衡机制纳入当代公共管理改革实践与理论研究的宏观视野中，探讨了跨年度预算平衡机制改革中存在的问题及成因，并提出了进一步完善的思路和对策。本书的出版，对于开拓跨年度预算平衡机制的研究视野，丰富政府预算理论和推动现代预算制度改革有借鉴意义。参与本书写作和资料收集的有首都经济贸易大学财政税务学院博士研究生张阳、庄鹏、刘天琦等，硕士研究生郑玉婷、马艳等。由于时间仓促，书中难免存在一些问题与疏漏，望相关专家学者和广大读者不吝赐教和批评指正。

李红霞
2021 年 2 月于北京

目录
CONTENTS

第一章　跨年度预算平衡机制实施的内在机理

第一节　背景分析及文献综述

一、背景分析

财政为庶政之母，预算乃邦国之基，预算制度作为国家长治久安的制度保障，是当前全面深化改革的重点之一。一国的预算模式及其运行贯穿于政府治理的各个环节，与民生保障、社会公平和国民经济发展息息相关。在新一轮政府预算管理改革中，跨年度预算平衡机制已成为社会日益关注的现实财政问题，以往的预算决策过程更多侧重于年度预算的平衡结果与赤字规模，但年度预算容易助长预算过程的短期行为，忽视了预算安排的中长期可持续性。跨年度预算平衡机制从传统的关注年度平衡理念逐步向关注中期预算平衡拓展，能够进一步强化支出预算约束，充分发挥财政政策逆周期调节的作用。党的十九大报告明确提出：“建立全面规范透明、标准科学、约束有力的预算制度。”因此，建立跨年度预算平衡机制是进入新时代建立现代预算制度的新要求，有利于优化预算资源配置，增强预算的约束力。跨年度预算平衡机制的引入是我国预算管理制度的一场重大变革，是推进国家治理体系和治理能力现代化的有力举措，也是落实十九大报告关于强化预算约束的重要保障。随着国家“钱袋子”越来越重，如何确保纳税人的钱都能花出实效，如何将中期财政规划理念深度融入预算执行的全过程，如何完成从“政府管钱袋子”到“管好政府钱袋子”的重大转变，就成为现阶段亟待解决的重大课题。因此，探索中期财政规划下跨年度预算平衡机制，对提升财政资金配置效率，推进国家治理体系和治理能力现代化，打造责任政府和效率政府，具有重要的理论及实践意义。

针对我国传统年度预算模式中存在的中期预算视野缺失问题，2015年新《预算法》规定“各级政府应当建立跨年度预算平衡机制”，在“十三五”规划建议中更进一步提出“实施跨年度预算平衡机制和中期财政规划管理”。跨年度预算平衡的实现是一个动态过程，也是一项"牵一发而动全身"的系统工程，需从预算目标、编制、执行、监督及运行条件等多个角度，全方位地进行分析考量。跨年度预算平衡机制是一个具有中国特色的词汇，要求在政府预算各个环节，全方位引入多年期视角，建立合理的跨年度预算平衡机制。实行跨年度预算平衡机制，是贯彻落实中央决策部署，加快建立现代财政制度，改进预算管理和控制的重要举措，有利于提高财政资金使用效率，集中财力办大事，提高预算编制的前瞻性；有利于各类规划与财政预算安排相衔接，强化财政规划约束；有利于发挥财政稳定器和"逆周期"调节器作用，实现财政长期可持续发展。但这种跨年度预算平衡的理念并不是我国首次提出的，而是借鉴西方发达国家中期预算改革成功经验，并根据中国国情在长期预算改革实践中探索出来的。我国的跨年度预算平衡机制设计需要根据自身条件和背景，通过渐进性预算改革，构建强效的中长期规划与预算的衔接机制，发挥年度预算与跨年度预算的"双引擎"功效，以应对公共支出居高不下与民生支出缺口显著等一系列矛盾问题。

二、国内外文献综述

（一）国外文献综述

跨年度预算平衡的思想源于 20 世纪 40 年代美国经济学家阿尔文·汉森（Alvin Hansen）提出的周期预算平衡政策。当时，凯恩斯主义和功能财政理论的兴起，给传统的年度预算带来严重挑战：一是凯恩斯主义主张国家干预理论，即通过编制预算调整政府支出，对宏观经济运行实行反周期调节。政府预算作为宏观经济政策工具，应当与宏观经济紧密相连，而不应再保持之前的相互割裂状态。二是功能财政必然要突破年度性原则所强调的年度平衡理念。对此，汉森主张预算的平衡不应局限于年度预算的平衡，而应从经济波动的整个周期来考察预算收支的平衡。

与传统的年度预算相比，跨年度预算平衡机制具有许多优势。绝大部分学者在 20 世纪 30 年代大萧条之前，将年度预算平衡理论作为普世原则，配第（Petty，1988）和亚当·斯密（Adam Smith，2012）等学者构建并发展了年度预算平衡理论[①]。关于周期平衡预算理论研究，西方学者主张政府干预经济，反对传统预算平衡观。例如，凯恩斯（2013）和汉森（2009）都认为不

---

① Petty W. The economic writings of sir William Petty V2: together with the observations upon the bills of mortality [M]. Montana: Literary Licensing，1988.

能机械地用预算平衡的观点来对待预算赤字和预算盈余①。凯登（Caiden，1978）探讨了历史上存在的三种预算模式，即前预算时期（prebudgeting）、预算时期（budgeting）和超预算时期（super budgeting），认为前预算时期具有非常低的可靠性。博克斯（Boex，2000）认为，多年度预算制度将预算过程置于多年度的构架上，因此政府必须制定更明确一致的政策目标与优先顺序。桑栗伊·普拉丹（Sanjay Pradhan，2000）认为，将预算置于中期规划框架中，可以使收支具有约束力。伊莎贝尔（Isabelle，2003）认为，跨年度预算面临财政变量不确定的问题，尤其是对于经济增长趋势及所处经济周期阶段的主观判断，容易面临更大的不确定性。普拉丹认为，将预算置于一个前后一贯的且有约束力的跨年度平衡框架中，可以使人们从较长时期来考虑问题，将眼前利益和未来利益结合起来。同时跨年度平衡框架还可以告诉人们牺牲现在消费或削减开支，将来可以得到多少收益，它可以减少所谓的"公共悲剧"问题。伯克斯、马丁内斯-巴斯克斯和麦克纳布等（Boex，Martinez-Vazquez & Mcnab et al，2000）认为，多年度预算制度将预算过程置于跨年度的构架上，因此政府必须制定更明确一致的政策目标与优先顺序。每年度可以检查出当前政策以及它们的影响是否与财政策略不符，让预算过程具有持续性，也有助于提高公共资源的配置效率。

另外，跨年度预算鼓励不同政府机构合作，因为它让更多业务单位参与预算过程。经济合作与发展组织（OECD，1997）对于跨年度预算的优势作了以下论述：设定总体财政政策的目标，由政府公开宣示将如何在数年内达成这些目标，并将这些目标转换为可运作的方案，据以设定支出额度的上限；显示现行继续存在之政策成本，如此决策是为了达到未来的目标，衡量现有政策所使用的资源配置是否具备一定的优先性；说明现有政策在未来年度的表现形式，而这些资源配置的结果不一定在现行预算中表现出来。例如，长期性的公共建设计划，其成本无法表现在单一年度中，但会反映在未来的预算上面。国际货币基金组织（IMF，2007）认为，跨年度预算框架对发展中国家和转轨国家的一个重要好处是，它有助于将资本预算和经常预算联系起来。如果没有这种联系带来的协调，那么预算信息的有用性就有限，并且用于经营和维持成本的款项往往不足。然而，许多发展中国家和转轨国家只能进行总量预测。这将为考虑预算政策的跨年度调整提供有益的起点，最佳做法是公布全面的、滚动的跨年度预算框架（3～5 年），将其作为财政管理的核心基础。

---

① Keynes J M. The general theory of employment, interest and money [M]. Montana: Literary Licensing, 2013.

在实践上，一些权威的国际组织或机构纷纷明确提出了跨年度预算平衡的建议和要求。欧盟十分重视基于多年度预算的作用，其《稳定与增长公约》（即《马斯特里赫特条约》）明确规定，每个成员国每年都要编制并向欧盟委员会提交跨年度财政计划，以保证实现各成员国财政赤字和债务水平趋同化标准。这也就体现了跨年度预算在财政总量控制上的约束作用。国际货币基金组织（2007）在其《财政透明度手册》中指出，"许多国家已提供基本财政和经济政策声明。在此方面，需要在以财政总量跨年度预测为基础的声明和那些以按各支出机构分类的统一及一致的中期估计为基础的声明之间做出区分，后者有时被称作中期预算框架，而前者代表制定中期预算框架的一个必要步骤。"世界银行则提出了一个旨在连接政策、计划和预算制定的跨年度预算支出框架（medium-term ex-penditure framework，MTEF），它被描述为"在此制度内，部长们及其下属在资源配置决策和决策运用时被赋予更大责任的、整体的政府战略政策和支出框架。成本的资源配比通常应该在年度预算程序范围内发生，它应关注那些反映宏观经济条件改变的政策变化以及政府战略性优先权变化的需要"。由此可见，在解决资源配置方面，跨年度预算平衡足以为财政当局实施其政策提供一个更好的规划工具。与此同时，各国纷纷展开了对于跨年度预算平衡机制实践的探索。跨年度预算平衡在 OECD 国家得到了广泛的实践。目前，OECD 国家的政府预算都是在跨年度预算基础上进行准备和编制的。另外，很多发展中国家和经济转轨国家也开始引进跨年度预算平衡机制。

（二）国内研究综述

目前，世界上已有超过 2/3 的国家和地区实施了跨年度预算平衡机制，而我国正处于实践探索阶段。与国外相比，国内理论界对于跨年度预算平衡机制系统研究较为缺乏。这与我国跨年度预算平衡机制启动时间不长，目前正处于实践探索阶段，一些经验数据获取困难有关。

国内学者对于预算平衡观的研究主要集中于预算平衡理论、赤字预算论两种观点。侯一麟和张光（2008）认为，年度预算平衡机制和跨年度预算平衡机制没有优劣之分[①]；马蔡琛（2014）指出，在对跨年度预算平衡机制的运行机理尚未参透之际，不能彻底放弃年度预算[②]；杨志勇（2014）认为，虽然周期平衡理论是跨年度预算平衡机制的基础，但在跨年度预算平衡机制

---

① 侯一麟，张光. 预算平衡规范的兴衰：探究美国联邦赤字背后的预算逻辑 [J]. 公共行政评论，2008 (2)：1-37.

② 马蔡琛. 现代预算制度的演化特征与路径选择 [J]. 中国人民大学学报，2014，28 (5)：27-34.

建设中又不必过于拘泥于该理论，而应更多地从财政运行规律入手①。肖文东（2007）对年度预算和中期预算进行了详细的对比分析，指出了预算改革的方向是突破年度预算控制取向性；楼继伟（2014）指出，通过构建跨期预算平衡机制，使收入预算从约束性转向预期性。刘尚希（2019）认为，财政赤字率的高低，主要看经济的需要，同时考虑财政的承受能力。

　　国内对跨年度预算实施方略的研究，主要集中在年度预算与多年预算的作用上。王雍君（2017）认为，年度预算是支出结构优化的一个大难题。白景明（2019）认为，中期预算可以规避财政风险。张晋武（2001）将欧美发达国家的中期预算归结为两种表现形式，一种是多年期的财政计划，另一种是直接的中期预算。马骏等（2007）在《计划与预算——整合计划与预算的案例》一文中指出，公共预算是政策制定和执行中实现效率的行政技术手段，然而，预算制定的年度性与计划的长期性经常发生冲突。薛佳晨（2018）认为，政府预算的"黄金法则"以及生命周期理论是构建跨年度预算平衡机制的理论基础。朱俊立（2017）把财政预算管理从年度平衡延展到具有前瞻性的动态中期平衡，认为跨年度预算平衡机制和中期财政规划管理应相互协调。王雍君（2013）指出，年度预算具有短视性，跨年度预算平衡机制能改善和加强对经济稳定的作用。宫莹（2015）认为，建立跨年度预算平衡机制，从法律上切断了超收收入和结余资金随意转化为支出的可能性，增强了年度预算的约束力。国内跨年度预算收支预测方法代表性学者崔志坤、朱秀变（2010）认为，应运用简单的线性回归方程和 AR 模型对我国近期和中长期财政收入进行预测。白彦锋和叶菲（2013）利用模型来佐证跨年度预算较年度预算更具有说服力。谢姗和汪卢俊（2015）运用综合指数平滑转移自回归模型、样本外预测分析与蒙特卡洛模拟方法，对中期预算框架下我国财政收入的预测问题进行实证研究。

　　总体上说，我国实施跨年度预算平衡机制实现了预算管理从年度平衡到跨年度平衡的跨越，这不仅是对年度预算平衡论的一种改革，也是对周期预算平衡论的延伸和升华，体现了经济非均衡视角下的动态平衡。该机制从时间跨度上既突破了年度预算时限安排的绝对性，也不排除年度预算平衡的可能性，是一种兼具前瞻性、周密性、动态性的跨年度预算平衡机制，能够反映"相机抉择"逆经济周期财政政策的精髓。

---

① 杨志勇．关于新预算法四个问题的探讨 [J]．南方金融，2014（11）.

第二节　跨年度预算平衡机制重心设定与优势

一、跨年度预算平衡机制内涵及评价

近年来，"跨年度预算平衡机制"问题引起了社会的普遍关注，由于"跨年度预算平衡机制"是一个全新的提法，目前学术界对其含义及架构还缺乏权威性的界定。我国理论界现有关于跨年度预算平衡机制的代表性观点，大体可以归为三类。

第一类观点是通过建立跨年度预算平衡机制，加强预算与经济周期的适应性，并发挥对经济的调控作用。邱泰如（2014）认为，跨年度预算平衡机制是政府出于社会总供求平衡、经济周期、充分就业和建设项目跨年度支出等方面的考虑，在必要时可每隔若干年实现一次预算基本平衡。张文春（2015）认为，跨年度预算平衡机制是对现行单一年度预算平衡机制的一种改进，是指在财政预算编制、执行等环节，建立健全跨年度的、合理的平衡机制，实施依法征税，硬化支出预算约束，更好地发挥财政宏观调控作用。马蔡琛和张莉（2016）认为，跨年度预算平衡机制是指在预算决策中结合财政政策的相机变化，进行多年期的预算收入与支出预测，实现预算收支从强制约束性向展望预期性转变，更加强调预算收支在一个动态经济周期内的大致均衡，而不再过多强调年度预算的收支平衡，从而兼顾预算的逆周期调节作用和预算在经济周期内的平衡。

第二类观点是年度预算平衡无法实现，即便实现了也是形式上的，而跨年度预算平衡是实质性的平衡。李慈强（2015）认为，跨年度预算平衡的法律价值在于追求实质意义上的预算平衡，在更长的预算周期内实现预算制度的规划、控制和管理功能，改进现有的年度预算制度并强化其约束力。李燕（2015）认为，在预算执行中，由于受到各种因素影响，会出现收入超收和短收的情况，无法实现年度预算平衡，因而需要建立起跨年度的动态预算平衡机制。

第三类观点是跨年度预算平衡不仅包含年度预算平衡的情况，而且在范围上有很大的突破。王金秀（2015）认为，跨年度预算平衡机制并不完全排除年度预算平衡情况的出现。跨年度预算平衡机制拓展了预算平衡的范围，预算平衡不仅仅考虑收支流量，还将作为存量资金的结余也纳入平衡范围，并在此基础上将预算平衡视角从资金扩展到资产及其负债，突破了长期以来将预算仅仅囿于预算收支及其差额状况的描述。李燕（2016）认为，跨年度

预算平衡并不是对年度预算平衡的否定，预算的平衡仍然以年度预算为基础，跨年度预算平衡机制是对预算收支平衡要求的一种扩展和补充。2015 年，国务院颁布《关于实行中期财政规划管理的意见》，强调在全国范围内实行中期财政规划管理改革，建立跨年度预算平衡机制。跨年度预算平衡并不是对之前实行的年度预算平衡机制的一种简单替代，而是将年度预算置于中期财政规划的视野之中，根据国家战略目标，确定公共支出重点及优先次序，进而实现有限预算资源的高效配置。

通过对以上国内主流观点进行归纳总结，本书认为所谓跨年度预算平衡机制，是指在预算编制、执行、监管等环节进行跨年度合理动态平衡的制度，即通过对财政收支的中期预测，制定财政中期（3~5 年）规划，以优化公共财政资源的配置，实现政府预算收支的动态平衡。跨年度预算平衡机制将预算管理的视野从单年度扩展到中期视角，将经济政策目标与财政收支相联系，是一种兼顾经济可持续性和财政可持续性的长期、动态、持续的预算管理方式。2015 年，我国出台的新《预算法》及《国务院关于实行中期财政规划管理的意见》都要求，全国实施跨年度预算平衡机制，构建规划期内跨年度预算平衡的制度框架。

我国跨年度预算平衡机制按照三年滚动方式编制，第一年预算用以指导和约束下一年度预算的编制和执行，后两年预算指导相应年度预算。跨年度预算平衡机制，不是单纯地强调以收定支的年度预算平衡，而是以支出政策来确定支出预算，进而追求中期的预算平衡。在跨年度预算平衡机制实施过程中，年度内可能会出现预算收入与预算支出不相匹配的情况。在一般公共预算收入大于支出时，并不强求当年全部安排支出，而是将收入用于化解政府债务或补充预算稳定调节基金；在一般公共预算收入不足以抵补当年预算支出时，则通过调入预算稳定调节基金或其他预算资金以及削减支出实现平衡。如采取上述措施后仍不能实现平衡，通过报本级人民代表大会或其常务委员会批准后增列赤字，并报财政部备案，在下一年度预算中予以弥补。在跨年度预算平衡机制下，未来对收入的预期弱化了，而对支出的预期则强化了，财政收支矛盾依然突出，这就需要引入中期财政规划管理的理念和技术手段。通过实施跨年度预算平衡机制，科学预测未来三年财政收支情况，分析财政收支政策存在的问题，合理确定财政收支政策和重大项目资金安排，并实行逐年滚动管理，从而保证财政收入、支出政策的可持续性以及政府债务规模的可控性，实现规划期内预算收支的跨年度动态平衡。

二、年度预算平衡、周期预算平衡与跨年度预算平衡的比较分析

年度预算平衡是基于财政稳健原则，要求在预算管理全过程中保证在预

算年度内实现财政收支平衡。在这种规则下，年度预算是否平衡成为年度预算能否审批通过的重要标准。古典经济学盛行时期，要求政府职能最简化，相应地，西方国家也执行年度预算平衡的标准。在我国改革开放之前，一直秉承"收支平衡，略有盈余"的原则，这是一种典型的年度预算平衡的预算管理方式。这种预算管理方式适用于政府规模较小的情况，对财政管理技术要求比较低。随着经济不断发展，我国政府职能不断扩大，而且改革开放以后国内经济受国际经济环境影响的程度加深，经济波动不可避免。年度预算平衡暴露了一系列弊端：一是年度预算平衡规则约束了财政调节经济周期的能力，形成"顺周期"的现象。在经济衰退的情况下，财政收入往往会减少，受预算平衡的约束，政府不能采取扩大支出的方式减缓经济衰退；在经济繁荣时，财政收入随之增加，但是政府为维持预算平衡不能削减开支，以抑制经济过度繁荣。二是年度预算平衡规则导致年度预算周期与公共服务提供的长期性和连续性不匹配。政府提供的公共产品建设期和收益期较长，不可能限定在一个预算年度内，所以在预算年度结束时没有盈余或亏损的绝对平衡只是偶然情况或者是通过人为刻意调节而形成的。预算年度是为会计目的设定的时间范围，政府的收支活动是不断进行的过程，收支平衡的状态在现实情况下不可能每年恰好出现在年度预算结束的时间点。年度预算平衡规则会导致人为控制征税力度和支出进度，随着政府职能范围的扩大，政府收支活动越加复杂，年度预算平衡标准对政府收支活动的扭曲性也不断加强。三是在年度预算平衡的视角下，会默认财政赤字和盈余规模较小，影响微乎其微，这会将财政盈余和赤字置于管理"真空"，忽略对政府收支的长期计划。这种制度安排与我国现实的财政状况不相适应。在这种情况下，一味固守年度预算平衡规则实质上是对预算控制功能的弱化，与制度设计初衷不吻合。

跨年度预算平衡机制是一种动态平衡机制，体现于财政收支只要是符合相关政策目标，就可以通过预算稳定基金和公债，在几个年度内实现预算平衡。跨年度预算平衡将预算管理的视野从单年度扩展到3~5年的中期视角，将经济政策目标与财政收支相联系，是一种兼顾经济可持续性和财政可持续性的长期、动态、持续的预算管理方式，不仅有利于提高财政可持续性，也有利于提高预算绩效管理水平。

年度预算平衡与跨年度预算平衡之间的关系体现在两个方面：一方面，跨年度预算平衡的实现仍然以年度预算为载体，通过年度间的预算调节来实现；另一方面，跨年度预算平衡机制是对传统年度预算的一种改进和突破，而非对年度预算制度的替代。在跨年度预算平衡机制下，年度预算审核重点由平衡状态和赤字规模转向支出政策，收入预算由任务性转为预期性，而且，通过对预算稳定调节基金的建立和完善，加强了结余、结转资金的预算管理，进而加强了年度预算的控制、管理、计划功能。

　　跨年度预算平衡与周期预算平衡之间也是有同有异的。周期预算平衡（cyclical budget balance）是指政府以宏观经济稳定为目标，根据反经济周期的需要，在繁荣时期保持预算盈余，在萧条时期有意安排预算赤字，使经济周期内的盈余和赤字相抵而实现预算收支平衡。显然，周期预算平衡与跨年度预算平衡机制的共同点在于，都允许跨越几个年度实现预算收支的平衡。但是，周期预算平衡的目的是通过扩张或紧缩的财政政策，熨平经济波动；而跨年度预算平衡主要是为了实施在较长时期内才能完成的重大支出项目，同时，也可体现财政政策反经济周期的需要。另外，周期预算平衡的时间段通常与经济周期相对应，而跨年度预算平衡的时期可能正好在一个经济周期内，也可能不在一个经济周期内。这就是说，跨年度预算平衡的外延比周期预算平衡更加宽泛一些。

　　三、跨年度预算平衡机制的优势

　　（一）增进预算的中长期规划与管控

　　跨年度预算平衡管理的首要功能定位是更好地发挥预算制度的规划、控制和管理作用，从而提升预算绩效。年度预算平衡的传统作用模式在于通过安排预算程序及预算分配权以构建预算责任，最终维护预算平衡。但是，年度预算平衡法则的缺陷明显，传统年度预算不对财政年度之外的事项作预先安排，使得各年度预算在时间上被割裂开来。从我国年度预算模式实际效果看，由于人民代表大会的预算监督能力不足，强化政府对预算的行政主导成为一种次优选择。相比较而言，跨年度预算在预算职能定位上，年度预算审核重点从收支平衡转向支出政策调整，收入管理目标从完成任务改为预期调控，增强了财政政策的可持续性与前瞻性，从而实现预算职能在规划、控制和管理上的三位一体。

　　（二）规避财政运行风险

　　现代社会在创造极大物质财富，为人类带来福祉的同时，也给人类带来了难以想象的风险，使得当下的世界变得越来越复杂和不确定。乌尔里希·贝克（Ulrich Beck，1986）将后现代社会诠释为"风险社会"。"风险社会"不同于传统社会，在传统社会中，人们普遍相信人的理性力量能够控制自然和社会，并使人类社会处在有秩序发展进程中。然而，随着科学技术和经济社会全球化的发展，这种常态社会已经变得面目全非，社会的不确定性和不可预测性日益增加，人们不得不面对更多的风险。贝克认为，西方的经济制度、法律制度和政治制度不仅卷入了风险制造，而且参与了对风险真相的掩盖。跨年度预算平衡机制是从政府与市场的关系以及时间跨期等维度实施的综合平衡管理。事实上，这揭示了政府活动可能形成的财政风险，并试图进行自我约束、自我调整，以降低其活动的风险，从而改变了政府干预是市场失灵的"灵丹妙药"的僵化认识，即政府能力是有限的，会出现政府干预失效的情形，因此政府应当有限度地介入市场，而非无原则地大包大揽；政府要从内部组织结构上提高运行效率，提高抗风险能力，而中长期的预算平衡调节增强了财政的逆周期作用，降低了市场剧烈波动带来的风险，起到了熨平经济波动的作用。

（三）优化预算执行

预算执行是指经法定程序审查和批准的预算的具体实施过程，依法征税获得财政收入是现代财政的一项基本特征，试图在不确定的经济周期波动中取得既定的财政收入是不现实的。我国传统的《预算法》（1994）规定地方政府不得列支赤字，在这样的预算约束下，为实现当年预算收支平衡的目标，政府将人为地控制财政收入规模，使用一切可能的办法维持财政收入，其中主要的方法便是增加非税收收入，如提高土地出让金或向企业摊派政府性收费、罚没收入等。这样虽然财政收入能够得以稳定，但其负面效果也是非常明显的，土地出让金的提高事实上导致房价高企，无房者望房兴叹，而各类摊派等则增加了企业的经营成本，恶化了社会的营商环境。所以，在短期内财政收入具有一定的可预期性，但要让其承担完成预算平衡的任务则勉为其难了。跨年度预算平衡机制优化了各级预算收支的执行过程，在收入端坚持依法征税，应税尽税，而非人为调节或征收过头税；在支出端则硬化支出约束，追求支出绩效，以及灵活主动地利用财政政策，从而降低了财政收入的压力，实现了中长期预算平衡。

（四）增强财政逆周期调节

从农业时代开始，四季轮回，光阴流转，形成了社会经济的年度周期，也决定了一个国家进行国民财富管理上的年度性。经济供给与自然界供给紧密相连，供给与需求相比，有着极为明显的短缺性与非稳定性，这也迫使政府收支管理上普遍以"量入为出""以收定支"的年度平衡作为基本收支管理原则。然而，随着工业时代的来临，一些政府收支活动及其效果有了跨年度的特点，比如许多基础设施建设项目需要跨年度完成。此外，现代国家财税制度机理特点，也使得传统的年度预算平衡管理变得越来越难以适应新的社会经济环境，如累进税制下，经济繁荣时税收会自动随之增长，年度平衡要求财政支出相应增加，这会造成经济过热、通胀压力变大；反之，在经济衰退期，财政收入自动减少，而年度平衡则要求相应减少财政支出，其结果是加剧经济衰退，形成所谓的年度预算顺周期问题。尽管跨年度预算平衡机制未必能完全与经济运行相匹配，但由于其拓展了预算平衡的时间维度，因此跨年度预算平衡机制已经有了"逆周期"调节特征，可以发挥调控经济运行的功能。

四、跨年度预算平衡机制需要明晰的问题

关于跨年度预算平衡机制，还有几个与之相关的问题需要明晰：一是跨年度预算平衡并不是对年度预算平衡的否定。新修订的《预算法》规定"各级预算应当遵循统筹兼顾、勤俭节约、量力而行、讲求绩效和收支平衡的原则"，体现新《预算法》的基本精神，即预算的平衡仍然以年度预算为基础。但政府预算作为宏观调控的手段，坚持预算收支平衡原则，并不是说不能有赤字，而是指要严格控制财政赤字。跨年度预算平衡机制是对预算收支平衡要求的一种扩展和补充，是将年度平衡扩展到 3~5 年的中期视角下的平衡。二是跨年度预算平衡究竟是形式上的平衡还是实质性的平衡。实际上，即便是年度预算平衡机制，这两种情况都可能存在。如果迫于某种压力，政府部门人为地操作收入与支出，那么这样的平衡往往是形式上的平衡。但是，如果事先预算合理，事中执行收支任务规范，那么这样的平衡就是实质上的平衡。在跨年度预算平衡机制中，这两种情况仍然会出现，跨年度预算平衡的实质是要体现规范性与灵活性的兼容。政府预算是事先安排的有关政府收支状况的计划，一经立法部门批准，就具有法律效力。同时，正处于转型期的中国，各级政府及其部门的事权边界并不清晰，经常情况是在每年编制下一年度预算时，不清楚将来预算执行过程中会出现哪些临时性事件。事先难以预料的开支，仅靠占预算支出总额 3%~5% 的预备费是无济于事的。建立跨年度预算平衡机制，就是期待预算管理既要有硬约束，又要有灵活机动的余地，通过延长时间约束，既实现形式上的平衡，又实现实质上的平衡。三是存量资金的结余是否纳入平衡范围。一般而言，预算平衡是指预算收入与预算支出在数量上的大体对应。但是，并没有涉及存量资金，闲置沉淀的存量资金要盘活，并且这些资金并不体现在预算收支平衡上。理由很简单，凡是政府的存量资金都是某一年或某几年预算收入的结余，如果在跨年度预算平衡中再次体现存量资金，就有重复计算之嫌。四是跨年度预算平衡与政府资产负债表平衡的关系。如果将预算平衡视角从资金扩展到资产及其负债，那就不是预算平衡，而是政府综合财务中资产、负债和所有者权益三者的平衡了。跨年度预算平衡机制与权责发生制政府综合财务报告之间有关联，但二

者不是等同的关系。

另外，跨年度预算平衡机制改革还需要重视四个环节：一是预测现行政策下的财政收支。根据国民经济和社会发展五年规划纲要及年度计划，考虑国际国内发展环境发生的重大变化，结合基期年的经济社会发展情况，预测未来三年经济社会发展状况及主要经济指标。二是分析现行财政收支政策问题。对现行政策下财政收支的预测及现行财政政策实施的效果进行分析，深入查找存在的问题，并制订财政收支政策改革方案。三是测算重大改革后财政收支情况。在财政收入政策方面，财政部门要与税务、海关、发展和改革委员会等相关部门协商提出税制改革方案。在财政支出政策方面，财政部门要与相关部门梳理规划期内重大改革、支出政策和支出项目。在政府债务管理方面，财政部门要根据财政收支和政府债务风险预测情况，合理确定财政赤字规模、政府债务限额等风险控制目标，并建立债务风险预警和应急处置机制。四是评估可能出现的财政风险。财政部门要根据财政收支和政府债务风险预测情况，合理确定财政赤字规模、政府债务限额等风险控制目标，将债务分类纳入预算管理，并建立债务风险预警和应急处置机制。

第三节　跨年度预算平衡机制理论分析

一、周期预算平衡理论

周期预算平衡理论根源于凯恩斯有效需求理论，是凯恩斯主义在预算管理领域的体现。1933 年大衰退的爆发，动摇了西方经济学家对自由放任的市场经济内在稳定机制的信念，把政府干预经济提上了议事日程，反映在预算准则上就产生了所谓的"周期预算平衡论"。一直到 20 世纪 70 年代，周期预算平衡论都被作为正统预算理论。周期预算平衡论又称"长期预算平衡论"和"周期财政平衡"，与"年度预算平衡"相对称，主张财政发挥反经济周期的作用。在经济衰退时期，为了消除衰退，政府应该减少税收，增加支出，有意识地使预算形成赤字。在经济繁荣时期，政府应该增加税收、紧缩开支，有意识地使预算形成盈余。这样，从整个经济周期来看，繁荣时期的盈余可以抵消衰退时期的赤字。尽管从年度看财政预算是不平衡的，但从一个经济周期看财政预算是平衡的。相比传统年度预算平衡理论，周期预算平衡论在两个方面具有显著的优势：一是它考虑了宏观经济的影响，避免了传统的年度预算平衡准则对经济状况的负面影响；二是它在将预算与经济政策相联系的同时，也没有忽略预算的控制功能，仍将实现预算平衡作为一个准则考量。

周期平衡预算是与现代市场经济相适应的预算，它为政府保持宏观经济稳定运行提供了运作空间。周期预算平衡论的实践局限性体现在：周期预算平衡论提供了突破预算年度来追求财政收支平衡的一个视角，但是在实际运行中仍存在一定困难。一是随着资本主义经济基本矛盾的尖锐化，经济危机频繁发生且不可预测，整个经济周期历时较长，且常具有非对称性的特点，即较长时间的经济衰退之后是短暂的经济复苏，政府需要在较短的复苏期内积攒大量的预算盈余来弥补危机带来的大量赤字；二是政府提供公共产品和服务的特殊性以及某些政治因素，致使在经济繁荣时期削减支出也存在很大阻力。更为重要的是周期平衡预算极度依赖经济预测，但是被预测的对象都是具有主观能动性的"经济人"，导致政府在进行经济管理时往往会出现"难遂人愿"的现象。

周期预算平衡论对跨年度预算平衡机制的借鉴价值在于，为预算管理提供了跨年度约束财政收支的视角，周期预算平衡论要求将经济周期与预算安排相联系，但是由于周期预算平衡论在具体实践中存在局限性，所以跨年度预算平衡机制的构建应从多角度考虑，即应该考虑到经济周期不对称性、政府部门扩大支出的倾向、民生和社保等福利性支出不易削减的特点以及政策执行结果的预测难度等问题。跨年度预算平衡与周期预算平衡在时间跨度选择上应有所区别。周期预算平衡要求基于经济的繁荣与衰退对预算收支进行安排，但是由于经济周期具有不可预测性和非对称性，所以跨年度预算平衡机制的时间跨度不能以一个经济周期长度作为标准，应该充分考虑到经济预测的准确性、财政政策的实效性，以及政策效果的可预测等问题，合理选择预算平衡管理的周期。同时，因为政府支出机构有扩大支出的倾向，所以应该制定相应的跨年度支出约束机制，以防止财政赤字失控性增长。由此可以看出，仅仅基于周期预算理论不能形成完善的跨年度预算平衡机制，应运用不同的理论丰富对跨年度预算平衡机制范畴的理解。

二、预算模式理论

政府预算作为一种制度安排，是一国政治经济发展到一定历史阶段的产物，并不是一成不变的。政府预算职能也在不断发生变化。凯顿（Caiden，1978）提出了收入汲取、履行公共责任和行政控制三项预算职能，并总结了西方国家政府经历的三个预算模式阶段：前预算时代、传统预算时代和超预算时代。在中世纪后期到19世纪初，大多数西欧国家君主专制时期的政府的预算职能集中于收入的汲取阶段，预算既无内部行政控制也无外部监督，更缺乏公共责任，这一时期被称为"前预算时代"。19世纪以来，各国政府相继建立现代公共预算体制，社会进入了"传统预算时代"，这个阶段把公共责任和有效行政控制引入预算，旨在克服上一时期政府预算存在的突出问题，具有很强的"控制取向"。20世纪70年代以来预算行政控制的弱化，表现出了非弹性、难预测、零碎化等特点。凯顿将其概括为"超预算时代"。表1-1总结了各阶段的预算特征。

表1-1 预算模式与预算特征

阶 段	特 征	主要内容
前预算时代 （中世纪后期—19世纪）	分权性 连续性 私有化 权宜性	根据资金流量和资金的可获得性作随机安排收支；预算收支分散，不存在中央财政控制；私人账户和国家账户经常混为一体；政府会使用各种权宜性手段筹集收入
传统预算时代 （19世纪—20世纪70年代）	年度性 协调性 可靠性 审计性	每年进行一次预算决策；所有预算决策必须放在一起；预算具有公共性且是公开的，有授权才拨付；政府部门的收支必须受到审计
超预算时代 （20世纪70年代以来）	预测难 弹性小 私有化 碎片化	预算承诺难以随意终止，年度性或被打破；受不可控因素影响，预算变得难以预测；公私部门界限模糊，政府预算不能反映其活动；预算被拆散，部分资金脱离预算约束

　　尽管超预算时代对传统预算造成了冲击，突破了传统预算时代建立的预算原则，但是，超预算时代忽视了公共性，与现代预算本身所要求的公共属性不相符合，当时并不为社会所认可。而传统预算因其具有较强的控制取向，对实际预算工作仍具有强大吸引力。时至今日，对预算的职能界定已经日趋一致，其大体上有四个职能。一是保证国家行使职能所需的财力。国家预算通过预算编制事先进行收支预测，使政府能提前掌握一年内能筹集到多少收入，并根据财力的多少确定支出，实现"量入为出"。二是实现中期财政规划。财政规划反映出一定时期政府的活动范围和方向。预算收支的增减变化或不变，要反映出政府的政策取向。同时，政府通过内部预算权力的配置，提升政府治理能力。三是实现外部监督。预算向外界呈现出其预算编制、执行、监督的各个环节，有利于公众参与对国家事务的监督。四是调控经济运行。通过国家预算的收支规模调整，可以调节社会总供给和总需求的平衡。通过调节预算支出的结构可以调节国民经济结构，因而国家预算的编制和执

行情况对国民经济和社会发展都有直接的制约作用。

三、预算支出扩张理论

预算支出扩张是指随着经济的发展而使财政支出水平提高，在各国经济发展过程中，政府预算支出无论是从绝对量还是从相对量来看都呈现上升趋势。对这种预算扩张趋势的解释有很多，具有代表性的西方财政理论有瓦格纳（1880）的"政府活动扩张法则"，即"瓦格纳法则"。此外，20世纪以来的渐进预算理论、官僚预算最大化理论及"软预算约束"理论等，都从不同角度对政府预算支出扩张进行了研究。

（一）渐进预算理论

自20世纪初，从美国"进步时代"开始的预算改革强调集权化，运用复杂、理性、全面的预算技术改革旧预算制度。预算被视为一个完全中性的技术问题，这种理论认为政治往往缺乏效率，应该回避政治过程。自20世纪60年代以来，在瓦尔达沃夫斯基（Wildavsky）和芬诺（Fenno）的倡导下，公共预算理论构建有了突破性进展。渐进预算理论认为，预算决策是一系列政治过程的结果，其受宪法、政党立场、集团利益及公众意见等政治因素影响，预算决策处于政治过程中，应当运用政治学理论来回答预算的最基本问题。绝大多数情况下，政府大幅度削减项目支出或增加税收，都将会与项目受益人或相关纳税人产生矛盾。在连续的预算过程中，预算拨款发生的变化并不会很大，当期预算安排会成为下一期预算的依据，尽管不排除一些例外因素的影响。正如瓦尔达沃斯基所说，渐进预算的基本命题是："预算的做出是渐进式的而非全面性的。一个简单的道理是预算支出机构不会根据项目的价值评估所有方案。相反，公共支出机构的预算建立在上一年的预算基础之上，尤其关注边际上变化。"渐进预算理论认为人的精力有限，时间也有限，无论对谁而言，政府预算规模大且结构复杂，没有人能够考虑到整个预算。因此，对政府预算的审核，主要是比较上年预算与当年建议数的异同。当年预测数是在上年基数上渐进产生的。渐进预算理论主张，预算过程不仅实际上是渐进的，而且从规范角度来说也应该是渐进的。

（二）官僚预算最大化理论

官僚预算最大化理论根据"经济人"的假设对政府官员的行为进行深入的分析，尼斯坎南（Niscannan，1971）在其《官僚组织和代议制政府》一书中，提出官僚们关注官位的特权、公共声誉、权力和管制，这些与官僚的预算规模大小呈正比，所以官僚们的目标就是追求预算规模的最大化。官僚预算最大化理论以新古典经济学的成本效益分析方法，以理性经济人假设为前提进行分析，发现官僚体系的行为动机并不是一般社会公共福利及国家利益，而是官僚体系自身的利益。其行为动机是扩大官僚系统自身的权力，如提高工资待遇及社会声誉等，为了这些目标，官僚们必然会扩大机构预算的规模。此外，为了获得下属的支持与合作，上级官僚也将追求机构预算的最大化，预算支出规模越大，提供给下属成员的晋升机会和福利保障就越多，因此，追求预算最大化是官僚系统固有的行为取向。倾向于预算最大化，使官僚机构过度膨胀，公共产出水平多于公众实际所需，即出现所谓的"无限政府"的现象。官僚预算最大化理论启示我们必须加强政府预算约束，引入竞争机制，强化信息披露，从"经济人"的角度来看待和管理政府官员。只有这样，才能解决预算规模过度膨胀和行政效率低下的难题。

（三）"软预算约束"理论

"软预算约束"是指政府预算不能有效约束政府行为，使得政府预算支出膨胀。软预算约束对应的是硬预算约束。所谓硬预算约束，就是我们平常说的优胜劣汰的市场机制，即经济组织的一切活动都以自身拥有的资源约束为限。软预算约束是造成政府支出膨胀的制度性缺陷，预算是约束政府的强有力的手段，它既规定了政府服务的内容，也规定了政府公共服务的质量，而软预算约束限制了这一作用的发挥。"软预算约束"理论由匈牙利经济学科尔奈（Cornet，1980）首先提出，其著作《短缺经济学》刻画了政府软预算约束的三种失控：一是政府行为失控，政府各部门的行为不再依照政府预算的既定目标实施；二是财政支出失控，政府年度支出计划无法实际约束政府支出；三是政府预算失控，预算缺乏有效约束，政府收支平衡计划不能落实，出现财政赤字等。

针对政府"预算软约束"形成的原因，科尔奈进行了深入的分析。首先，政府预算资金未能公平分配。政府预算分配本应体现办事原则即事权原则，但实际上却采用基数法进行分配，结果是应得到或追加预算的单位没有得到相应的预算，应退出预算的单位却按照基数办法得到了预算。其次，预算支出具有刚性。预算支出易上不易下，本该减少支出的机构不愿意缩减其支出规模，而另一些本该获得公共资金的新领域却得不到资金安排。最后，预算分配缺少预见性。预算的编制只是为了应付形式上的预算平衡，而对未来的收支事项没有进行充分的预估，导致在实际中不得不追加支出，这滋生了乱收费、乱罚款，甚至权钱交易等政府行为失控的现象。

四、预算平衡标准的"黄金法则"

政府预算平衡标准的"黄金法则"的倡导者及代表人物是马斯格雷夫

（Musgrave，1988）和菲茨杰拉德（Fitzgerald，1996）。"黄金法则"是基于代际公平的观念，要求随着时间的推移公共支出成本可以反映这些支出产生的跨期收益。"黄金法则"所体现的代际公平是指每个时期的纳税人作为一个群体应该为公共支出做出贡献，同时也应完全享有这些支出产生的利益。在市场经济条件下，现代政府作为社会的管理者，代表全体民众汲取资源用以提供公共产品和服务。公共财政理论的观点是，在市场经济中，由于市场失灵的存在，需要政府参与资源分配，并以社会产品是否具有排他性和竞争性为标准将具有公共属性的产品和服务从其他社会产品中分离出来。基于公共产品和服务的特性，公共财政理论认为，政府应该根据"谁受益谁承担"的效率原则，向公共产品和服务的受益人征税以弥补提供公共产品和服务的成本，该原则强调通过合理汲取税收避免产生公共产品的外部性。在市场经济发展的初期，政府提供的公共产品和服务较为简单，财政管理可以以一个较短的周期考虑公共产品和服务受益范围的问题，但是随着政府职能范围的扩大，公共产品的种类变得纷繁复杂，许多公共产品的建设期和收益期具有跨年度的特点，如果仅简单要求年度的财政收支平衡，可能会造成公共产品的外部性，产生效率损失。与这种观点相吻合的政府预算"黄金法则"，为现代财政管理提供了一种跨年度预算平衡理论。

政府预算平衡标准的"黄金法则"与年度预算平衡理论有显著区别：年度预算平衡要求所有支出都必须由同期财政收入弥补，认为任何政府债务的形成都会对后代产生不公平的影响；"黄金法则"认为可以在多个时期产生收益的财政支出不应该仅由同期财政收入承担。"黄金法则"的倡导者马斯格雷夫等（1988）注意到公共道路、桥梁等公共设施在相当长的时间里不断产生效益，要求纳税人承担工程建设期所有的支出是违背代际公平原则的。"黄金法则"通常被描述为，为资本支出融资的税收负担的跨期分配原则。这里的资本支出除了表示可以形成具有物理耐久性的资产的这一类支出，还描述了没有形成实物资产但是其收益跨期分布的这一类支出。在权责发生制下，政府资本性支出不作为"费用"处理，只有将折旧视为"费用"。而现行的收付实现制，仅关注现金流量，预算平衡以现金流入等于现金流出为标准。所以，年度预算平衡标准与政府预算的"黄金法则"相背离，应在较长的周期内追求预算平衡。

政府预算"黄金法则"的平衡标准对跨年度预算平衡机制的借鉴意义体现在：一是在预算平衡时间跨度确认上应考虑，政府资本性支出的受益时间不能只是一年，而是较长周期内的预算平衡；二是在预算平衡适用范围的确定上应考虑，经常性支出仍应在预算年度内实现平衡，而资本支出可以在资本使用期限内实现预算平衡，以支出产生的收益是否跨期为标准；三是倡导政府编制权责发生制下的资产负债表，并以此评价政府收支活动的结果以及衡量政府的偿债能力。"黄金法则"为跨年度预算平衡机制构建提供了一定的理论支撑。

五、持久收入假说理论和生命周期理论

持久收入假说理论和生命周期理论基于"理性人"假设，描述个人追求整个生命周期效用最大化的消费与储蓄的安排。持久收入理论的代表人物是著名经济学家弗里德曼，这种理论认为暂时性收入会被分散到整个生命周期，所以消费与长期收入估计有关，暂时性收入产生的边际消费倾向与财富产生的边际消费倾向相同，都趋于零。生命周期理论代表人物弗兰克·莫迪利安尼提出，应从单个消费者整个生命周期的角度研究消费和储蓄行为，将整个生命周期分为有劳动能力时的储蓄阶段和年老丧失劳动能力时的反储蓄阶段，认为"理性人"可以在两个不同时期规划消费和储蓄行为，合理配置其收入和财富以实现效用最大化。

持久收入假说理论和生命周期理论都聚焦于微观主体，实际蕴含着微观个体以收定支的思想，有一定的指导意义。如果将两种理论应用于政府预算管理领域，能够促使政府从更加长远的视角去规划、管理财政收支平衡问题，以追求长期的社会福利最大化。预算收支平衡问题应从更长的预算周期去考虑，在一些收益期较长的政府投资领域可以允许年度预算赤字现象出现；在经济状况较好时应预见未来可能出现的危机，允许年度预算盈余的出现。此外，生命周期理论在项目管理领域的拓展也给政府跨年度的项目预算管理提供了理论指导。项目生命周期理论改变了以年度为时间单位的管理模式，将预算管理扩展为项目全生命周期。大多数公共项目从投入到产出需要几年时间，项目全生命周期预算管理模式考虑了项目的长远成本和收益，强调要对预算执行情况进行及时报告和反馈，并针对反馈和报告及时调整项目的资金安排，防止项目资金沉淀或者资金超付的情况出现。政府预算生命周期具有长久性特征，不仅要考虑当年的财政收支问题，还要考虑跨年度财政收支状况；既要考虑在经济繁荣时增加财政收入，也要考虑未来可能出现的经济衰退以及各种意外情况，将经济繁荣带来的额外的财政收入分散至整个经济周期使用。西蒙·约翰逊提出，债务问题更是一个值得注意的问题，应关注国家巨额债务产生的同时能否为子孙后代提供可以继承的环境。所以，预算平衡问题应从更长的周期考虑，形成规划—执行—考核的闭环管理流程。

六、预算平衡理论的价值与局限

政府预算平衡关系到国家预算收支活动的总体协调状态，涉及宏观经济的方方面面，综合性极强。本书从预算主体、预算活动以及制度经济学范式下的预算等视角进行预算平衡的理论阐述。这些理论与预算平衡在不同层面发生紧密联系，对分析预算的运行及结果有较强的说服力，对进一步理解政府预算平衡具有重要的启发意义。但是，这些理论并没有提供具体的预算平衡实现方法，即这些理论还没形成系统性研究范式。因此，我们既要从不同的理论中汲取养分，也要认识到其局限性所在，而不能基于单一的理论逻辑以偏概全地理解预算平衡理论。

（一）政府职能与预算平衡的联系不够紧密

政府职能理论说明了在不同历史时期政府职能的扩展与变迁，政府职能在不同的历史时期处于动态的发展演化过程中，预算则要服务于不同的政府职能，总体上呈现扩大的趋势，并且隐含了这种职能扩张趋势具有的某种合理性。而事实上，政府职能在经济总量及干预范围上的扩张，必然增加政府工作的强度，而由官员组成的政府要管理日益庞大、复杂的体系，预算出现不平衡的可能性将会大大增加。因此，预算不完全被动地服从于政府职能，预算的产生及发展也制约着政府的职能。

政府职能与预算平衡紧密联系，二者的实施主体均为政府，即政府要履行各项公共职能，编制并执行预算。但有时这二者是被切割开来的，预算平衡没有纳入政府职能任务，预算平衡或不平衡是政府履行各项职能之后的附属结果。政府为保证某一项公共职能的履行，可以在短期内放弃预算平衡，允许预算赤字的出现，并且，在现实中，短期化政策存在着被长期化使用的倾向，其结果是政府预算长期失衡，甚至侵蚀政府履行公共职能的基础，可能出现公共品供给不足甚至政府停摆等现象。从某种意义上说，预算平衡是政府长期追求的目标，当这一指标达到目标时，政府就有实力履行各项公共职能。政府预算追求中长期平衡是确定政府职能边界的重要标准，如果预算的中长期平衡可以预期，那么，政府职能就可以向更大范围拓展，否则，就应当收缩到那些基础性的职能，如提供基本的公共秩序等。基于此，本书认为中长期预算平衡既是履行政府职能的保证，其本身也是政府的基本职能。

从政府分权角度看，其从政府结构入手分析政府内部的权力分配，拒绝从一般抽象意义上讨论预算平衡，主张从政府内部的权力、责任关系的角度来讨论政府的职能，并由此展开分析预算平衡。财政分权理论提出了政府管理资金效率问题，说明缺少有效的财政分权，可能导致公共品供给与当地公共需求不相匹配等问题，会出现"用脚投票"现象，但是这一理论还没有将垂直间政府权力分配效率与预算平衡结合在一起。现实中，预算不平衡现象很可能是政府间分权结构不合理造成的。并且，政府分权理论对于中央权力集中的大国预算体系及其运行效果往往具有较强的解释力。本书对我国预算平衡机制研究的一条重要线索就是对政府债务存在必然性的研究，政府债务理论本身承认债务存在的必然性及其合理性，这就直接挑战了传统的年度预算平衡理论，也正因为要不断调和债务与平衡，就需要将预算平衡的视野加以拓展，即允许个别年份出现预算赤字，并通过债务来抹平赤字。就预算管理的总体趋势而言，预算管理的视野逐渐向中长期扩展，也正因为如此，预算的跨期平衡或者在中长期内的平衡就成为预算管理的一个重要命题。

从政府债务角度看，政府债务理论可追溯到亚当·斯密时代军费的紧急支付。在军费之外，政府举债受到严格限制，当然，其一般的假设是一国预算平衡当属于常态，但这一时期的政府债务理论主要是集中在其与税收的关系上，如"李嘉图等价定理"及其后续发展理论。直至凯恩斯主义产生、发展后，政府债务理论才从债务与税收的等价关系讨论中脱离出来，政府债务与政府干预主义结合，使公共预算服务于短期的经济增长与稳定，与后来世界各国预算不平衡理论有些渊源。应当说，政府债务理论已经将政府财政收支关系放在了一个多年期的时间内进行研究，涉及政府预算的跨年度平衡，但是预算平衡显然在政府债务理论中讨论得并不充分。

（二）预算活动理论受利益方博弈制约

政府预算活动直接与预算过程利益方博弈结果相联系，政府预算活动可从其职能、支出扩张、预算过程及平衡方式等方面讨论。预算职能可分为三种，如凯顿所提出的，包括预算的收入汲取、公共责任及行政控制等职能。其中，后两个职能包括了预算平衡职能，如公共责任需要平衡预算就设法去平衡收支，即预算服务于公共责任与行政控制，当然也要服务于收入汲取职能。公共预算的可持续平衡是政府职能未超边界的一个重要标准：一方面，政府职能扩张满足了公众对公共产品的基本需求；另一方面，政府不会扩张那些不必要的支出导致预算失衡。尽管预算具有明显的历史特征，即预算与特定的时间、地点相联系，但在各阶段中预算不具有独立的平衡主张，而是围绕着各时期政府职能的实现而存在的。

预算扩张理论则试图阐释预算扩张的原因，无论是渐进预算理论、官僚预算最大化理论、预算软约束理论，还是预算过程理论等，都承认了预算扩张的客观性，即使未必认可其是合理的。应当说，预算扩张理论揭示了预算管理上的压力，而这种压力主要体现为预算收支的失衡，出现这种压力的原因主要是预算本身具有天然追求平衡的内在要求。但是，预算扩张理论的主旨并不在于讨论预算是否平衡以及由预算扩张带来的预算失衡的处理，而仅仅停留在分析预算扩张的内外在机理层面。预算过程理论认为，预算处于某种预算环境中，应当分析各预算参与者在预算过程中的各种行为特征及其产生的结果。预算可实时划分为五种决策：收入决策、支出决策、过程决策、平衡决策、执行决策。不同决策代表着不同的政治力量，预算结果是各决策综合作用的结果，因此，预算过程理论对现实预算有很强的解释力。这一理论的进步之处在于将预算平衡托出理论层面，真正开始关注政府预算平衡及其实现问题。但是，其理论的焦点仍不在政府预算平衡如何实现上，而是把预算过程的各种力量的相互作用作为重点研究内容。

政府预算平衡理论是从预算平衡的时间跨度、预算平衡与宏观经济目标间的关系研究各种预算平衡的形式。年度预算平衡理论主张，在每个财政年度内收支都要保持平衡，并且强调预算不平衡所导致的政府债务不仅是下一代的负担，而且可能会造成政府资金浪费与通货膨胀等问题，只有平衡的预算才是理想的状态。事实上，这种理想的年度预算平衡并不现实。周期预算平衡理念则从经济运行的规律出发，提出预算收支平衡并不是常态，在各年度预算盈余与预算赤字经常交替出现，但是从整个经济周期来说，可以通过调剂预算盈余与赤字实现周期内的预算平衡。然而，这种主张同样也不够现实，理由是尽管有经济周期存在，但经济周期的长度是难以确定的。周期无从确定，就无法判断是否实现了周期预算平衡。而以功能性平衡预算理论所代表的其他预算平衡理论则认为，财政政策的基本功能是稳定经济、保持物价稳定、实现充分就业等，这些宏观经济目标的实现可以缓冲短期预算不平衡对政府造成的负面影响，预算平衡可暂时服从于其他宏观经济目标，因而预算平衡从中长期来看是可期实现的。

（三）制度经济学范式下的预算平衡更为复杂

制度经济学范式下的政府预算平衡，跳出了政府主体及预算活动本身，从制度运行的角度研究政府预算平衡，认为制度的交易成本的存在常常会使预算活动达不到应有的效率水平，行政权则会在产权之外介入预算导致效率损失，进而，间接却显著地影响到预算平衡的结果。因此，新制度经济学提供给我们间接的预算平衡建议：第一，需要从上层建筑即制度本身长远考虑政府预算，其中隐含着制度应当具有一定的弹性；第二，应当使行政权得到有力的监督，避免权力寻租及膨胀财政支出。然而，以制度经济学范式理解的预算平衡及提供的平衡建议，把平衡的问题归结为制度成本及产权问题，这不仅没能使问题简化，反而使预算平衡变得更为艰难，因为它忽视了预算活动本身的规律，也没有深入探究政府财政管理上不确定因素的影响。

总之，不同国家现实政治经济环境的不断变化，使得原本简单的政府预算平衡内涵变得越来越多元化，不能只从单一的角度评价预算平衡，而对预算平衡理解的演进正体现了这种现实经济环境的变迁。本书所讨论的预算平衡相关理论从不同角度揭示了预算不平衡的原因及内在机制，对如何保证预算平衡的中长期可持续性进行了理论探讨，却没有提供明确的方法或实现机制。但是，上述理论仍然为预算的跨年度平衡机制研究提供了很多启示，虽然这些理论具有分散性、不够系统化的特证，但仍可作为政府预算平衡管理的重要理论基础。在本书的后续跨年度平衡机制研究中，这些理论将发挥重要作用。

第四节　国家治理视野中的现代预算制度改革

现代预算是国家的一种公共治理活动，而跨年度预算平衡机制是现代预算制度的重要组成部分，其目标是要维护公共利益。自20世纪90年代以来，伴随着治理理论在全球范围的兴起与发展，传统的公共管理模式开始面临深刻的变革。一些国家推行新公共管理运动，将治理理念注入政府运作过程，力求缩减政府规模，提升机构效率以及降低服务成本。在这场重塑政府的运动中，预算领域的改革显得尤为重要。将跨年度预算平衡理念引入政府治理过程，是推动政府效能提升，增强政府公信力，建设责任政府、服务型政府的有力举措。随着国家收支规模越来越大，如何确保纳税人的钱都能花出实效，完成从"政府管钱袋子"回归到"管好政府钱袋子"的重大转变，就成为现阶段亟待解决的重要课题。基于国家的治理能力在很大程度上取决于它的预算能力，也就是有效且负责地筹集和使用财政资金的能力，改变国家取钱、分钱和用钱的方式，就能在很大程度上成为改变国家做事的方式，改变国家治理模式的制度规范。

一、国家治理的内涵与特征

现代国家治理是在世界现代化过程中，政府、市场与社会以特定的结构实现经济社会发展目标的统治形态与管理形态。一般来说，国家治理是指国家作为一个公共管理机构在既定的范围内运用公共权威维持秩序，满足公众需要的活动。它作为一种实现国家社会公共管理职能的新理念、新方式和新方法，特别强调政府与公民和其他社会组织的协调与合作，并希望通过政府与公民和其他社会组织之间的合作和互动，寻求一种达到"善治"目的的社会管理体制。它是多层管理主体共同管理社会公共事务、处理社会冲突、协调不同利益的一系列制度、体制、规则、程序和方式的总和。国家治理能力，则是一个国家制定法律制度、执行公共政策、治理经济社会事务以及维护政治经济及社会秩序等能力的整体体现。一个治理能力优良的国家，对外可有效地维护国家利益与国家安全，对内可使人民形成长期稳定的、良好的心理预期，使人民能够安居乐业、病有所医、老有所养，社会安定有序，建设更高水平的小康社会，不断增强人民群众的获得感、幸福感和安全感。

（一）国家治理的内涵

要深入理解国家治理的内涵，关键要弄清什么是"治理"。广义上来说，"治理"有两个层面的含义：第一层含义就是"统治"加"管理"的简称，这个意义上的"治理"不是一个新概念，其包括统治、整治、管理、管制的意思。"治理"的第二个层面的含义，是20世纪90年代国际上出现的一个新的理论范畴。近年来，从西方开始，逐步在国际上形成一种思潮，即从"统治"走向"治理"。这个意义上的"治理"，在内涵上与"统治"就大不相同。首先，统治是单中心的，治理是多中心的。统治只能以国家和政府为主体，其他组织均无统治权；而对于治理而言，除了国家或者政府，还需要市场、社会和公民等多个主体的参与，形成"多元共治"的结构。这是统治和治理最根本的区别。其次，统治带有强制性，治理倡导合作性。作为统治主体的国家具有强制力，甚至垄断了对暴力的合法使用；而在治理体系中虽不能完全排除强制，但更多的是靠合作，订立契约，建立一种伙伴关系。最后，统治体现的是自上而下的权力关系，主要采取命令和服从的单向模式，而治理则是多向互动的，更多体现的是平行的权力关系。

现阶段，经由预算制度变革实现国家治理的转型正是我国当前"推进国家治理体系和治理能力现代化"改革的生动写照。党的十八届三中全会《关于全面深化改革若干重大问题的决定》将财政作为国家治理的基础和重要支柱，其目的就在于发挥财政预算对于推动实现国家治理现代化的关键作用。党的十八届三中全会将完善和发展中国特色社会主义制度，推进国家治理体系和治理能力现代化作为全面深化改革的总目标，称财政是"国家治理的基础和重要支柱"。这是首次在国家政治层面明确提出国家治理体系和治理能力现代化这一重大命题。现代国家治理在长期的历史演变过程中，亦经历了结构性的演化。在长期的历史演化中，现代预算与现代国家治理形成了整体共生、具体相关和制度同构的关系。如果说财政是国家治理的基础，那么现代预算就是国家治理的前提条件，强调现代预算制度在规范政府财政行为方面的基础作用。现代预算通过规范政府的财政行为，为国家治理现代化奠定基础。如果说财政是国家治理的支柱，那么现代预算则是国家治理的重要基石，表明现代预算制度作为现代财政制度的核心，为国家治理目标的实现提供了有效的支撑。

从全球范围来看，现代预算和现代国家治理体系的建立既与现代西方国家的现代化进程一致，同时也在发展中国家和转型国家的现代化过程中不断被塑造和拓展。就西方国家而言，以现代国家权力的配置和运行方式的差异为标准，可以将现代国家治理和现代预算制度划分为议会主权式治理阶段、大政府与行政国家治理时代、小政府与新公共管理治理时代及善治时代等。从"国家统治"到"自由市场"再到"国家、市场与社会"协调的"善治"，是西方国家治理现代化的基本线索。亚洲、非洲、拉丁美洲等地的发展转型国家虽然经历了不同的发展转型道路，但在国家治理上大体也经历了"全能主义"危机和"新自由主义"失败的教训。在全球化和全球经济结构调整的大背景下，这些发展转型国家也将既强调"国家统治"又强调"社会与市场"的"善治"，并将其作为国家治理体系建设的重要参照物。抛开现代化的路径、时代和国别差异，现代预算制度和现代国家治理体系作为现代化过程的产物，它们拥有一些共同的现代性特征，这些特征在漫长的现代化过程中不断得到发展和完善，成为塑造现代预算制度和现代国家治理的规范性标准。

（二）国家治理与国家管理的区别

从管理和治理二者的区别来看，"管理"存在着主体与客体的界分，即管理者与被管理者。"治理"往往指"协同治理"，强调社会多元主体的共同管理。管理的主体只是政府，而治理的主体还包括社会组织乃至个人。党的十八大以来，中央多次强调要"加快形成党委领导、政府负责、社会协同、公众参与、法治保障的社会管理体制"，这一变化意味着，政府不再只是治理的主体，也是被治理的对象；社会不再只是被治理的对象，也是治理的主体。国家治理是制度结构的合理安排和有效协调，最终目标是实现国家秩序的和谐治理与社会经济的持续、均衡发展，治理过程是政府、市场和公民社会之间的协调互动。"管理"是自上而下的刚性模式，而"治理"则是包含自上而下、自下而上及横向流动的多向复合型模式，更注重协调性、灵活性。管理的运作模式是单向的、强制的、刚性的，因而管理行为的合法性常受质疑，其有效性常难保证。治理的运作模式是多向复合的、合作的、包容的，治理行为的合理性受到更多重视，其有效性大大增加。"国家治理"理念是政府意识形态的转变，传统政治理论认为国家或中央政府只需要行政命令或红头文件即可对经济社会实行有效管理，政府统治的权力运行方向总是自上而下的，它运用政府的政治权威，通过发号施令以及制定政策和实施政策，对社会公共事务实行单一向度的管理。在"管理"语境中，政府更多地扮演全能政府、集权政府和人治政府的角色，政府有至高无上的权威，"管理"就是政府对市场、社会、纳税人自上而下的"直接管控"，政府与市场、社会、纳税人之间容易形成一种对立关系，甚或出现大政府、小市场与小社会的格局。在"治理"的语境中，政府虽然依旧是社会公共事务管理功能和责任的承担者，但政府扮演的角色更多是有限政府、分权政府和法治政府。治理与管理的最大区别就是管理依据确定性的规则进行，治理依据不确定的行为进行，管理是纠偏，治理是消除不确定性。"治理"意味着过往的"直接管控"将被上下互动、横向联动为主的协商沟通所替代①，政府与市场、社会、纳税人之间容易形成竞争合作、和谐共生的关系，其目标是社会公正，手段是民主机制，核心工具是法治建设。从传统"管理"到现代"治理"的跨越，虽只一字之差，却是一个"关键词"的变化，是治国理政的总模式（包括权力配置和行为方式）的一种深刻的转变。

（三）国家治理的主要特征

综合联合国开发计划署和全球治理委员会（CDD）等的界定，现代国家治理主要含有五个主要特征：一是规则性（regulation），即社会秩序和权威被公民普遍认可和自觉服从的性质和状态。二是透明度（transparency），即包括立法活动、政策制定、法律条款、政策实施、行政预算、公共开支等有关的政治活动信息，在不涉及国家安全和个人隐私情况下公民都有权获得并积极参与公共治理和管理过程，以此实现对公权力的有效监督。三是问责制（accountability），即国家各级行政机构和公职人员依法必须履行的职责和义务，拒不履行者或尽责不到位者将受到惩罚。四是法治化（rule of law），即在民主基础上形成国家治理的基本规则，即法律面前人人平等。在规范公民行为的同时，更制约政府权力滥用，其最终目的在于保护公民自由。五是回应性（responsiveness），即国家各级行政机构和公职人员须对公民的要求做出及时的和负责的反应，定期、主动地征询意见，并对政策文件进行及时解释和回答公民的问题。

（四）国家治理体系和治理能力现代化

国家治理体系和治理能力现代化就是使国家治理体系制度化、科学化、规范化、程序化，使国家治理跟上时代步伐，创新治理方式，回应国民的现实需求，实现最佳的治理效果，为人民幸福安康、社会和谐稳定、国家长治久安提供一整套更完备、更稳定、更实用的制度体系，把中国特色社会主义各方面的制度优势转化为治理国家的效能。国家制度体系是国家治理的良好制度平台，是国家治理能力可否实现的重要影响要素，但落后和不合时宜的

国家制度同样也会阻碍国家治理能力的提升，因此国家制度的建构和自我更新能力同样也是国家治理能力的重要方面。

党的十八届三中全会提出了全面深化改革的总目标，并把推进国家治理体系和治理能力现代化作为重要内容，这对于中国未来政治发展乃至整个社会主义现代化建设事业具有重大的理论意义和现实意义。国家治理现代化是国家现代化的重要组成部分，国家治理现代化的水平直接决定了国家现代化的路径和可能。正如习近平指出的，国家治理体系和治理能力是一个国家的制度和制度执行能力的集中体现，两者相辅相成。有了科学的国家治理体系，才能孕育高水平的治理能力。不断提高国家治理能力，才能充分发挥国家治理体系的效能。解决中国各种问题，实现各项既定目标，关键要靠国家治理体系和治理能力的现代化。我们应当充分认识到国家治理制度和治理能力紧密联系的一体两面，国家治理体系是国家治理能力得以实施的重要制度平台，而国家治理能力是国家治理体系具体执行力的体现。对于一个国家而言，国家治理体系规范并约束着国家治理能力的运行，而国家治理能力的强弱也会影响国家治理体系的具体实施和自我完善。我们可以这么认为，有治理制度，无治理能力，那么制度就徒有虚名；有治理能力，没治理制度，那么能力就会被泛用、滥用。要在制度体系下不断提高执行能力，在执行过程中不断改进完善制度体系。

二、现代预算制度改革是国家治理现代化的重要标志

建立全面规范、公开透明的现代预算制度是国家治理体系和治理能力现代化的基础和重要标志，是强化预算约束、规范政府行为、实施有效监督、把权力关进制度笼子的重大改革举措。财政是国家治理的基础和重要支柱，而预算作为财政制度的核心内容，必然要在国家治理中发挥重要的作用。政府预算制度与国家治理之间存在着内在的互动关系。一方面，政府依据每年的财政预算来安排政府活动，对国家治理起到一定的引导作用。另一方面，不同的国家治理结构和治理水平反过来对政府预算有着不同的影响和要求。越是预算制度完善的国家，其国家治理也更加高效且负责。

（一）现代预算制度是国家治理的重要载体

现代预算制度是国家治理体系的重要组成部分，与国家治理机制密不可分。现代预算制度是国家政治与经济监督的载体，有什么样的国家治理机制就必须有符合本国特色的预算制度与之相适应。不同国家或同一国家不同时期的国家治理目标、国家的现实任务、所面临的形势、国家治理所处的地域性等规定了预算制度具体的运行规范，直接或间接影响国家预算制度发挥作

用的大小。现代预算制度是国家治理体系中的重要组成部分，更是治理能力的基础和保障。但这也决定了它必须在国家治理框架内运行，必定跟着国家治理的革新成长而持续赋予现代预算制度工作新内涵、新方向、新要求；必定受到同一期间国家治理的行动指南、目的要求、治理重心和治理方式等诸多要素的影响与制约，即现代预算制度总是围绕国家治理主线上下波动的，国家治理机制变化到一定程度，必然要引起现代预算制度的变革。国家治理的发展对现代预算制度的发展起决定性主导作用。

（二）现代预算制度是国家治理能力的重要保障

在市场大潮覆盖全球的今天，无论是国家、社会组织还是个人开展活动，都需要资金的支撑。如果没有资金作为支撑，无论是国家法令、政策还是个人行为都难以得到保障。预算是有关政府财务收支计划的报告或报告汇编，记录了收入、支出、活动及目的等信息，因而只有完善的预算制度，即现代预算制度，才能为我国的预算执行提供有力支撑，才能顺畅地为我国国家治理能力作用的发挥奠定基础、提供保障。现代预算制度实际上是涉及政府"钱袋子"的法律，纵观我国国家治理体系中的各项制度，现代预算制度无疑是与社会公民最为息息相关的，因为它以法律形式规范了政府的各项收支活动，起到反腐倡廉和保护人民合法权益的重要作用，维护了社会公众的切身利益。而现代预算制度的实行也提高了政府财政运作效率，体现了政府的治理行为，在政府治理能力的具体发挥中起到了基础性的保障作用。

（三）现代预算制度有利于完善国家治理监督机制

我国的预算制度在特定历史条件下遵循自身的内在规律不断演进，其改革的方向及要求都是随着我国国家治理方向及要求的转变而转变的。"预则立，不预则废"，现代预算制度的前瞻性会减少庸碌行为，提高行政效率，可以在国家治理过程中发挥重要的作用。

法治前提下的预算监督在国家治理体系中应发挥重要作用，具体包括三个方面：一是促进政府行政法制化，推动依法治国。现代预算制度是领导决策的着眼点和民众的关注点，预算监督必须站在立党为公、执政为民的高度，切实领会全面推进依法执政、依法行政、依法治国的重要性和紧迫性，真正把促进我党依法执政、政府依法行政、全社会依法治国作为现代预算制度监督的基本行为准则，理清政府与市场、政府与社会这两组关系，充分发挥政府的经济调节、市场监管、社会管理和公共服务四个方面的经济职能作用，尽快建立促进权责明确、行为规范、监督有效、保障有力的预算执法体制。二是促进政府行政高效化，推动经济社会可持续发展。现代预算制度能督促政府为避免遭受结果问责的尴尬，仔细考量公共经济资源的投入、配置及由此带来的社会效益，"深谋远虑，谋定后动"，从而提升经济社会运行的品质和效果，推动经济和社会的全面、协调、可持续发展。通过对实践中预算问题的分析和原因探寻，深刻论述国家治理中现存的体制性漏洞、机制性障碍和制度性缺陷，进一步展现现代预算制度重要的建设性意见和建议，配合中央部署，全面深化改革，大力推动国家治理体系和治理能力现代化。三是促进对政府短视和任意行为的制约和管理。如果我们从现代预算制度的思路出发，控制住各级政府的财权，以及公共资金的来源和流向及流量，让公共财产的收支管理都在阳光下运行，将公共资源分配和使用的权力约束在预算制度的笼子中，各级官员的"敛财冲动"和投资冲动将会大为降低，权力寻租的行为将没有实施环境。所以，构建全面完整、公开透明、约束有力的现代预算制度是构建国家治理体系的重要内容。

三、现代预算制度全面提升政府效能

现代政府管理理论认为，公共管理与企业管理之间不存在本质区别，企业管理中要求的质量管理、目标管理、成本管理、结果控制等，在公共管理中同样适用。现代预算制度改革突出责任和效率、关注产出和结果，是现代科学理论在政府管理上的具体运用。新公共管理理论提出，要打造服务型政府、责任政府和效率政府，更加关注公共部门直接提供服务的效率，通过标杆管理法等对不同部门的绩效进行评价。财政预算体现国家经济社会发展的大政方针和任务部署，反映政府活动的范围和方向。全面实施现代预算制度改革，对绩效目标实现程度开展评价，推进绩效信息公开，有利于为政府履行职能提供坚实的物质基础和体制保障，督促各级政府部门认真履职尽责，提高行政效率，全面提升政府效能，增强政府公信力和执行力，加快实现国家治理体系和治理能力现代化。

党的十八大以来，我国经济运行保持在合理区间，发展质量和效益不断提升，国家财政实力迈上新台阶。提高预算管理水平，管好用好财政资金，把钱用到刀刃上、花出效益来，这是各级财政部门和所有预算单位的基本职责所在。随着国家"钱袋子"越来越沉，财政部门的责任也越来越大。按照公共产品理论，政府及其财政活动，如同私人产品的购买和消费一样，必须确保和体现消费者私人效用最大化的根本要求，实现对政府提供公共产品成本的约束和管理，符合投入产出的绩效观。在政府预算管理中，也必须强调财政支出的有效性，在关注有多大"蛋糕"可分配、分配到什么项目的同时，要更加关注公共政策的成本和效果，不断提高现代财政治理水平，通过有效配置财政资源，实现高质量发展。

第二章　跨年度预算平衡机制框架设计

　　跨年度预算平衡机制覆盖预算编制、执行、决算、绩效评估、结果反馈等全过程，是一整套全方位、全覆盖的预算管理框架，以此提高预算规范化管理水平，最终实现财政收入与支出的中长期结构平衡。构建跨年度预算平衡管理框架应本着易理解、可操作、规范化的原则。就世界各国实践来看，存在着多种跨年度预算管理模式。其中，世界银行设计的中期预算框架较为成熟，对我国跨年度预算制度改革具有借鉴意义。世界银行设计的中期预算框架有两大基本任务：设定中期财政目标和财政战略资源配置。围绕这两大基本任务，具体分为四大步骤，即经济与财政预测数据更新、财政战略报告、预算政策声明与部门内支出审核等，如图2-1所示。

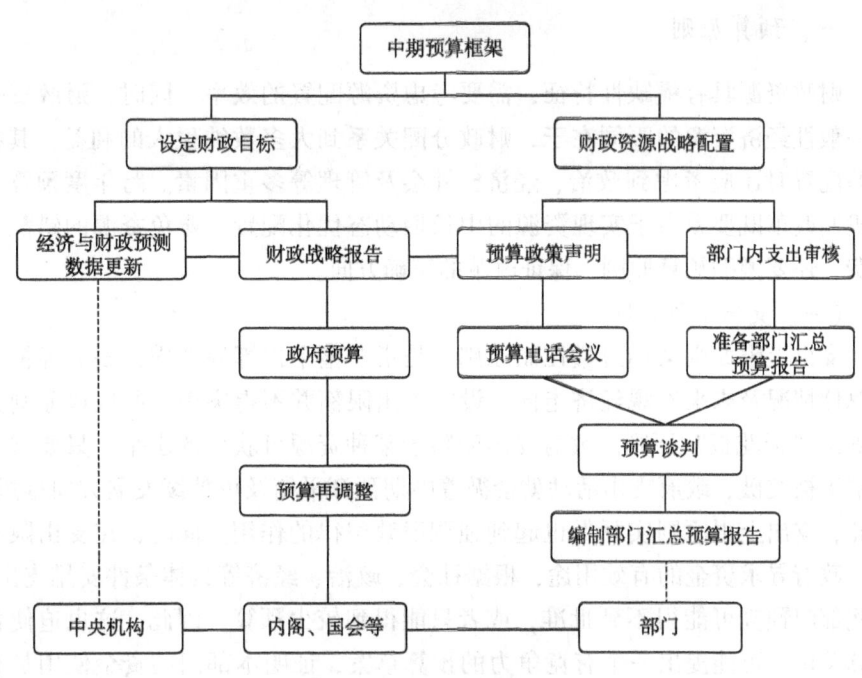

图2-1　中期预算框架流程

资料来源：世界银行官方网站，http：//worldbank.org

实施预算跨年度管理是国际上的通行做法，也是建立现代财政制度的重要内容。尽管世界银行提供的中期预算管理框架的流程比较成熟，但是其并未就如何从传统的年度预算转向中期预算改革提供具体的指导。本书在借鉴世界银行设计的中期预算框架基础上，分别从基本要素、技术要素以及组织要素等三大要素维度，设计从年度预算转向跨年度预算平衡的框架。基本要素设计的主要内容包括预算原则、预算目标、预算范围、预算层级等；技术要素设计从技术操作细节上考虑跨年度预算平衡机制，包括对支出限额管理、收入管理、预算稳健原则、预算预测等具体技术层面的设计；组织要素设计则着重对预算参与者以及预算实现环境的分析和安排。

第一节　跨年度预算平衡机制基本要素设计

跨年度预算平衡管理机制的构建，涉及对一些基本问题的回答，这些基本问题作为跨年度预算基本要素的构成，决定了一国跨年度预算平衡机制的基本形态，主要包括跨年度预算平衡的基本原则及目标的设定，实施改革政府层级的决策，预算层次体系以及安排预算的跨年滚动模式等。

一、预算原则

财政资源具有稀缺性特征，需要考虑资源配置的效率，同时，财政资金与一般性经济资源的不同在于，财政分配关系到大多数纳税人的利益，其在资源配置时还应考虑到政治、经济、社会及管理等多重因素。跨年度预算平衡机制改革既要致力于实现资源的中长期动态优化配置，避免资源的错配和浪费，还要遵循预算原则，保证改革的正确方向。

（一）支出上限原则

支出上限原则又称总量控制原则，是指在整个预算周期内，根据经济运行总体情况及未来宏观经济走向，设定支出限额并不得突破。所以该原则又称支出"天花板"原则。政府支出受限于某种资源可获得的水平，只要这个水平不被突破，政府支出活动就会循着中期预算平衡及可持续发展方向推进。因此，支出上限原则实际上也起到强调财政纪律的作用。同时，在支出限额下，政府寻求资金的有效用途，根据社会、政治、经济等具体条件安排支出，有些部门预算可能得不到批准，或者只能得到较少预算，因此，这也迫使各预算单位尽可能提出一个有竞争力的预算草案，证明本部门的资金使用是有效率的。资金使用效率的提升过程客观上也促进了预算平衡，而严格的预算支出限额控制，才能保障财政纪律的严肃性以及预算的中长期平衡。值得注意的是，总量控制还包括收入总量、债务总量及赤字总量等控制。

（二）优先排序原则

政府支出的优先排序是决定一个国家在民生福祉方面能够取得多少进展的重要因素。优先排序是事先对预算支出项目的事前评估，它意味着基于财政资源的稀缺性，遵循政府政策导向，对公共资源进行有效安排，需要对各种支出项目进行评估并确定项目的价值，考虑项目实施可行性，最终形成支出项目的优先排序，从而确保公共资金得以有效利用。优先排序的时间排期应当足够长，只有从中长期视角进行的优先排序才能保证支出安排的科学性。优先排序的过程是一个多方利益博弈的过程，需在组织内部进行协调及妥协。尽管优先排序不能保证一定能够得到合意的结果，但是优先排序的过程本身提供了一个公共讨论的机会，使得分配结果具有更好的公共利益认同。一般来说，不同部门之间的资金安排往往具有不可比性或可比性较差，会使得支出排序变得困难，政府往往仍需要基于渐进预算的模式分配财政资金。但就部门内部而言，预算支出项目的轻重缓急以及综合绩效评价则在技术上比较容易，这就使优先排序具有了可能。

（三）绩效评估原则

绩效评估原则就是围绕项目绩效目标的实现，开展全过程的绩效管理。财政支出对应着一定的产出结果，预算资金分配应以结果为导向，即要在严格的财经纪律下，实现财政资金运行的合规和高效，体现出资金分配的效率以及提供公共服务的效率，让纳税人满意，实现某种绩效目标。绩效结果的达成不仅意味着公共资金得到有效配置，而且它还会从两个方面促进预算平衡的实现：一方面是资金得到有效使用，避免了公共预算资金的浪费，减少了支出端的无效扩张，从而有利于预算平衡的实现；另一方面是预算结果的达成，能够增加公众对政府的信任，筑牢政府的执政合法性基础，进而为政府在预算收支间进行平衡提供空间，也有利于预算中长期平衡。

（四）循序稳健原则

由于跨年度预算平衡机制的复杂性及各国国情不同，没有统一跨年度预算平衡模式可拿来直接套用，特别是在由传统的年度预算转向跨年度平衡机制的过程中会面临诸多挑战。即使是在一国内部，各地经济发展状况不同，也会使得跨年度预算在预测、执行、监督等诸环节都可能存在各种差异，因此，要允许在推行跨年度预算平衡机制的过程中循序渐进，接受各地方政府、各部门灵活调适具体的跨年度预算方法。跨年度预算平衡机制改革可以有不同的目标层次，这为循序渐进的改革提供了更多选择，避免非此即彼的二元选择困境，也不强求在一次性改革中达到一劳永逸的效果。事实上，实施跨年度预算平衡机制并不意味着彻底否定年度预算平衡机制，相反，跨年度预算平衡机制孕育于年度预算平衡机制之内，是针对年度预算平衡机制的不足而做出的改进与升级。

二、改革目标

预算制度改革的关键便是设定改革目标，跨年度预算平衡机制改革是一项综合的、系统性的改革，尽管涉及较多层面，但最终仍将落实到具体达到的目标上来。本书提出跨年度预算平衡机制改革的宏观目标与微观目标如下。

（一）宏观目标

预算改革的宏观目标是指预算作为国家治理的制度性工具，其设计期待达到的宏观政策意图。跨年度预算平衡管理机制通过扩展跨年度预算视野，可能产生多种政策效应，如促进宏观经济稳定、优化财政政策决策、缓解中央与地方的财政收支压力等。20世纪90年代以来，为实现财政可持续发展而实施的跨年度平衡预算，构成了世界各国新型政府预算管理新模式。尽管跨年度预算所设定的目标基本相似，但因各国国情不同，其宏观目标也有差异。例如：美国是为了控制政府支出规模和财政赤字；新西兰、澳大利亚是要提高预算透明度；赞比亚政府则是试图整合过于零碎的项目支出，使项目支出与财政资源得以合理配置；等等。现实中，主流观点认为，跨年度预算平衡的目的是实现财政逆经济调节，通过在预算周期内财政余缺调节来熨平经济波动。这种观点初衷良好但实现难度较大，如对于经济周期到底持续多久，多大规模的赤字或盈余才能与宏观经济目标相匹配，跨年度预算能否解决经济衰退等一系列复杂问题，无论是在理论上还是在技术上都不能提供令人满意的回答。所谓逆经济周期性的作用，大多只是中期预算平衡管理的一种偶然结果。事实上，很少有国家仅靠预算管理手段成功实现逆经济周期调节的，逆经济周期需要财政与货币政策的配合，调控效果才更加明显。因此，就我国而言，跨年度预算平衡机制的宏观目标应设定为在国家层面上谋求预算的中长期可持续发展，实现科学有效的国家现代化治理。预算的中长期可持续与达到预算透明性、规范性、法治化等目标有着内在联系，很大程度上，这些具体目标既是预算平衡实现的手段，也是预算平衡的结果。

（二）微观目标

微观目标是指预算的各级政府或预算管理、执行及监督部门，期望通过跨年度预算管理达成的目标。跨年度平衡预算的微观目标包括设定预算支出限额、进行债务管控、绩效评估、资源合理配置及提高资金使用效率等。微观目标可以由相关政府或部门自行确定，也可以由各个部门各自分别确定。

微观目标往往要与一系列具体的预算管理方法相结合，如复式预算、零基预算、绩效预算以及地方债制度改革等协同改革。因此，微观目标可根据地方政府或部门单位的主要侧重点不同、实际情况差异等加以安排。例如，在宏观经济运行出现重大变化后，政府决策部门可有针对性地进行敏感性分析，调整相关变量因素，出台相关对策措施等。

（三）宏观微观目标的协同

实施跨年度预算平衡管理改革时，还应注意宏观微观目标之间的关联协同，避免"两张皮"现象。一方面，宏观目标的制定为微观目标的制定提供了方向性指导，同时也约束了微观目标，如部门的发展战略必须服从于宏观整体目标，有利于宏观目标的实现。另一方面，微观目标的实现是宏观目标的基础，宏观目标是微观目标实现的汇总。同时，微观目标也有一定的独立性，即其目标制定可根据部门内的具体情况加以灵活安排。基于不同的政府层级，具体的预算目标选择当有所不同。中央政府则应以整体宏观调控为主要任务，并根据具体的宏观调控任务设定跨年度预算目标，如促进财政资源的战略性优先性配置，并对财政支出、赤字和债务总量实施全局性控制。就地方政府的预算管理而言，以省级政府预算为例，其目前主要的平衡管理以控制支出限额、政府债务管理、项目管理为主要目标。以欧盟为例，欧盟各国普遍推行中期预算框架，尽管欧盟中期预算框架提供了一系列宏观目标指导，但实际执行中各国都基于各国国情推行不尽相同的中期预算管理方案，在目标设定、跨期年限、透明度及纪律约束等方面均有较大差异。

三、涵盖范围

跨年度平衡预算机制改革覆盖面越广，效果越好，但预算制度改革是否具备全面涵盖的条件还要多加审视。跨年度预算平衡机制应是整个政府层面的改革，但还需要分步骤从部分层级政府及部门开始改革。

（一）政府层级

各国的政府层级结构不尽相同，我国分为中央、省、市（地区）、县、乡等五级管理。从世界范围看，有的国家政府层级较少，各层级间政府的预算职能相近，预算管理水平也相差不大，统一推进改革就比较容易。而有一些国家则不仅政府层级多，而且政府层级间预算管理水平差异也很大。此时，为了顺利推进预算制度改革，就需要对各政府层级的预算管理水平进行充分考察。我国于2015年实施的新《预算法》允许省级政府拥有发债权力，这就要求省级地方政府对债务发行与偿还进行规范管理，承担起多年期的债务预算的平衡管理责任。而省级以下的各级地方政府，则更多应突出中长期预算的上限约束，严肃财政纪律，注重预算绩效等。因此，跨年度预算平衡机制应在中央政府进行"顶层设计"的前提下统一推行，再根据地方政府与部门的特点推行不同形态的跨年度预算管理方法。以我国的县乡政府为例，以农业为主的县乡财政运行一直处于资金不足状态，财政收支失衡压力很大，税费改革取消了农业税，使其失去了重要的自有收入来源，预算的基础盘子非常薄弱。从欧盟实践来看，尽管有中期预算框架指南要求成员国提供 3~5 年中期目标信息，但是，各国计划文件的形式与内容有很大的不同。例如：奥地利的周期性联邦预算框架法案设定了中央政府的支出上限及人员数量，在法律上这仅是附属于整个中央政府的预算目标的战略报告；瑞典的中期预算支出上限只针对中央政府及年金系统，但下级政府也受平衡预算规则的约束。从欧盟的实践看，将跨年度预算平衡机制覆盖到所有下级政府和部门不一定能得以顺利实施。

（二）部门系统

将跨年度预算平衡机制改革推向整个政府部门系统，会使预算支出限额与财政赤字得到有效控制。从理论上看，所有政府部门应同步进行跨年度预算平衡机制改革。一方面，这能确保所有支出都受到严格的管理及优化；另一方面，多部门联动改革有利于改革措施在部门间得到更好的协调与实施。但是，当各部门利益博弈造成一些改革的部门利益未得到充分保障，或是某些基础性制度指导性工作尚不到位时，预算改革不但可能造成巨大的资金浪费，还可能使部门产生挫败感并对改革有抵制情绪。因此，跨年度预算平衡机制改革应在合理配置各级政府及部门事权、财权等财政要素的基础上，照顾不同地区、部门的利益诉求，有效调动其改革积极性、主动性，最终使预算改革全面推开。

（三）支出侧重

预算跨年度平衡管理的关键是控制住预算支出，具体的对象主要是经常性支出与资本性支出。一般说来，经常性支出属于基本业务支出，具有长期稳定性，因此具有更好的可预测性，实施过程中遇到的技术性困难相对较小。而资本性支出则具有更明显的跨年度特征。政府财政收支的平衡程度在很大程度上取决于资本性支出的约束程度，从确定中长期支出限额来控制资本性支出似乎更有决定性意义。从理论上看，跨年度预算平衡管理应当就上述两类支出进行严格控制，但是由于各地区、各部门的实际情况不同，在推行跨年度预算平衡机制改革的初期应当有所侧重，先从资本性支出入手，改革逐步成熟后再实现全覆盖。

四、框架体系

根据跨年度预算平衡机制的管理内容及措施，其内容体系主要包括三个层次，即中长期财政规划、部门单位预算及项目预算。中长期财政规划层面是以政府为主体，通过对预算相关的宏观经济数据进行预测，并提出中长期财政总体规划，优先排序主要预算支出项目、债务限额分配等。部门预算层面是指财政规划转变为部门实际预算，预算限额在部门层面正式发挥约束力。项目预算层面是指预算进一步细化到具体项目，讲求项目预算支出效果，跨年度预算在具体的支出项目上得以体现，要测算跨年度支出项目的成本效益，对预算支出项目进行绩效评价。

从跨年度预算的构架体系内容与措施看，中长期财政规划是政府基于宏观经济多年期的预测与判断，对财政收支全局部署提出政府支出战略，包括形成初步的预算支出优先排序、设定债务上限、实现债务管控等。部门预算是指具体预算执行部门在遵循国家多年期财政规划的基础上，编制中长期的部门发展规划，预测本部门所需的多年期资源数量，具体来说，就是对已批准的各部门单位预算和项目预算进行初步计量，测算其所需预算资金，实施跨年度预算管理。项目预算具体应用意味着跨年度预算进入精细化管理阶段，预算已经细化到项目层级，具有显著的专业化管理特征。

五、滚动模式

跨年度预算平衡机制是对单一年度预算平衡机制的一种改进，在理论上，有几种跨年度预算管理滚动模式。第一种模式：跨年度预算以 N 年为周期（如 3~5 年），每 N 年制定一次，此周期内的政府收支完全按照期初的预算设计执行；在预算周期的最后一年，再次制定下一个 N 年的跨年度预算，并如此进行循环。第二种模式：跨年度预算以 N 年为周期，每 N 年制定一次，第一年预算完全按照期初计划执行，剩余各年度的收支在不违背期初预算设计原则的前提下，允许逐年滚动调整，直至该周期结束；在预算周期最后一年，再次制定下一个 N 年新的跨年度预算，并如此循环。第三种模式：跨年度预算以 N 年为周期，每年均为新的起点重新设计下一个 N 年的预算，逐年滚动设计。第三种模式与第二种模式相似，只有第一年收支严格按期初预算执行，剩余年份的预算计划是虚化的或者说是指导性的，可随着时间推移而逐步调整或重新设计。

三种跨年度预算管理滚动模式各有特点。第一种模式设计完成之后便在所有年度得到严格执行，为未来 N 年预算收支提供一个稳定的预算，这要求期初预算设计必须十分严谨，对未来 N 年的预测也要相当精确。目前，很少有国家能有这么强大的中长期预算设计能力。例如，在丹麦、荷兰及瑞典等四年期跨年度预算框架中，均设定了每一年的支出上限，这种做法的优点是预算时间跨期与政府官员任期保持一致，这使得政策制定者有更强烈的意愿遵守其财政计划并为之负责。更多的国家则采用第二种或第三种模式。这两种模式本质上都属于滚动式的跨年度预算，第一年即预算年度的支出上限约束力最强，一经确定，除非遇到不可抗事件冲击，原则上不予调整，其他年份的收支预算都会根据新的宏观经济形势进行调整，使得预算更具有弹性和前瞻性，同时，也带来了未来年度预算可变更的预期。但是，滚动式的跨年度预算并不意味着除第一年以外的预算计划是不具有约束力的。本质上，无论是第二种模式还是第三种模式，它们都是从跨期角度来安排预算的，即便后续年份未按期初设计执行，也提供了一个中长期的具有前瞻性的预算安排，而且即使在后期执行中未必得到严格实施，但较之年度预算，无论哪一种跨年度预算滚动模式，在客观上都会稳定各预算主体对未来财政收支的总体预期，都是对年度预算的一种超越。

第二节　跨年度预算平衡机制技术要素设计

跨年度预算平衡机制技术要素设计是制度设计的具体化，只有在技术上可行才能保障预算制度的有效运作。例如，对宏观经济进行预测、进行财政收支管理、进行债务管控、运用平衡手段等，都需要拥有现代经济模型分析技术。应当说，那些成功实施多年期预算平衡管理的发达国家对相关技术细节都有着严密的设计。然而，各国在技术要素的设计选择上是不同的，对我国来说没有统一技术模板可供直接使用。对于跨年度预算平衡机制技术要素设计，主要从收入管理、支出管理、公债管理、预算稳定管理及预算预测五个方面进行介绍。

一、收入管理

财政收入是政府为履行其职能，提供公共物品与服务需要而筹集的资金总和。当财政收入充裕时预算收支压力小，政府较少考虑如何维持预算收支平衡，而把精力更多地放在如何花钱上。然而，经济不可能保持长期景气，财政收入也不会长期增长，保持充裕。因此，要对财政收入进行科学、规范的管理，为各预算主体提供一个稳定、可预期、规范的收入环境，避免频繁干预收支两端以维持暂时的预算平衡。

（一）收入任务转向预期管理

最初，西方国家的"预期管理"大多见于货币政策管理领域，旨在提高货币政策效率，早见于伍德福德（Woodford，2005）对信息经济与货币政策关系的研究。随着公共信息获知领域的扩展，预期管理也相应地被应用于其他公共管理领域，财政收入也从原来的收入任务管理转向收入预期管理。收入预期管理是通过规范财政收入制度，明确规定不同类别财政收入的财权归属、纳税标准等，在保障征收财政收入权威性和严肃性的同时，稳定各预算主体的预算预期。收入不再是硬性的任务约束指标，必须依法征税、规范税收优惠，杜绝"应征未征、少征"或征收"过头税"现象。规范的财政收入制度仅是静态的预期管理，动态的收入预期更为复杂，也更需要特别关注。因为财政税收制度是根据宏观经济结构变迁而调整的，所以在预算制度调整过程中规范各级预算收入的预期显得尤为重要。例如，税收收入分配体制的变动将会改变原有财政事权与财权之间的匹配，为此，必须尽早明确划分政府间事权和支出责任，测算出政策变动可能引起的税收变动，在此基础上确定税种的划分以及共享税比例的调整，最终使各级政府形成拥有充足、稳定财力保障的收入预期，为实现政府职能、合理安排财政支出提供物质保障。

（二）上下限区间管理

财政收入的影响因素比较复杂，可控性较弱，一旦设定了具体的收入预算指标，就会使财政收入筹集部门疲于完成规定的任务，其中不仅包括税收收入，还包括收费等其他形式的收入任务。事实上，正是因为税收收入任务有时无法正常完成，又缺少弹性空间，才形成了各种形式的不正规收入，如乱收费、乱罚款、乱摊派等，扰乱了人们对税收负担的正常预期。因此，有必要进行财政收入的区间管理，通过合理设置收入上下限区间，提高对财政收入征收波动的容忍程度，避免让硬性的任务指标制约财政自动稳定器功能的发挥。

（三）科学预测收入

财政收入的预测虽然只是对未来收入的预期，未必是真实的收入数值，但是，收入预测仍会对未来财政支出形成压力和约束，会成为政府支出规模决策的基础，因此，提高收入预测的审慎度有利于预算平衡的实现。许多国家的实践表明，政治家一旦有机会，就会冒险选择过于乐观的收入预测，并匹配以更高的支出，实现延长其政治任期等目的。因此，审慎的收入预期应至少包括两种不同场景预测：一是反映最有利的经济场景，能够保证收入任务的顺利完成；二是反映不利情形下的经济场景，收入实现会遇到一些困难和阻力。在预算过程中，除了各主要政府预测部门之外，还应广泛借鉴其他独立于政府部门组织的预测，应尽可能从不同角度采用综合、审慎的多主体收入预测，降低政治家过度乐观的收入预测给预算平衡造成的负面影响。在具体测算收入方法上可灵活采用多种方法，以使收入预测处于一个合理的、可控范围内，增加预测收入的科学性。

二、支出管理

政府公共服务供给既是民生的需求，也是出于政治上的需要，无论是政府还是公民都可列举出名目繁多的公共产品或服务，也就是说，只要没有政府收入约束，政府支出是很难有上限的，因为人们的支出欲望是无限的。然而，一国的财政收入显然是不可能没有约束的，财政支出也必然存在上限。这就要求政府根据其职能的需要设置支出上限，根据轻重缓急安排支出结构，无论是在支出总量上的增减，还是在支出结构上的调整都会对政府预算平衡产生直接的影响。

（一）支出限额与预算平衡

政府预算失衡最直接的表现就是支出的过度扩张，因此，在预算收入不能大幅增长的前提下，设定预算支出限额是约束政府支出膨胀、实现预算平衡的基本手段。首先，预算收支总额的设置要综合考虑财政收入约束、战略规划等多种因素。通常，预算支出上限不但能保障整个支出框架在程序和形式上的合法性，还能对各部门支出形成硬约束。但如果预算支出上限设置过高，预算监控则会失去其存在的意义，支出上限设置过低则会出现预算执行困难，这就要求公共部门具备更高的预算管理技能，设定合理的预算支出上限。其次，要考虑公众满意度。在既定的公共服务产出效率下，支出上限必然会限制公共服务提供水平，而得到公众的广泛支持是支出限额控制的重要基础。例如，加拿大政府曾在 20 世纪 80 年代和 90 年代实行两轮预算支出削减改革，在第一轮改革计划实施前，很多人并不把联邦赤字和国家债务作为重要的经济问题，最终，第一轮改革的效果是总赤字仍居高不下。而在第二轮改革中，政府加强了对公众的宣传与沟通，公众对财政稳定理念的理解也得到显著增强，普遍承认高额债务对经济发展以及代际公平的不利影响，并开始支持结构性改革，因此，第二轮改革实施后，政府有效控制了财政赤字，提高了资金使用效率。再次，预算支出可分为固定支出和自由裁量支出两部分。固定支出受到严格的支出限额约束，而自由裁量支出所受约束很弱，因此，固定支出所占比重越大，对财政纪律的控制力就越强。反之，自由裁量支出比重越大，财政纪律就越难形成，财政效率的提升也会受限。为回避支出限额管理，部分机构可能会人为扩大自由裁量支出，因此，控制自由裁量支出比重是平衡预算的重要环节。最后，确定政府与市场的边界。公共服务供给主体并非一成不变，即公共服务既可以由政府提供也可以由市场提供，无论是政府提供还是市场提供都有相对应的收益及成本。科斯在《经济学中的灯塔》一文中深刻揭示出公共产品的性质及其供给，他以英国早期灯塔为例说明，并不存在纯粹的公共产品，政府或私人试图垄断公共产品的供给都是不可能的。因此，政府在进行公共服务供给决策之前，应先充分考虑市场提供的意愿及能力，在市场有能力并有意愿提供公共产品时，则将相应的投资支出让位于市场，如市场存在失灵领域，政府则及时补缺。

（二）支出总额的确定

支出总额的形成可分为三个阶段：第一阶段是自上而下地确定多年期的资源总量，确定财政政策目标。财政部主管部门利用预测模型预测资源总量，基于基期支出规模、优先次序和支出政策，将资源分配到各支出部门和单位，完成财政资源的初始配置。第二阶段是自下而上地汇报各支出部门所需资源，支出部门依据国家财政政策目标制订支出计划，预测支出成本，提交多年预算申请报告。预算申请是经过内部项目竞争筛选后的资源配置申请。第三阶段是协调部门之间的财政资源配置，中央政府基于宏观经济及财政预测情况以及国家发展战略目标，确定预算支出的优先排序与部门支出上限，形成最终的预算政策文件。各个部门根据文件指导规划本部门工作任务和预算列支，支出总额随之最终形成。当然，上述过程确定的支出总额要与部门支出最低需求之间达成某种平衡。上级财政主管部门不会过早地给出总额上限，它会鼓励支出部门根据战略需要，而不是仅仅根据总额上限安排支出，以增强各部门规划能力，提高预算的可靠性和透明度。

（三）支出的合理排序

预算支出的经济性主要体现在支出结构的合理性上，以克服财政分配不均等问题，有必要在各公共部门和公共项目支出中建立更为有效的支出优先排序机制。由于公共资源有限，必须对公共资金进行优先次序安排，以确保资源投入到重点项目或有效率的项目中。在公共支出理论的研究中，早期渐进预算理论强调预算的"渐进性"特征，但对预算过程中的排序竞争性却态度不够清晰。经济学家纳齐兹（Natchez，1973）在肯定预算支出是渐进变化的同时，也正面肯定了支出具有竞争性特征。预算过程中大量预算项目的此消彼长，反映了各预算参与者之间的竞争关系，部门层面的支出形成具有渐进特征，而在项目层面上竞争排序特征则表现明显。项目的竞争排序主要集中于政府内部的执行层。吉斯特（Gist，1982）认为，预算的"渐进性"和"排序竞争"普遍存在于部门和项目两个层面，因为政府优先安排程序决定了哪些项目与服务是更重要的。

具体而言，支出优先安排程序决定每一项目与服务的资金资助程度及持续时间，由于有些工程类项目是跨期才能完成的，因此，预算支出优先排序必须纳入跨年度预算，并在资金拨付级别层面上得以细化。跨年度预算支出优先排序安排可在两个层面上展开：第一，在战略性层面上的排序。战略性排序往往不是具体的支出安排，没有直接的资金配比，但其一旦形成，基础性的支出架构便得以定型，其对预算的长期平衡及可持续将具有至关重要的作用。但在现实中，在编制跨年度预算时，国家战略规划可能并没有清晰地描述具体目标及措施，因而不能对部门的预算配置形成具体指导。而且还可能出现这样一种情况：各种战略规划比较多，但战略规划间缺少沟通渠道，往往相互独立，可能造成同一领域资源的重复配置。因此，在跨年度预算设计过程中，要努力提高国家战略的系统规划性与沟通协作性。第二，在项目竞争层面上的排序。这一层面上的优先排序围绕着既定的战略目标，对本单位主持项目的合规性、合理性及绩效水平从中长期管理的角度加以科学论证，从而争取优先的排序。这个过程既能提高资金的使用效率，又能降低项目的运营成本，从而在支出端促进预算的中长期平衡。

（四）潜在支出管理

人们对公共服务潜在需求的多样性使得政府对公共需求的变化始终保持敏感性，跨年度预算要事先预估未来人们对公共服务的需求，经济、社会、政治及技术等因素都需要提前引入干预性分析中。特别是人口数量与结构的变化会对财政支出规划产生巨大影响，无论是人口总量的变化，还是日益严峻的老龄化问题，抑或是未来的疾病发展趋势，都将形成新的公共需求，必须有相应的社会保障与社会福利支出安排。随着社会迈入智能化时代，人们对网络的服务需求也将日益多元化。经济全球化、气候变暖以及各国不同的经济增长率等都会对未来的中长期规划产生巨大的影响，提前引入此类潜在因素进行公共服务分析，可降低未来政府公共支出管理的风险。

（五）支出项目评估

在不同时期会有一些临时性或者永久性的支出项目出现，而即使是临时性的项目，一旦得到一次批准，既得利益者就会对该项目产生依赖，会想方设法阻止以后预算年度撤销该支出项目，从而使支出未能按预期调减，进而破坏原有的预算平衡设想。因此，在新的支出申请成为正式预算之前，需要对其进行支出评估。以英国为例，英国政府将预算支出项目分为三类，并将其形象地比喻为三种动物，将其作为预算是否得以批准的重要依据。第一类是"黑公牛"项目，这类项目具有存在的必要性及合理性，优先鼓励通过，可获得充足的资金支持，并能够证明其对产出有明显正面效应。第二类是"粉红猪"项目，这类项目的规模小，具有一定的合理性，选择性通过，通常用作赞助或用以维持政治或地区性系统，不必全程监督，但要控制支出上限。第三类是"大白象"项目，这类项目的成本极高，弹性比较大，此类项目要予以严控，这类项目往往具有很强的意识形态特征及良好的"声望"，一旦批准以后年度就难以撤销。

三、公债管理

马克思曾说政府债务的本质是"延迟的税赋"，当公债对应着收益，且其偿还能力有充足的保障时，政府债务就能应对短期预算收入的不足，弥补预算短期赤字，保证公共产品的供给，并且在中长期内维持预算平衡。然而，政府债务对于预算平衡的调节是一把"双刃剑"，政府债务若在后期未能得到妥善管理，债务偿还就会成为预算支出的持续压力，甚至像"滚雪球"一样持续膨胀，那么，政府债务就是预算平衡的远期负担。而跨年度预算平衡机制的管理思维，为政府债务管理提供了理论及实践上的启示，同时，债务管理本身也成为跨期预算平衡管理的中心议题。

（一）债务规模管理

国外政府债务规模管理的实践表明，一般可借助若干政府债务评价指标来判断实际债务是否处于风险可控范围内。这些债务规模评价指标有债务负担率、负债率、偿债率及债务依存度等。目前，以欧盟的《马斯特里赫特条约》所提出的政府赤字率3%、债务负担率60%的安全控制线标准最为流行，为不少国家所采用。但是，也有一些学者认为这两条安全控制线标准是基于欧洲的现实状况制定的，具有一定的局限性，对其他国家来说并不一定是可靠的经验依据。各国由于存在政府层级设置、经济财政发展状况以及统计口径等方面的差异，对地方政府债务规模警戒线的设置各不相同。例如，1997年俄罗斯出台的《俄罗斯联邦地方政府财政基础法》就规定了地方政府的借债上限为预算支出的15%。英国政府曾在1999—2005年实施了"可持续规则"，对用于资本项目的政府举债，规定债务规模占国内生产总值（GDP）的比重要控制在40%以内。此外，债务规模管理还要考虑其他一些经济变量，包括一国（地区）的经济总量、赤字水平、通货膨胀率、债务存量、人口结构等因素。

（二）债务主体管理

公债作为一种特殊的财政收入手段，能够增加财政可支配收入，但其筹资权力却未能像税收一样被赋予各级政府。税收是最一般的财政收入工具，各级政府通常都具备一定的税收汲取能力。但由于公债具有国家主权色彩，中央政府就被认为是唯一合法的公债发行主体，即使地方政府亟须公共债务资金的支持，也只能由中央政府代为发行公债。但是，在各国中央政府把部分经济管理权力下放到地方政府后，地方政府在经济决策上有了一定的自主权，而各种形式的地方政府债务逐渐由非正式的、局部的现象逐渐演变为正式的、普遍性的存在。随着地方政府债务管理主体地位的确立，债务风险也相伴而生，每级地方政府，特别是省以下级别的地方政府都能实施有效的风险管控。因此，未来仍然需要以审慎的方式赋予地方政府具体的债务管理权限，基本做法是要求地方政府在进行债务融资时，须向财政等相关部门办理注册登记，并对相关债务发行事项进行披露。

（三）公债用途与预警机制

财政收支失衡说明存在一定资金缺口，并形成了一般意义上的债务需求。但是没有理由认为各级政府会等效地使用债务资金，地方政府资金缺口不是债务筹资的充分条件，特别是在地方借债上限的约束下，应根据债务的使用效率并结合资金需求的紧迫性评定是否需要债务筹资。公债究其本质仍然是公共资金，公共资金就应当讲求使用绩效。此外，债务的使用方向还应遵守"黄金法则"，即在一个经济周期内，公债收入应该用于公共投资，而不能用于增加经常项目支出。

建立债务风险预警机制，要求政府全面把握债务总额、期限结构以及财政运行态势，通过建立政府综合财务报告制度，动态跟踪债务风险变化。为此，可以基于债务风险事件的不同属性，将债务风险事件划分为若干级别，如根据债务率、偿债率、债务依存度、逾期债务率等指标，及时分类识别债务风险，对高风险债务提供预警。对已经面临债务风险预警的政府，要求有中长期债务处置规划，在严格控制新项目的增量债务的同时，减少不必要的支出，引入社会资本实施资产重组，消化存量债务。在确实无力偿还债务时，启动应急处置预案，确保不发生区域性或系统性风险。

四、预算稳定管理

在预算执行期间，预算盈余或预算赤字当属常态，预算平衡管理应当从维持单一年度的预算平衡转向保持中长期内预算平衡，而中长期的预算平衡管理，可分解为预算稳定调节基金和预算执行调整两个重要制度。

（一）预算稳定调节基金

预算稳定调节基金，是指为实现有效宏观调控，保持预算在各年度间的稳定性衔接，从一般公共预算提取的具有逆周期效应的储备性质资金。从理论上说，可以用经济繁荣时期的财政盈余去弥补衰退时预算收入不足，实现财政资金的周期性调节。但是，这种预算稳定基金波动较大，因此，为确保更稳定一致的资金支持，预算稳定调节基金更为有效的做法是结合各地实际情况，形成不同来源的预算稳定基金。预算稳定调节基金一般可分为两种。第一种是一般预算储备基金，即从政府预算年度盈余中积累，或者从超收收入中提取。当经济状况较好时，按固定比例范围在部分领域的税收中提取资金划入储备基金。这种做法在美国、新加坡等国家较为普遍。以美国为例，其按照预先设定的公式，分别从财政决算盈余中以及一般基金中提取资金划入预算稳定基金。第二种是资源价格稳定基金，具有资源型优势的国家或地区，其主要税源便来自这些资源，如石油、天然气、矿产资源等。由于资源产品价格受市场价格波动的影响较大，这样就可以在资源丰产期或资源价格上升期积累"超额"的财政收入，以保证未来的支出需要。如伊朗的石油稳定基金、智利的铜矿价格稳定调节基金等。一国各个地方经济发展水平差异、收支结构不同，决定了基金来源与功能定位当有不同。因此，在制订预算稳定基金方案上，应当设计多元化的稳定基金来源，以充实稳定基金；在稳定基金的使用上，则应当注意各地具体功能定位的不同，在发达地区应侧重基金的调节功能，在落后地区则应侧重其财政储备功能。

（二）预算执行调整

所谓预算执行调整，是指在预算执行过程中因实际情况发生重大变化需要改变原预算安排的行为。预算执行调整一般分为全局调整和局部调整，在预算执行过程中，经常会因一些特殊情况导致收入减少或支出增加，破坏原来计划好的预算平衡，出现收不抵支或批准的债务数额不足的问题，这时就要允许预算调整收支数额或增加债务总额。跨年度预算的时间管理周期变长，不确定性相应增加，使得预算调整更加常见。但关于预算调整仍存在争论，因为预算调整所需透明度要求较低，某些预算支出项目为逃避常规预算程序而在预算调整中实现，或可能使一些原本应包含在常规预算过程的项目，转而通过预算调整实现。无论是何种情况，都会影响到预算执行的严肃性和原有预算平衡的安排。

综上所述，要保证预算调整的合规性和合理性。在合规性方面，为防止因预算调整致使预算收支制度产生漏洞，可对预算调整作相应的制度制约。原则上，但凡是调整支出，都应报告调整的理由，详细说明支出调整变动的具体内容、新旧支出政策的差异、新旧政策效用的起止时间、政策变动的相关法律依据等。否则，支出项目的调整将引起立法机关、审计部门及社会公众等的质疑，使资金不能顺畅调拨，如资金在各账户间的转移拨付需要得到立法部门的同意等。合理性方面，预算调整的具体金额应有科学的依据，对此，要清楚陈述未预期事件及其性质，测度资金需求数额，以及当前及未来的收入对资金需求的满足程度。针对支出优先次序变动而调整预算的，也应说明优先次序调整的性质，如优先次序调整是对哪些项目进行调整，是部分支出项目的调整还是全部支出项目的调整，调整是否会导致部门的震荡，人员结构、数量如何调整以适应项目优先排序的改变，如果可能还应当补充预算调整与政策评价的备忘录。

五、预算预测

预算预测是对未来年度预算的编制，对预算收支规模、跨期年限、预测方法及预测主体等做出的预计和设想。发达国家十分重视对预算收支的多年期预测，他们会使用相关经济预测模型预估主要的宏观经济指标值，并选取与财政相关的指标变量推算预算收支的各种可能结果，将各种结果与历年收支变化趋势进行比较，在其中选取一个可靠的预测结果。由于跨年度预算的预测时间跨度变长、预测难度变大，需在以下方面做好相关安排。

（一）预算编制跨期

财政中长期规划目前受到广泛关注，越来越多的国家重视将中长期财政收支预测应用到预算编制中。例如，英国每年的预算文件都会预测未来50年的财政情况，美国预算建议草案中包含对以后长达75年的预测，等等。由短到长排列的预算跨年度平衡机制，将预算预测做以下划分。一是传统预算预测，预测期一般为一年，致力于实现一年的预算平衡，并编制单一年度预算；二是中期预算，以编制3~5年期预算为目标，可形成覆盖未来长达10年的动态财政预测；三是长远战略规划，此时，不再形成实际预算表格，其预测可以是10年左右的总体预算构想，而虚化视野则可以扩展至未来25年甚至更远。威尔达夫斯基（1986）曾批评传统年度预算，称年度预算是一种短视的、超支的、保守的预算模式。相比较而言，跨年度预算平衡机制优势更胜一筹。但是，对预算跨期的时长选择却莫衷一是。一般的看法是，在预算期长与预算稳定性之间需作权衡，无论何类预算，其预算视野一旦超过原定期长，将逐步虚化，预算跨期越长，远期规划的可靠性就越低。就中期预算而言，在第二年及后续年份的预算安排，往往不如第一年的保障充分，中期预算也经常结合滚动预算的方式逐年向外延展。中期预算常见3~5年的时间跨期，其预算视野并不足以称为开阔，但仍被世界上多数国家或地区采用，原因可能在于，现有预测技术难以提供足够精确的远期计划，预算期长超过3年，就难以保证预算得到严格的执行。预算时间跨期越长，宏观经济发生预期外变化的可能性就越大，政府就越可能故意避开多年前的预算安排，选择机会主义行为。

预算支出内容是预算期长的重要因素，当支出涉及大量的长期项目时，应采用较长的预算跨期。例如，工程项目就需要考虑较长时间的计划，即便其资金数额是在短期内确定的。当一个国家基础设施投资规模较大或负有大量外债时，也应设计跨期足够长的中长期预算，以说明其预算安排是科学合理的，同时保证财政的可持续性。此外，一国所处的预测环境也会深刻地影响到预算跨期，当一国经济数据可获得性与透明度越高时，其所能提供的预测基础就越可靠，形成的预算预测就会越准确，相应地，其预测跨期就可以越长。基于跨年度预算具有一定的逆经济周期特征，有人主张以经济周期作为预算管理的跨期，在经济周期内逆经济风向预算收支，以抹平经济波动。这种设想对预算的功能报以过高的期望。经济周期并无明确的规律可循，经济运行的高峰及谷底究竟落在何时，往往只有事后才能知晓。因此，不宜过高评价财政预算的逆经济周期作用，更不能将其视为预算管理周期的标准。欧盟预算框架指南（Budget Framework Directive）提供了最低 3 年的中期预算跨期标准。大多数欧盟国家，在国家层面的中期预算跨期为 3 年，即至少其预算跨期为 $N+1$ 年到 $N+3$ 年。有部分国家，则要求本国预算部门提供未来 4 年的规划，如奥地利、德国、丹麦、荷兰、希腊、意大利等。比利时和法国的预算跨期为 3 年，仅为最低的标准，实际上他们的财政规划期要更长一些。值得补充的是，欧盟多数国家中期规划文件以滚动形式出现，做法和稳定与趋同计划（SCP）相同，即每一年在原计划的基础上向前扩展一年形成滚动，以克服远期规划的虚化问题。法国模式则是在固定预算跨期的基础上，每隔一年向外扩展一次预算而不是每年更新一次，在减少预算部门工作量的同时，还能保证中期预算的远期视野。当然，也有少数国家，如芬兰、尼德兰和英国的规划文件不是滚动式的，而是一个规划管多年，因为当预算周期与政府任期一致时，政策制定者更愿意尊重其财政计划并为之负责，避免预算串连多个政府任期、预算责任划分不清的问题。理论上，各预算主体的预算管理任务、管理水平是有差异的，往往越是高层级政府，越应在宏观上拓展预算视野，作较长期限的预算预测。而低层级政府，由于预测能力相对不足，可降低预测期长。现实中，为保证制度执行的可管理性，预算期长仍需作统一规范。

我国《关于深化预算管理制度改革的决定》（2014）对预算期长有如下规定："我国要开始编制三年滚动财政规划；强化三年滚动财政规划对年度预

算的约束；推进部门编制三年滚动规划。"应当说，三年的预算平衡管理期长安排是合理的，一方面突破了原有年度平衡的约束，另一方面又没有全面挑战各级政府的预算管理能力。本研究也认为，为衔接国家的五年发展规划，在未来预算管理水平提高后，预算跨期可以设为五年，这样能与国家五年发展规划保持一致。

（二）渐进式预测

预算预测的早期方法可以追溯到渐进预算调试模式（或称为渐进式预算），这是一种在既有预算基础上简单预测收支的方法。其方法是在上年预算决算边际基础上增加或减少某一定量，得出当年的预算预测数。渐进式预测方法维护了既得利益，降低了预算竞争激烈程度，预算过程因此具有了稳定性，从这个角度来看，渐进思维下的预算管理简易实用。在 20 世纪 50 年代，林德布罗姆认为渐进预算具有"含混应付"（muddling through）的特征，预算参与者基于角色的相互期望降低了预测方法对信息、时间和分析能力的要求。因此，部分预算能力较弱的政府部门可考虑使用渐进式预测方法。目前，常用的预算统计计量预测方法主要有两种：一种是回归预测方法，这种方法是根据相关经济理论，选取几个主要的宏观经济指标作为自变量，基于样本数据作回归参数估计，然后把自变量预测值代入模型预测被解释变量；另一种是时间序列预测方法，这种方法从经济变量时间序列数据中找到变化趋势，构建时间序列模型，以类推或递延的方法预测财政收支在未来的发展水平。

（三）预测主体确定

预测主体存在于两个层面：一是预算主管层面上的预测，承担资金分配任务；二是实际支出部门层面的预测，承担资金使用任务。前者除要考虑本级财政在支出方面的需求外，还要考虑收入可能面临的约束，并动态跟踪预算执行的情况，因而其预测比较全面；后者往往较少考虑财政收入方面的约束，而是以本部门的预算最大化为目标，其预测方法基本上是在以往年度支出水平基础上作简单增减。在传统的年度平衡模式下，仅需平衡一年的预算，并不需要对预测作过多的双向沟通，而跨年度预算对预测则有更高的要求，特别是支出部门必须认真地对待预测，尤其当宏观经济各主要变量发生较大变化时，渐进递增的预测方式就难以适应多年预算平衡管理的情况。无论是政府层面还是具体资金使用部门，都要调整预算平衡思路，要对未来数年宏观经济总体发展水平及参数水平进行预测，必须与预算主管部门达成基本共识，并在此共识基础上选择安排具体的支出项目及活动。

值得注意的是，跨年度预算平衡机制为实施绩效管理提供了更为长远、有效的评价体系，提高了预算竞争性。预算主管部门将中期预算收入总盘子通报各支出部门，并形成支出限额，各资金使用部门为争取更充足的财政资金，会倾向于主动报告本部门支出预测及理由，进而知悉其他部门的支出预测。尽管部门的支出预测并不一定能保证支出权利，但能增加支出活动的可预测性，而预测能为后续支出变更提供基础，能减少预算支出活动的随意性，即任何支出项目的增减变更都应建立在预测的基础上，须说明变更的原因，从而不断优化未来收支的预测方法，并提高预测的准确性和透明度。

（四）预测结果应用

预算预测提供了对未来收支的预算估测，提高了预算的科学性，但是，对于预测结果的使用还需谨慎。一是要综合不同机构来源的预测结果，避免采取过于宽松的收入预测，而收入预测过于宽松将导致较大规模的支出水平，不利于预算平衡。二是支出预测仅代表一种支出趋势，可供支出部门参考，但是不能仅凭预测作出支出授权，这会使未来下调支出变得更加困难。另外，预算的预测应结合跨年度预算的滚动模式，每年对之前的预测进行滚动更新，使预测结果更符合实际。

第三节　跨年度预算平衡机制组织要素设计

预算制度改革既依赖于原有公共部门组织体系，同时又不可避免要对原有公共部门组织体系进行改造。跨年度预算平衡机制的初始运行，涉及自上而下以及自下而上的配合联动，从顶层设计到广泛多层面的参与协作，不仅需要长远的制度初始设计，也需要对制度进行动态调适。组织要素设计要求政府部门组建跨年度预算平衡管理的协调机构，并与执行机构、监督机构等联合，确保跨年度预算平衡机制改革顺利实施。

一、实施环境

（一）经济文化环境

在宽松的经济环境下，如国民经济发展态势良好、财政资金充裕、物价及就业总水平稳定的背景下，改革回转腾挪的余地就较大，遇到的阻力也会较小，改革顺利推行的可能性就较高。但是，改革的另一种可能情形是，在旧制度仍能继续运行的背景下，政府部门是很难有动力去改革旧制度的，至少对重大的制度改革会产生畏难情绪。因此，重大的制度改革往往是旧制度处于无法避免的困境中倒逼的结果。于是，当经济状况不理想时，预算制度改革就会破坏原有制度结构的稳定。那么，改革的成本应由谁来承担？应在何种程度上进行改革？如何调整改革的方案以适应不佳的经济环境？这一系列问题都极具挑战性。具体到本书研究的跨年度预算平衡机制改革，一个理想的经济环境应该是：一方面，政府面临可预见的中长期财政平衡压力，催生出预算改革的动力；另一方面，一国在短期内宏观经济总量、就业、物价水平等处于可控水平，改革所造成的冲击仍在可承受的范围内。因此，在我国当前经济发展的新常态下，跨年度预算平衡机制改革的可能方式有：一是政府进行有保有压的支出结构调整，保证民生支出，压缩行政支出，总体上降低总支出；二是得到行政体系及民众的认同，全面压缩整体支出水平。以发达国家推行的限制政府支出的中期预算为例，总体上有两个共同点：一个是财政压力加大催生改革；另一个是公众提升了对政府治理的要求。这两点其实也是中国跨年度预算平衡机制改革的重要的外部动力来源。

财政收支平衡既是一种客观的经济现象，也是一种具有强烈主观因素的社会文化心理现象。当一个国家形成在预算编制、执行及监督等环节，全面实施绩效管理的文化氛围时，其预算就呈现出某种稳定的状况。以20世纪60年代以前的美国为例，社会对"人们向往的美好社会""改革中政府应扮演何种角色"等基本问题有着比较广泛的共识。因而，主流观点认为既定利益分配格局没有重新调整的必要，渐进式基数预算就成为当时主导性的预算模式。但是到了20世纪60年代初期，美国社会结构发生变化，在上述基本问题上的共识越来越少，财政资源日趋紧张。此时，调整既得利益分配格局的政治要求就出现了，渐进式预算模式开始受到质疑与挑战。通过经济文化背景分析，可以使一个国家根据国情因势利导地推行预算管理改革，并在改革前打造某种有利的社会文化氛围以利于改革的推进。

（二）政府机构支持

跨年度预算平衡机制改革需要来自政府决策部门、财政部门、审计机构等多部门的支持，应构建部门间协同配合的契合机制。如果得不到顶层设计及各部门的协同配合与支持，预算改革就不可能顺利实施。此外，对各预算参与主体的前期调研也极为重要，需要事先了解预算改革对各预算参与主体的影响，对此，需要评估改革对现有预算政策及过程的影响程度。可以将预算过程分解成不同类型的预算活动，并根据影响程度划分出没有影响、较低影响、中度影响、严重影响四个递进的影响等级。

对现有预算政策及过程进行评估可衡量跨年度预算各活动环节对行政组织体系的影响程度。这一评估有助于政府确认跨年度预算平衡管理过程的优缺点，避免忽略某些阻碍跨年度预算推行的重大影响因素。当部门受到较多因素严重影响时，说明在这个部门进行改革可能会遇到较大的阻力，相反，阻力则可能较小。如果遇到较多的不确定影响因素，就需要向各具体预算部门说明此项改革的必要性及运行过程。目前，跨年度预算已经在经济合作与发展组织国家得到广泛的应用，效果良好。一些发展中国家和转型经济体正在采用跨年度预算方法，但是，跨年度预算对发展中国家和转型经济体是否有价值仍存在疑问，尤其对于在年度预算就已不能稳定执行的国家推行跨年度预算平衡机制是否合理还有些担忧，这种担忧导致了改革不能得到政府内部的行政支持。对此，本研究深入分析了其中的原因：一是这些国家的财政战略缺乏跨年度思维，导致其长期处于财政困境；二是复杂的跨年度预算也许并不现实，对政府收支约束力不一定很强；三是跨年度预算必须得到审议机构通过后，才能真正成为约束政府活动的有效工具，而审议机构很难做到审批多年预算。因此，跨年度预算改革争取来自上下多层次政府机构支持是非常必要的。

（三）政治法律环境

把权力关进制度的笼子里，依法行政是现代政府施政的基本要求，这需要通过法律法规来规范政府行为。首先，做到有法可依。有法可依不仅是指要有相关的基本法律规范文本，更重要的是为了保证政府的相关活动能够得以实施，具体的执行规范与细则不可或缺，缺少具体细则往往导致各部门无从展开活动，最终使相关的改革与政策沦为空谈或者无疾而终。跨年度预算对各部门支出上限实施控制与约束，保证中长期规划得以执行，需要有力的财政法律约束。预算跨期越长，预算过程中不确定因素就越多，执行中偏离原预算的可能性就越大。为保证预算执行不偏离合理的范围，最有力的措施莫过于赋予跨年度预算法律效力，以法律保证其强制力，在跨年度预算的编制、执行、监督等环节都能做到有法可依。其次，协调部门法规。政府部门间的行政活动具有交叉性，但各部门管理者倾向于仅从本部门实际利益出发来制定法规，较少考虑与其他部门的法规协调，呈现出法规碎片化的问题，从而导致部门法规相互"掣肘"的现象。预算法律文本的碎片化同样也导致预算管理乏力。因此，这就需要多个部门对预算法规作好相关的修订、协调与解释工作，推进跨年度预算平衡机制改革的落地生根。最后，衔接新旧法律，实现顺利过渡。即使各部门之间没有活动的交叉领域，部门活动仍可能受不同政策法规的指导，这就很可能造成部门内法律法规之间的矛盾。在经济社会发展的各历史时期，不同国家会基于不同的时代背景，出台具有不同政策倾向的法规，有可能出现新法已出、旧法不去、新旧并行的局面。因此，协调政府层级及部门间法规，实现新旧法规的衔接过渡，也是依法行政的重要基础。

二、组织实施

跨年度预算平衡机制改革的组织实施，可以分解为预算编制、预算执行及预算监督评估三个环节，并且这一过程是不断循环运行的，每一轮预算监督与评估不仅是下一轮预算编制的基础，还可以实时作用于本轮的预算执行，纠正预算执行中的偏差，见图2-2。此外，预算改革的组织实施会影响多个层面的预算改革主体，也会受到不同预算主体的影响。在预算改革中，这些主体有着不同的改革角色，不同角色间的权力分配结构以及利益博弈决定改革的方向。推行跨年度预算平衡机制改革，势必要调整原有的预算管理职权结构，而新旧预算平衡管理制度转型可从以下几个方面组织实施。

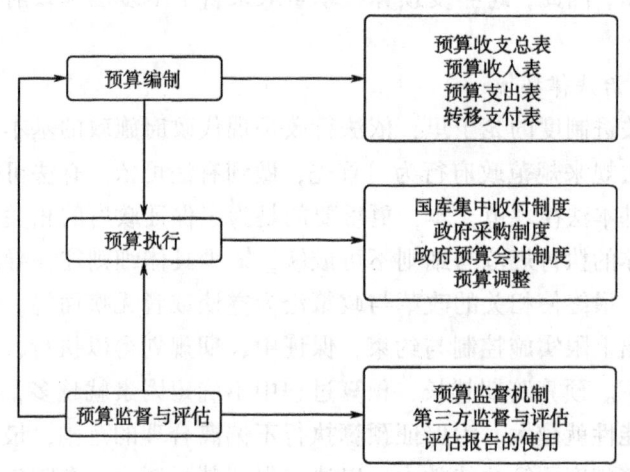

图2-2　预算组织实施流程

（一）预算改革主导者

在一国的预算管理职权体系中，必然有某个或几个预算主体在其中居于主导地位，负责从顶层设计预算制度并引导规则运行，自上而下推行新的预算管理制度。在跨年度预算平衡机制改革过程中，也需要一个能兼顾改革原则性与灵活性的主导者。由于政府部门之间职能分工和权力分配上存在交叉与重复，由谁来主导这一改革转型成为一个十分复杂的问题。在如何制定及由谁组织实施中长期财政规划，如何来预测多年期的财政收支，采用哪些收支预测方法等问题上都可能存在分歧。在各部门未能达成一致意见的情况下，对多年期预算的收支政策安排将难以形成有效合力。特别是由于各国历史背景不同，其预算职权组织架构千差万别，同一名称的部门在不同国家的职能、含义可能存在较大差异，而同一职能在不同的国家的执行主体也往往有所不同，这样就更难确定哪个部门适宜作为改革的主导者了。

尽管如此，选择跨年度预算平衡机制改革主导者仍极为必要，改革主导者首先要有足够的权威与力量协调多方利益，当是整个政府进行跨年度预算平衡机制改革的核心枢纽。一般认为，预算管理从始至终都需要强有力的财政部来推动，如韩国企划财政部便是跨年度预算编制的主管部门，同时还会向行政机构、央行等机构征求意见。在西方，议会或内阁承担着这一改革主导者的任务，不仅代表着权力机关负责制定国家总体经济战略方针，而且当其他职能部门业务发生交叉、政策理解及执行出现偏差时，还会负责最终解释及协调。此外，也有多元主导者的格局，以美国为例，总统预算局、财政部和经济咨询委员会掌握预算管理的核心权力，被称为预算基本权力组织架构中的"三驾马车"。

（二）预算执行参与者

一般来说，预算改革的覆盖面越广，改革的效果就越好。但是，跨年度预算平衡机制技术性较强，需有较高的预算管理能力，这些能力包括宏观经济数据分析能力、多年期预算预测能力、财政资源配置能力等。各级政府实际的预算管理水平是有差异的，通常来说，越是高层级的政府预算管理能力越强，因为其公共管理组织的人员配备更齐全，资源统筹能力更强；较低层级政府，财力难以自给自足，大量依靠上级政府财政转移支付，预算管理水平较低。因此，实行自上而下统一模式的跨年度预算平衡管理可能并不现实。

可针对不同层级政府、不同部门的实际预算管理水平提出不同的跨年度预算平衡管理要求，分设低、中、高级管理。低级管理是提供其多年期项目规划，以其作为跨年度预算管理的基础，要求其根据自身经济发展水平与实力提出切合其财力水平的项目规划，说明其在重要项目的实际期限、资金需求、使用效果方面的大体安排。例如，澳大利亚政府早期在跨年度预算预测中，会说明正在进行的项目未来三年的资金需求情况，但是这一预测并不要求覆盖新的项目或者对现有项目做重大扩展。中级管理可以是对实施多年的收支预测、多年期的预算收支安排、多年期债务总额等进行的管理等。高级管理则是在中级管理的基础上，在多年期内实现预算收支的总体平衡、债务水平总体安全可控，以及进行支出绩效管理等。大体上，一般认为中央政府及省一级政府可作高级管理要求，市县一级政府可作中级管理要求，而县乡一级政府则可作低级管理要求。同时，鼓励低层级政府的跨年度预算平衡管理往高水平靠拢，在考核上给予其更高的评分，并将评分与官员考核相结合。此外，在预算分配过程中，要建立起部门预算的竞争协商机制。竞争性的协商会议可以倒逼各部门主动实施跨年度预算平衡管理，扩展部门预算的中长期的视野，使财政资源配置方案更加符合国家战略和政策实施要求。同时，协商机制也要预设好主导者的最终话语权，避免无休止的讨价还价造成的低效率。

（三）预算监督者

预算监督权通常由来自各行各业代表组成的权力部门掌握，由于预算收支科目繁多、表格庞杂且存在较多勾稽关系，要读懂读通预算的运行机制并非易事，需要议员或人大代表掌握现代公共预算的知识和原理。这就要求权力部门大量吸收懂经济学、政治学、法学及会计学等相关专业知识的人员进入预算监督者的队伍中，成立预算委员会。预算委员会可以对各预算部门的收入支出进行审查；对预算草案不合理或不合法的内容，可责令编制部门做出修改；对根本无法在中长期维持预算平衡的预算草案，甚至可以直接予以否决。为保证在多年期动态监督预算平衡，预算委员会应保持人员组织结构的大体稳定。相较于在权力部门内部设立预算委员会，引入第三方专业的外部预算监督，更能体现监督的客观公正性。在第三方机构选择上，可以由权力部门选择资质良好的社会评估机构对预算的中长期平衡进行评估，并允许第三方组织进入各支出部门进行实地专项调查，其提交的评估报告可作为立法机关、财政部门与审计机关相关决策的依据。

（四）预算执行其他参与者

预算具有公共性，鼓励非政府组织的其他参与者进入到预算过程理所当然。单从国家治理的角度看，政府组织也并不是预算活动的唯一主体，企业组织、社会团体乃至普通居民都可以参与到预算过程中，并维护预算的平衡。那么，政府组织既是治理的主体，也成了被治理的对象。企业组织、社会团体以及普通居民不只是简单的被治理对象，也是具有一定能动性的治理主体。就此情境而言，预算是国家治理的重要环节，国家治理自然也不再是单向度的统治，而是双向的互动。在预算组织决策上，预算既体现出一定的强制性，也反映了政府与社会的广泛互动。

第四节　中国跨年度预算平衡机制发展进程

我国于 2015 年提出跨年度预算平衡机制，将 2015 年至今的这一阶段作为我国预算平衡管理改革实践的最新阶段，不能脱离我国整个预算平衡管理的历史背景而独立存在。在此，有必要对我国预算平衡机制发展进程做回顾梳理，并总结出其中的历史规律，这将有助于更好地理解并推进跨年度预算平衡机制改革。在 1978 年以前大部分时期，我国预算管理基本处于高度计划阶段，预算编制执行基本处于停滞状态，改革开放后，预算编制才得以逐步恢复。目前，跨年度预算平衡机制改革已进入法律运行的轨道。

一、预算制度重构阶段（1978—1993 年）

在计划经济时期，预算制度服从于国家计划整体安排，预算根据政府支出功能同时针对多个部门制定，不以部门作为基础进行编制。各级政府不具备独立的预算平衡管理职能，在中央与地方关系上遵循"统一领导、分级管理"的指导原则，但主要强调的是中央统一领导，预算制度只能称为计划型的预算模式。计划经济时期的多个年份曾出现赤字，但这主要不是预算本身的问题，更多的是受政治方面因素的影响，如果计划得以正常执行，这些赤字很可能不会出现。即便出现赤字，其规模也会很小，略有赤字基本可以视为预算平衡。那个时期高度严格的计划使得在收入方和支出方都能得到有效控制，所以，预算平衡不会成为计划经济时期的主要任务。

党的十一届三中全会后，国家开始启动市场化经济体制改革，权力过于集中的局面被打破。预算管理制度恢复重建，预算成为"放权让利"的突破口，实施分权化预算体制成为改革的逻辑起点。到 1979 年，国家正式恢复编制预算，由全国人民代表大会审议并批准预算报告，政府行为纳入人大监督，国民经济规划和国家财政之间有了密切联系，国家财力分配也有了法律要求，预算报告制度从此得以恢复。1981 年，国务院发文对预算编制进行规范，为明确预算外资金的性质和范围，财政部于 1983 年 2 月公布了《预算外资金管理试行办法》。同年，我国设立全国人大财政经济委员会，以其作为专门审查预算报告和预算草案的机构，债务管理制度开始在这一时期形成。国家分别于 1979 年和 1981 年先后恢复了内外债的发行，债务预算实行发行额管理并由全国人民代表大会审批，发行额度控制在当年还本付息额度内。1991 年，国务院颁布《国家预算管理条例》，标志着国家预算开始转向公共预算，预算外资金也开始纳入预算管理的范畴。

（1）《国家预算管理条例》——预算平衡管理里程碑。1991 年，国务院为强化国家预算综合管理职能，发布了《国家预算管理条例》（以下简称《条例》）。

第一，五级预算管理。《条例》规定从中央到地方，国家共设置五级预算，遵循"量入为出、确保重点、统筹兼顾、留有后备"的预算编制原则。为应对预料之外的特殊开支，各级政府可在预算支出中提取 1%～4% 的预备费。上一年预算结余款项可作为下一年预算收入，用作上一年结转支出和预算周转金补充。

第二，编制复式预算。《条例》将国家预算分为经常性预算与建设性预算，分别执行国家预算的社会管理和经济建设双重职能。这说明政府打破了以往"大一统"的预算思想束缚，开始区分"社会管理者"和"资本所有者"双重身份，也说明国家复式预算出现，也就是将不同性质的财政收支分别在两个或两个以上的预算中予以反映。在支出取向上，先保证经常性支出的合理需要，再安排建设性支出。《条例》视略有结余为理想的预算状态，体现了政府对预算平衡的追求理念。例如：规定在合理的规模结构下，可通过举借国内和国外债务的方式筹措资金；以收支平衡原则编制地方建设性预算，这表明政府对预算平衡有了更清晰的认识。为了实现预算平衡，政府更严格地控制支出，更积极地开辟财源，促进了预算管理能力的提升。

（2）清理整顿预算外资金。预算外资金是各预算单位未纳入国家预算自收自支的财政资金。预算外资金的存在增加了评价预算平衡难度：一方面，财政收入不反映在预算内，降低了预算的公开性、透明性，使财政活动变得不够透明；另一方面，预算外资金侵蚀了预算的真实平衡，预算内资金走向"预算外"，一些预算资金游离于正式的预算监督之外。于是，财政部在1983年2月发布《预算外资金管理试行办法》，要求对预算外资金进行清理整顿。1986年，国务院为切实加强预算资金管理，实现社会财力综合平衡，出台了《关于加强预算外资金管理的通知》。

（3）恢复债务管理制度。国家分别于1979年和1981年先后恢复了发行外债和内债，重新恢复债务管理制度。债务预算由全国人民代表大会审批，实行发行额管理，其组成包括当年赤字和对以前债务的还本付息两部分，发行额度控制在当年还本付息额度内，其规模一经批准后原则上不做增减调整。

在投资举债受到严格控制的背景下，国家为提高财政资金使用效益，将预算内基本建设投资由拨款改为贷款，简称"拨改贷"。"拨改贷"早期是在经营状况较好的部分企业试点，在1985年后，所有的预算内基本建设投资均以"拨改贷"的形式取得资金。但是其与一般贷款不同，一般贷款是银行与借款人之间基于特定用途形成的资金供应关系，而"拨改贷"本质上是财政资金的有偿使用，资金形成的法律关系不是借贷法律关系。并且，"拨改贷"在执行中存在资金使用主体的责、权、利不挂钩的弊病，导致资金使用者仍将其视为财政拨款或者"软贷款"，弱化了预算平衡的动力，同时，也为后来政府一般公共预算平衡管理困难埋下了隐患。

（4）预算平衡管理特征。在预算管理规范上，《国家预算管理条例》的颁布，使得预算制度管理从"红头文件"式的临时性管理迈向了法制化、规范化管理。但是，《条例》毕竟是传统预算模式下的产物，其显现出的不足也很明显。一是当时仍将公债收入与经常性收入一起当作财政收入，将其与财政支出相抵计算财政赤字，使财政赤字计算口径变小，隐藏了财政赤字的真实性，这实际上加剧了财政的不平衡。二是《条例》中的预算收支只包含部分政府收支，大量制度外、预算外资金仍游离于预算管理之外，预算管理重心落在了资金规模和简单的政府收支平衡管理上，行政系统内部的监督构成了预算监督的全部，人民代表大会监督只具有形式意义。三是国家预算从根本上仍附属于国家计划，计划经济色彩浓厚，预算应具有的某些功能明显缺失。实行发行额管理的国债管理，逐渐走向政府债务管理的法律化轨道，与此同时，以"拨改贷"形式存在的财政资金，由于性质模糊不清，政府机构在处置时往往只能不了了之。

二、预算制度适应市场经济阶段（1994—1998 年）

1994 年，我国分税制改革正式启动，成为这一时期财政领域改革的重头戏。1995 年，实施《中华人民共和国预算法》（以下简称《预算法》），同年出台《预算法实施条例》，巩固了《预算法》实施的基础。这意味着继《国家预算管理条例》之后，预算的法治化管理又迈上了新台阶。以此为起点，中央与地方财政关系得以在较长时期内保持稳定，建立起与市场经济相适应的预算管理制度，成为这一时期预算制度改革的主旋律。

（一）分税制改革

分税制改革的核心是处理好中央与地方政府集权与分权的关系问题。财政的集权与分权是一对矛盾，集权代表中央利益，而分权代表地方政府利益。一方面，市场竞争要求财力分散到地方，激发地方财政治理的活力；另一方面，保证中央有效的宏观调控，则要求财力相对集中。市场经济国家在处理这种矛盾时，主要做法是实行分税制。在我国，之前的财政包干制度具有放权让利的特点，但从制度演化上却逐渐削弱了中央政府的财力，导致出现了强地方弱中央的格局，最终也破坏了政府与市场的协调关系，市场统一进程受到阻碍。

1994 年，分税制改革取代了财政包干制，中央政府与地方政府的财政收入关系得以初步理顺。税收收入被划分为中央税、地方税以及中央地方共享税，设立中央和地方两套税务机构，并分级管理，中央拥有税收立法权。事权安排上，中央财政负责国家宏观调控性事务，地方财政则负责地方运转性事务。预算层面上，各税种基于分税办法划归至不同预算级次，确立了政府之间财政分配关系。地方政府取得一级预算管理主体资格，在预算支配权、管理权上有了一定的独立性。分税制改革构建起与市场经济相适应的分权框架体系，以及中央与地方的税收征管共享框架体系，具有十分重要的意义。可以说，分税制改革是过去几十年财政体制改革的重大转折，重塑了中央与地方的关系，中央宏观调控能力弱化的局面从根本上得以扭转。

（二）出台《预算法》

在世界各国，《预算法》是国家调整预算资金的筹集、分配、使用和管理过程中发生的预算关系的法律规范总称。预算关系包含两个方面：一是预算主体在履行预算编制、执行及监督等过程中发生的经济关系；二是在组织申报、取得和分配使用预算资金过程中所发生的主体间关系。我国的第一部《预算法》于1995年1月1日起正式实施，同年，又通过了《预算法实施条例》。"一法一条"的颁布标志着我国政府预算管理正式步入法制化管理轨道，预算关系从此有了较为严格的规范，奠定了预算平衡管理的法律基石。

《预算法》要求编制复式预算，复式预算体系初步完备。随着市场经济改革的深入，出现了多种形式的财政资金，不同性质的财政资金理应有不同的管理方式。投资主体日趋多元化，对更为系统的复式预算体系的要求越发强烈。《预算法》要求各级预算都要按照复式预算格式进行编制，从1995年开始，我国将原来庞杂的预算体系重新分解，并设立了四个功能相对独立的预算模式，从此，一个相对科学的复式预算体系初步形成。政府的各项功能变得更加清晰，预算管理的分工更为明确，减少了各类预算的相互侵占。从最终的收支平衡效果来看，如果出现了财政赤字，复式预算收支表中就会具体地反映出赤字出现的环节、规模以及原因，使得预算平衡更可观测与管理。而《预算法》对预算调整行为没有相应的规定，预算经审查批准后，在具体执行的过程中，可能受各种主客观因素的影响，预算收支数额会发生变化。特别是随着改革的不断深入，宏观经济数据变化快，收入来源不稳定，超收短收及超支现象时有发生，并且上级的转移支付难以在预算编制之初提前预见等，使得预算在执行过程中必须做出相应调整。然而，《预算法》对预算调整后的再平衡却没有相应的规定，而早先的《条例》却规定必须有相应的收入来源来满足追加支出的需要，以及相应的压缩支出措施来匹配追减收入。相比之下，新出台的《预算法》似乎没有对此做出规范细化的规定，这就为预算支出安排的任意性留下了"口子"。

（三）地方政府债务危机浮现

无论是我国的《预算法》还是《担保法》都有禁止地方政府发行债务的相关条款。《预算法》（1995）规定，"除法律和国务院另有规定外，地方政府不得发行地方政府债券"。在《担保法》（1995）中有"地方政府及其职能部门无权对经济合同进行担保"的条款，然而，法律对地方政府的借债约束十分软弱。受亚洲金融危机冲击，地方政府通过签订还本付息的转贷协议，获得了规模庞大的中央转贷国债。同时，国债转贷还附有配套资金要求，地方政府通过各种投资公司进行多渠道融资，各种城投债悄然兴起。除财政部门之外，很多部门如建设、交通、水利、教育、环保等职能部门也参与到举债的热潮中。城市信用社、信托投资公司以及农民基金会等向政府大量放贷，生成了巨额的不良资产，部分地区出现了拖欠款项的现象，如拖欠公务员和教师工资、拖欠养老金等，影响恶劣，地方金融机构风险越来越明显。国务院也注意到了地方金融机构积聚的金融风险，于是在 2000 年设立了地方金融风险的专项贷款，贷款由国务院批准，央行以再贷款形式将专项贷款转给地方商业银行，再由地方商业银行向省级政府融资。贷款实行专户管理、专款专用。

（四）预算平衡管理特征

分税制改革是中华人民共和国成立以来，范围最广、规模最大、内容最深刻的一次变革，在财政收入分配上，打破了过去十余年的市场经济体制改革下"弱中央"的格局，大大增强了中央的财政实力以及在复杂市场经济条件下的宏观调控能力，开启了之后财税体制改革的新时代。然而，也应看到，分税制改革并不彻底，仍存在较大的局限性。分税制改革更多的是在收入制度上的改革，对支出制度方面基本没有触及。改革后的财政支出仍基本沿袭以计划管理为主、预算管理为辅的做法，现代预算管理理念并没有真正树立起来。《预算法》及《预算法实施条例》的颁布与实施，标志着传统国家预算制度的终结。两项法规明确了各级人民代表大会及其常务委员会对政府预算的审批、修正权力，规范了各级政府在各预算活动环节的职责权限，将政府活动纳入法制化轨道。这一阶段，市场经济体制迅速成长，公共财政及预算领域也亟须对此加以回应。《预算法》的颁布正代表了这种回应，它理顺了国家与企业、中央与地方之间的财政分配关系，以税收为核心的财政收入体制得以确立。非公有制经济则因纳税而获得合法经营空间，这也为后来界定政府与企业边界奠定了经济与法律基础。

《预算法》明确提出复式预算编制要求，也使得各级政府的预算走向规范化。但是，《预算法》对预算的平衡要求不足，平衡运行机制仍欠完备，对预算行为的量化约束很弱，仅在第三条中规定各级预算应当做到收支平衡。这样的规定相对笼统与模糊，难以在法律层面对政府预算行为设定有效的量化性约束。由于信息不对称，部门支出申请超过政府财政能力成为常态。《预算法》和《担保法》都有禁止地方政府发行债务的相关条款。《预算法》规定

"除法律和国务院另有规定外,地方政府不得发行地方政府债券"。然而,这种法律的约束乏力,在积极财政政策导向下,地方政府既有配合性地承接债务也有主动地发债。金融机构作为放贷方也未将借债风险与成本纳入放贷决策中,无论是政府还是金融机构,都没有完全按照市场经济规律办事,仍受"拨改贷"思维模式的影响,财政风险与金融风险相生相伴。总体上,地方政府债务的担责主体意识很薄弱,尽管均规定了地方政府要对债务还本付息,但都隐含着中央为地方兜底买单的保障。事实上,对地方政府预算而言存在着隐性失衡的问题,特别是在没有合理的债务偿还计划安排时,地方政府预算在中长期预算平衡中压力会越来越大。

三、预算制度转向现代公共预算阶段(1998—2013年)

长期以来,中国预算制度改革落后于发达国家,处于起步阶段,即处于缺乏现代公共预算管理的"前预算时代",这主要是因为立法机构未能成为有效监督政府预算的主体,政府内部也缺少统一的预算控制制度。直到20世纪末,市场经济理念在国内逐渐生根开花,财政公共性职能定位才得以确认。此阶段,预算领域开始了从形式到内容、从量变到质变的预算公共化转型。

(一)预算制度系统改革

为适应社会主义市场经济发展和建立公共财政的要求,我国政府从1998年开始,进行了以政府收支分类、部门预算、国库集中收付制度、政府采购制度及收支两条线等为主的预算管理体制改革,其总体目标是公开透明、科学规范、廉洁高效、完整统一。

1. 政府收支分类。政府收支分类是按照收支各自的性质、特点及其相互联系,进行科学、系统的划分和归类,是使各项预算活动规范化的基本前提。预算编制、执行和预算会计核算都受制于政府收支分类。财政部在1999年启动了政府收支分类改革的模拟试点,2005年,国务院又通过了《政府收支分类改革方案》。收支分类改革分为三个方面:一是反映政府各项职能活动的支出功能分类;二是反映经济性质与用途的支出经济分类;三是体现政府收入来源和性质的收入分类。其中,收支分类改革的核心是支出的功能分类,其使政府履行的职能得以清晰体现。收支分类改革扩大了政府收入范围,使收入的层次变得清晰,实现了收入体系的调整和完善。政府收支分类改革更清晰、系统地反映了政府收入的来源构成和支出去向,能深入到预算微观领域,为预算科学化管理提供了制度保障。

2. 部门预算。2000年,中央部门的一级预算单位试编了部门预算,实行

"两上两下"，从基层单位编起，"一个部门，一本预算"，部分预算分列基本支出与项目支出。基本支出实行定员定额管理，项目支出对项目的重要紧急程度进行排序，实行滚动管理。部门预算改革是预算制度的一项重大改革，在中观层面为实施预算平衡管理创造了条件。

3. 国库集中收付制度。国库集中收付制度是指建立国库单一账户体系，所有财政性资金都纳入国库单一账户管理，收入直接缴入国库或财政专户，支出通过国库单一账户体系，按照不同支付类型，采用财政直接支付与授权支付的方法，支付给商品或货物供应者或用款单位。2001 年，中央财政启动了国库集中收付改革，省市一级政府也于 2005 年底全部实施国库集中收付制度，2006 年改革进一步扩大到全部中央部门。这一改革解决了以往财政资金层层拨付、环节过多的问题，不仅加速了财政资金的周期，还提高了资金的使用效率与透明度。

4. 全口径预算管理。2003 年，党的十六届三中全会提出实施全口径管理，要将所有财政性资金纳入预算管理，并对或有债务进行有效监控。2004 年，财政部发文要求加强对非税收入管理，提出非税收入是我国财政收入的重要组成部分，因此有必要将非税收入也纳入财政预算。2004 年，国务院颁发《关于深化经济体制改革的意见》，提出要对非税收入的收缴制度进行改革，实施全口径预算管理。2010 年，财政部再次提出改革预算外资金，要求从 2011 年起全面取消预算外资金，自此，将中央与地方的所有预算外收支纳入预算管理，整个预算盘子被统一了起来。如果说，政府收支分类是从微观层面为预算平衡管理创造了精细化条件，那么，全口径预算则从宏观层面为预算的整体化平衡管理铺平了道路。

（二）中期预算管理实践

这一时期，若干中期预算管理的改革相继出台，《1998—2002 年国家财政发展计划》作为财政发展的五年计划，很好地配合了当时国民经济"九五规划"，对财政"五年计划"的政府重大投资项目，单独采用跨年度规划的资金安排。2003 年，开始推行三年期滚动的财政计划，即《2003—2005 年国家财政滚动计划》，在计划中不仅分析了"十五规划"（2001—2005 年）在前两年的执行效果，还对后三年的经济趋势及其对财政的影响做了较为规范的预测，从而也为 2003 年的预算编制工作提供了参考。在制订 2004 年的三年财政滚动计划过程中，中央组织了各省级政府制订三年预算滚动计划。2005 年，面向即将开始的"十一五"规划，财政部承诺将在全国财政部门开始编制三年期财政规划。财政规划不仅要对上一轮财政规划进行总结评价，还会预测未来的财政收支总量和未来经济形势。这在一定程度上实现了中期财政规划与

"国民经济五年规划"的对接。在其后几年，部分地方政府也编制了地方财政发展三年滚动计划。从 2008 年起，河北省、焦作市等开展了滚动预算编制试点工作，标志着中期预算在地方政府层面开展区域性试点工作。2008 年底，财政部预算司召开《中期预算框架研讨会》，针对实施中期预算框架的相关问题进行了深入探讨。

（三）政府债务管理制度

自我国 1981 年恢复发行国债以来，实施年度国债发行额管理，难以从国债结构与融资成本的角度反映债务状况。2005 年，全国人民代表大会常务委员会决定实行国债余额管理制度，设定每年国债限额指标，在此限额内安排国债品种结构与期限结构。根据《预算法》（1994）的规定，地方政府不允许有预算赤字，或以债务来补齐收支缺口。1997 年亚洲金融危机爆发，为帮助缺乏财力的地方政府实施积极财政政策，财政部通过国债"转贷"为地方政府融资。2009—2013 年，累计向地方政府转贷了 8 000 亿元的公债，地方政府作为债务受体承担债务的偿还责任。不仅如此，各种城投债也悄然兴起，地方政府债务快速扩张，加大了财政风险，地方政府债券风险管理被提上日程。2010 年，国务院发文要求加强平台公司管理，完善地方政府性债务统计报告制度，动态监控地方政府性债务。同年，财政部会同发展和改革委员会、人民银行等职能部门联合发文，要求核实融资平台公司债务，进行债务清理分类。2012 年，财政部联合上述职能部门发文，制止地方政府违法违规融资，这次的管理对象直接指向了地方政府，禁止地方政府向公众违规集资、违规担保承诺，规范地方政府债务回购行为。

（四）安排预算稳定基金

2002 年以来，随着财政征收能力的提高，预算超收规模越来越大，不再是个别现象，而是逐渐常态化。在 2002—2012 年 10 年中有 6 年的财政超收率超过 8%，2011 年预算超收更是突破 1 万亿元。地方政府将财政超收直接安排到当年的支出中，从而形成财政超支。超支的利益预期促使各级政府在预算之外更主动地追加支出，而为了维持超支，政府便又努力在下一年寻求超收，从而形成了超收与超支的恶性循环。还有部分超收结转至下一年的预算，而过多的超收结转会影响下一年预算编制的可预测性及准确性。无论是超收还是超支现象都会腐蚀预算编制的科学性，弱化预算的执行力与约束力。当然，事物总是具有两面性的，财政超收收入也为预算稳定管理提供了财力基础。2012 年，全国人民代表大会常务委员会审议了《预算法》修正案，其中第 38 条规定，"各级政府上一年预算的结转资金，应当在下一年用于结转项目的支出；上一年预算结余资金应当列入下一年预算或者补充预算周转金、预算稳定调节基金"。第 61 条则规定，"各级政府年度预算执行中有超收收入的，除依照法律、行政法规规定安排支出外，可以用于冲减赤字，或者安排预算稳定调节基金用于补充以后年度预算资金的不足"。

（五）预算平衡管理特征

此阶段的预算管理改革是系统的、密集的及深刻的，以部门预算和国库集中收付为代表的预算制度改革，提高了预算收支统一集中度，预算管理的科学性、规范性和透明性大为增强。政府活动通过预算得到更为全面、准确地反映。完善定额测定方法，增强了基本支出预算编制的准确性。项目支出实施项目库管理，项目进行轻重缓急排序，项目经费与部门的事业发展和工作重点紧密结合。项目支出滚动式管理，扩展了预算管理的期限。这些措施改变了原来财政收支的分配和使用完全没有监督的局面。尽管预算改革初见成效，但部门预算改革主要针对的是各部门的预算外收支，未触及其拥有的资金分配权。除了财政部门之外，发展和改革委员会、科技部等仍拥有财政资金的二次分配权。如何建立核心预算机构是中国预算改革仍需面临的挑战，尽管预算外收入已纳入预算管理或者收支两条线管理，但是，这些资金仍留在原征收部门，财政管理部门并不能够统筹安排这些资金的使用。这些资金仅仅是集中到了由财政部控制的国库账户中，部门还是可以相对轻松地通过编制预算调取出这些资金。

在中期预算管理上，各类财政滚动计划实际上是围绕着国民经济"五年规划"展开的，或者说是为了配合"五年规划"。然而，无论是在中央层面还是在地方层面，中期预算滚动计划本质上仍不是严格意义上的多年期预算安排，更不具有预算平衡的基本特征，只是反映出政府已经意识到的各类规划的衔接问题。事实上，由于这些财政滚动都以三年为周期，也使其注定无法与"五年规划"完全对称衔接。这些财政规划并非严格意义上的中期财政规划，单从滚动计划编制的实际情况看，当时的滚动预算仍存在着编制财政发展计划法律基础尚未确立、三年滚动计划与年度预算之间的关系未做明确说明、定量分析数据口径不统一、基础研究和统计工作不完善等问题。而地方在三年财政滚动计划试点工作中也经常出现预算执行乏力、"空心化"等问题。

预算稳定调节基金制度的安排表明政府已有预算平衡调剂的考量，但是，这一制度并非以预算的中期平衡为前提，而是对当时预算连续超收的暂时性处置。超收的使用仍停留在地方各级政府，既未能作全局性财政统筹，也未能纳入人民代表大会的审批程序。虽然形式上会向人民代表大会通报，但往往都是先支出，后通报。总体上，这一时期，随着市场经济的高度发展，政府主动运用各种财政、金融手段实施宏观调控，在短期内解决了一些问题，但是长期的财政风险也日渐累积，预算收支平衡的压力也逐步显现，主要是各级政府对宏观调控手段的作用机理认识不够全面、不够深刻。另外，即使对运用财政手段有着充分认识，建构一个规范有效的预算平衡制度仍需经验积累和实践检验。

四、预算制度全面深化阶段（2014 年至今）

党的十八届三中全会后，社会普遍认同建立现代财政制度，认为财政是国家治理的重要支柱。预算管理则是现代财政的重中之重，建设公开、透明、规范、完整的预算制度作为国务院关于深化经济体制改革的突破口被提上议事日程，各项公共预算管理制度改革方案紧锣密鼓地出台，预算中长期平衡也成为追求的目标，我国预算制度改革开始进入全面深化阶段。

（一）新《预算法》体现的变化

2014 年 8 月，全国人民代表大会常务委员会通过了对《中华人民共和国预算法》（即旧《预算法》）的修改，完成了该预算法（1994）自颁布以来的首次大修改。这次修改不仅在法条数量上有所扩充，在内容上也有不少变动。其中有几处较大的变动：一是实施全口径预算管理，要求将所有财政性资金纳入预算管理，对财政收支更加规范管理；二是明确地方政府举债权，明确了地方债的举债主体，认可省级政府的举债权，同时，也设置了更低级别地方政府发债券的约束；三是规范了财政转移支付制度，进一步明确了要以基本公共服务均等化作为财政转移支付的目标。

（二）地方债管理制度的规定

自 2008 年国际经济危机以来，国家在推行积极财政政策时主要采取发行政府公债的方式。尽管我国在 2015 年前，法律上并不认可地方政府发行公债，但中央财政代替地方政府发行了大量的地方政府公债。此外，地方政府以各种名义发行的隐性公债数量也迅速增加，风险系数更高，在债务总量及增速上都达到惊人的程度。

为控制并规范地方政府债务，新《预算法》允许省级地方政府有发债权力，并限定债务只能用于公益性资本支出，而不可用于经常性支出。这一"开前门"的措施，使地方政府获得有约束性的融资渠道，也使其融资方式得以透明化，进一步缓解了地方政府的融资压力。另外，由于地方政府债务存量规模大、增速快，财政部对地方政府债务风险也保持高度警惕，对违法违规举债融资"关后门"，严防地方政府债务风险，确保不出现区域性和系统性风险。2016 年 6 月，财政部发布《关于坚决制止地方以政府购买服务名义违法违规融资的通知》，对防范地方政府违法违规融资方式实现了全方位管控，并区分不同债务的法律主体责任，对债务作了偿还责任的制度规定。

（三）中期财政规划的探索

2013年，中共中央通过《全面深化改革若干管理重大问题的决定》，指出建立跨年度预算平衡机制，标志着我国进入了中期预算的全国性规划阶段。2014年，国务院印发《关于深化预算管理制度改革的决定》，对中期财政规划与国民经济和社会发展规划以及国家宏观调控之间的衔接做了说明，同时，要求强化三年滚动财政规划对年度预算的约束，加强项目库管理，健全项目预算审核机制。同年，中央经济工作会议指出，要"实施跨年度预算制度，提高财政资金使用效率，建立年度预算的中期调整机制"。2015年，国务院公布《关于实行中期财政规划管理的意见》，对中期财政规划的三年滚动方式做了进一步说明。并且，国家发展和改革委员会颁布了《关于加强政府投资项目储备编制三年滚动投资计划的通知》，开始在全国启动三年滚动投资计划编制工作。

（四）预算公开范围的扩大

预算信息公开透明可以满足人们对预算信息的需要，也是加强预算管理的必然要求，还是适应国家治理现代化的需要。2014年，财政部发布《关于深入推进地方预决算公开工作的通知》，通知要求扩大地方部门预决算公开范围，除涉密部门外，地方所有使用财政拨款的部门均应公开本部门预决算。各级财政部门和各部门要按照中央要求，切实履行预决算公开的责任和义务。省级财政部门要比照中央做法，结合本地实际，加强对省以下预决算公开工作的指导和督促。各级财政部门要建立定期统计和汇总上报制度，动态掌握本地区预决算公开情况，及时向上级财政部门报告。

（五）预算平衡管理的特征

此阶段，预算管理朝着公共化迈上了一个新台阶，新《预算法》出台取代了旧《预算法》，地方政府债务管理成为新时期预算平衡管理的重中之重。中期财政规划在各地得到了实践检验，预算的跨年平衡管理以中期财政规划的形式得以推进。预算的公共性也因预算全面公开得以加强。预算的公共化使预算治理得到进一步深化，政府活动逐渐进入公众监督的视野中。无论是财政收入还是财政支出都越来越透明，政府收支受到社会越来越严格的监督约束，预算的绩效管理也因预算公开变得可能，对政府支出形成有力的制约。新《预算法》的颁布代表着预算改革已经进入规范化、法治化轨道。旧《预算法》凸显了政府是预算工具的掌控者，政府居于主体支配性地位，未能充分彰显人民代表大会的权威。新颁布的《预算法》使预算回归了公共预算的属性，由"政府治理的工具"转向"治理政府的工具"，突出了人民代表大会预算管理、控制与监督的地位。新《预算法》破旧立新，在全口径预算、地方债主体、财政转移支付等方面有着较大的变化。这些变化反映预算对日益复杂成熟的市场经济的积极响应，维护了预算的整体性平衡、垂直间平衡以及区域间平衡。

这段时期，由于积极财政政策与制度建设未能及时匹配，地方政府债务在短时间内迅速增长，财政风险不断加大，如何管控政府债务已经成为一项紧迫的任务。国务院认识到地方政府债务存在的客观性，因此，当务之急是建立起地方政府规范的举债融资机制，实施地方政府债务规模控制，并将其纳入预算管理。可见，地方政府债务的管控是一个长期性的制度建设问题，要将地方政府债务变成日常性财政管理内容的重要组成部分，既是调整中央与地方关系的一个重要命题，也是维护预算跨年度平衡的重要内容之一。新《预算法》对省级地方政府的发债权给予了法律认可，从债务管理的义务角度来看，省级地方政府是法定债务管理主体。但是，短期内省级政府债务完全替代城投债等其他地方政府债务并不现实，各类地方政府债务可能在未来较长时间内继续存在。与此同时，正式推出省级政府债务会导致城投债在筹资合法性上存在明显化的瑕疵和弱势，城投债存在被边缘化和次级化的风险。此外，省级政府因率先获得合法的发债权，成为跨年度预算改革的"先行军"。而从未来的趋势来看，逐步放开省级以下政府的独立发债权，将是最终趋势。发债权是预算主体地位得以确立的重要标志，它意味着其必须将债务的取得、使用和偿还等环节纳入日常预算收支管理。债务的管理期限一般是跨年度的，这就意味着其预算的平衡管理也应该是跨年度的。

这一时期的财政改革可谓层出不穷，多集中在微观层面，如预算绩效管理、政府采购制度、政府会计制度等，但缺少中长期宏观财政框架，没有从财政可持续的角度考虑制度设计。直到新《预算法》提出"各级政府应当建立跨年度预算平衡机制"这一立法要求后，这一预算改革的新主题才得以确立。紧接着在2015年国务院提出三年财政规划的编制框架，从而提供了一个相对明确的预算跨期。根据《实行中期财政规划管理的意见》，国家发展和改革委员会紧接着也颁布了《关于加强政府投资项目储备编制三年滚动投资计划的通知》（2015），三年滚动投资计划编制工作在全国开始启动。至此，跨年度预算在提升财政政策的前瞻性、有效性和可持续性上已形成共识，这为我国将来深入推进跨年度预算做了关键的前期探索。

第三章　他山之石——国际视野下跨年度预算平衡机制的经验借鉴

第一节　国外跨年度预算平衡机制的兴起及驱动因素

一、国外跨年度预算平衡机制的引入及驱动因素

20世纪60年代以来，随着第二次世界大战（简称"二战"）之后经济的衰退，大多数西方国家开始陷入经济低增长甚至停滞的困境。财政收支变动长期趋势的重要性不断增加，一些欧美发达国家开始突破传统财政预算方式的年度限制，实行跨年度预算平衡机制。20世纪60年代，资本主义经济大危机之后，自由放任的市场经济的内在稳定机制受到质疑，西方经济学家开始把政府干预经济提到了议事日程。在经济衰退期，为了抑制通货紧缩，政府实行减收增支的赤字财政政策；在经济过热时期，为抑制通货膨胀，政府实行增收减支盈余财政政策。虽然某些年份财政出现赤字或盈余，但从整个经济周期来看，只要繁荣时期的盈余可以抵消衰退时期的赤字，就可以实现跨年度周期预算平衡。与此同时，由于长期奉行凯恩斯主义的财政政策，以及致力于社会福利水平的提高和完善，一些发达国家的预算编制已经出现成本过于高昂、开支过于庞大的问题。表3-1具体阐述了国外典型国家跨年度预算平衡机制的形成。

表3-1　国外典型国家跨年度预算平衡机制的形成

国　家	时　间	背　景	因素驱动	法律及规划
德国	20世纪60年代	第二次世界大战后经济危机	1. 经济衰退 2. 大量失业	《促进经济稳定与增长法》
美国	20世纪70年代	1. 经济出现大萧条 2. 政府奉行凯恩斯主义	1. 推行福利计划 2. 政治目的导致减税与财政支出的增加 3. 财政赤字规模不断扩大	《国会预算和扣押款项控制法》

续表

国　家	时　间	背　景	因素驱动	法律及规划
加拿大	20世纪70年代	1. 两次石油危机 2. 经济危机的出现	1. 财政收支失衡 2. 赤字规模不断扩大	编制五年期中期财政规划
法国	20世纪80年代	1. 出现经济危机 2. 20世纪90年代经济出现负增长	1. 经济复苏缓慢 2. 财政赤字不断扩大	1.《预算基本法》 2.《社会保障融资法》
俄罗斯	2006年	1. 消除"投入型预算"的弊端 2. 建设高效、廉洁、低成本的政府预算	1. 预算支出项目混乱 2. 加强预算资金合规性控制	编制跨年度中期滚动预算

资料来源：根据相关资料研究整理

二、国外跨年度预算平衡机制时间跨度确定及适用范围

为了财政可持续性、确保政府政策目标的达成，西方国家陆续引入以跨年度预算平衡为原则的新型财政管理理念。各国的跨年度预算平衡机制的目标都是使年度预算可以基于中期财政规划并与政府经济政策目标相结合，实现预算赤字与余额的中长期稳定以及收支效率的提升。经过各国长期实践，不断修正可能出现的财政风险或者其他问题，跨年度预算平衡机制不断完善，逐渐在预算管理框架中扮演关键角色。根据具体国情，各国在跨期预算领域的改革实践中形成了具有不同特点的跨年度预算平衡机制，在时间跨度确定、实施重点设定等方面有所区别。

在时间跨度选择上，大多数国家的选择集中于3~5年，也有某些国家的时间更长，甚至在十年以上，但是具体效果存疑，所以仅介绍在中期范围内实施跨年度预算平衡机制的实践经验。一般而言，时间跨度的选择要考虑到各类经济指标可预测的时间跨度以及经济、财政周期的长短，同时也要考虑到政府官员任期等其他因素。截至2013年，33个经济合作与发展组织（OECD）国家中有31个国家预算文件中包括中期财政政策目标，25个国家编制中期财政收支展望。大部分国家的跨年度预算时间跨度在3~5年，也有一些国家对经济、财政收支的预测延展到更长的时间。例如，加拿大伦敦市跨年度预算涵盖4个年度，但预测延展至6年。可以发现，在那些行政层级比较多的国家，中央和地方政府的时间跨度选择会有所不同，地方政府选择的周期往往要短一些。地方政府时间跨度选择主要考虑中长期项目周期，而

各地、各级政府的实际情况千差万别。时间跨度选择权力可以在一定程度上下放到地方政府，不需要实行"一刀切"。

按照跨年度预算平衡机制实施重点不同，世界银行（World Bank，2013）将中期跨年度支出框架（MTEF）划分为三个阶段：第一阶段为"中期财政框架（MTFF）"，该阶段要求国家的财政当局对总财政收入与支出等情况进行预测，自上而下地确定滚动年度的预算上限规模；第二阶段为"中期预算框架（MTBF）"，该阶段要求财政当局能够自下而上优化预算配置，主动确定支出优先顺序，重点强调在各支出机构层面开展中期财政规划；第三阶段为"中期绩效框架（MTPF）"，该阶段要求以产出与绩效评价为基准来调整预算分配，提升资金使用效率。可以看出，各国中期支出框架各阶段的改革目标各有侧重：中期财政框架主要是基于合理的收入与债务预测确定中期支出上限，强化总量财政纪律；中期预算框架要求依据中期财政目标明确各事项优先次序，保证财政资源在部门与项目间的配置效率；中期绩效框架则采用结果导向的预算分配模式，致力于提升政府治理能力与支出绩效。世界银行在对中期支出框架实施阶段分级的基础上，提供了1990—2008年180多个国家的中期预算等级状况。

第二节　跨年度预算平衡机制的国际比较

一、美国

美国自20世纪80年代就开始实行跨年度预算平衡机制改革，目前已经比较成熟，而且改革也发挥了良好的作用。美国的跨年度预算平衡机制要对预算年度之后4年的情况做出估测，对于进行预算估测所需的宏观经济数据，由经济咨询委员会（the Council of Economic Advisors，CEA）、财政部和管理与预算办公室共同提供。预算提案要说明其所依据的经济前提，同时要对前几年所做出的预测情况做出调整。上述经济前提包括要对总统所采取政策的影响进行估测。与之不同的是，国会预算办公室会对管理与预算办公室所提出的前提进行挑战，其中也不会考虑政策调整所造成的影响。随着《预算执行法案》（the Budget Enforcement Act）的到期，多年的支出预测失去了法律上的限制。美国的中期预算改革主要在州和地方层级推广，并且取得了预期的效果。从美国的经验可以看出，预测是实施跨年度预算平衡机制的重要内容，只有预测科学的跨年度预算平衡机制才能对项目发挥中期规划作用；反之，预测不科学，跨年度预算每年都需要做大幅度调整，那么跨年度预算平衡机制也就失去了其存在的意义。

二、英国

英国是最早编制跨年度预算平衡规划的国家。20 世纪 50 年代，英国面临着复杂的国内外政治、经济和社会发展的压力，政府管理亟待变革。伴随着福利国家建设和政府现代化改革，建立跨年度的公共支出规划，加强预算与政策的整合成为财政预算管理的首要目标。20 世纪 60 年代，英国开始尝试在预算编制中引入中期财政收支预测（World Bank，2013）。因为项目预算通常是针对中长期的项目规划，所以英国公共部门建立了中长期规划的理念，并且积累了宝贵的经验。这项改革一方面有助于实现政府对经济的干预，刺激经济增长；另一方面有利于测算公共政策成本，尤其是维持福利政策的可持续。按照《1998 年的财政法案》，英国的财政部要提交预算展望报告（apre budget report，PBR）和债务管理报告。此外，财政部还要发布年度财政与预算报告（the annual financial statement and budget report，FSBR）和年度财经战略报告（the annual economic and fiscal strategy report，EF-SR），这并不是《1998 年的财政法案》所必需的。根据《1998 年的财政法案》，财政部（而不是议会）会确定相关文件的主要内容。《财政稳定法案》（*Code for Fiscal Stability*）为财政部确立了基本框架（《1998 年的财政法案》，第 155 节）。从立法技术上讲，这种法案（code）还不是法律，因为它还没有经过议会上院的批准，尽管它是经过议会下院审批了的。《财政稳定法案》规定，政府要按照该法案中的原则，说明本届议会的财政政策目标。每次预算中都应重申这些目标及其运行规则。该法案还规定了政府改变这些财政政策目标的条件，规定了一些相关报告的内容。财政部至少要在提交主报告前的三个月之前发布预算展望报告。即使每年的预算可能不止一次，但每年只要求发布一份预算展望报告。预算展望报告在内容上是建议性的，它会就政府正在酝酿的财政政策的一些重大变化提出建议。预算展望报告还要对财经形势做出预测，分析经济周期对主要经济指标的影响情况。财政部在预算时必须提交财政与预算报告。《财政稳定法案》对其规定了最低要求，其中包括财经形势预测和对预算中的重大财政政策举措进行阐释。预测期限要涵盖发布之日起的至少两个完整财政年度（即预算年度结束之后的两年），同时还应发布与前两年财政数据的对比情况。财政部在发布预算时，通常还要每年发布年度财经战略报告。

英国《财政稳定法案》规定，年度财经战略报告应当包括以下几个内容：政府的长期财经战略，其中包括主要长期财政目标、对长期战略的近期影响做出的分析、对欧盟规定的遵守情况做出短期和长期的分析、对主要财政指标做出不少于 10 年的预测，对财政政策的可持续性以及其可能对不同代际造成的影响做出分析；就经济周期对主要财政指标的影响情况做出分析，包括在经济周期的不同阶段需要做出的调整情况等。关于债务管理报告，《财政稳定法案》规定，政府应当每年报告政府债务的结构和借债成本，以使公众能够获取足够的信息来对政府的债务管理政策进行监察。《财政稳定法案》还规定，政府应当在债务管理报告中明确债务管理的责任，其中包括预计从国民基金（national savings）中获取的融资额度，金边债券（the gilts）担保的总规模，债务的期限结构，指数化债券和传统债券的比例，以及债券发售日历等。

三、法国

法国 1959 年关于预算体制的条例没有要求在中期规划中进行年度预算编制，尽管 2000 年前就开始编制中期规划了。这种情况是在 2001 年《预算基本法》（第 50 条）中改变的。法国《预算基本法》要求对财政收支做四年的规划。在向议会两院提交预算草案时，法国《预算基本法》（第 48 条和 50 条）要求政府提交一个关于国家经济形势的报告，其中应包括以下内容：一是根据国民账户（national accounts）做出的宏观经济预测，其中应当包括预测假设和预测方法。二是中期规划至少应该涵盖提交预算草案之后 4 年的情况，其中应当包括一般政府收支和按部门对其分类情况。《预算基本法》规定，要对国家预算的收支情况进行中期预测，并按主要功能进行分类，《社会保障融资法》也要求对收支的中期情况进行预测。三是根据法国对欧盟的承诺，说明法国未来经济和预算政策的主要导向。法国于 2006 年正式实施"以结果为导向"的新绩效预算改革，并于次年建立公共政策复审制度，将"政策导向型"预算理念推向政治界、行政界并深刻影响着全社会公民，最终推动了 2007 年底中期预算规划制度的正式建立，使得"政策"过程与"预算"过程紧密连接，通过在总额控制下更有效地分配和管理预算收支，实现了国家的重要战略与政策目标。公共政策复审制度与中期预算规划制度构成了中期支出规划的关键制度基础，从此，"政策导向型"预算理念和"中期预算规划"思维开始在法国立法、政治与行政界蔓延，影响愈发强烈，最终推动了 2007 年底中期预算规划制度的正式建立，并在 2008 年 7 月 23 日通过的法国宪法修正案中进行了规定，使其真正具备了最高层级的宪法约束力。

四、德国

20 世纪 60 年代，德国为了应对二战后的财政危机，以法律形式正式推行中期财政规划改革，实行跨年度预算平衡机制，在原有的预算管理框架上，加入中期财政收支预测、滚动安排长期投资项目等措施，成立了国家经济平衡发展委员会，明确联邦财政部、联邦经济部等相关部门的职责，互相协同实施中期财政规划，并且强化三级政府的财政政策联动机制，成功拉动了德国经济腾飞。德国法律规定，在提交预算草案的同时，还要向立法机关提交5年财政计划，用于议会中的预算辩论（《预算原则法》，第50节）。财政计划是由政府制定的（《经济稳定和增长促进法》），提交给议会只是为了向其提供信息。财政计划中的第一年是关于当前财政年度的，第二年是关于预算年度的，此后还包括了3年。法律规定，联邦财政部长要负责起草财政计划，并将其根据每年的经济发展状况进行更新（《经济稳定和增长促进法》）。联邦的部长们要负责编制其所负责领域中的投资计划。这些投资计划要反映每年项目的直接支出情况，以及联邦给予第三方投资的财政补助（《经济稳定和增长促进法》）。对于联邦政府来说，除了联邦预算草案之外，联邦财政部还要提交一份报告，说明公共财政的当前状况，以及其对未来整个经济的可能影响（《联邦预算法典》，第31条）。这份财政报告是一个核心的预算文件，说明了关于预算提案评估的情况。法律没有规定它的具体内容，其通常会包括：预算简表和说明、联邦中期财政计划、宏观经济状况和税收政策说明、联邦及州市的财政关系说明、与欧盟的财政关系、联邦债务及承诺（commitments）和责任（obligations）、联邦的特别目的基金、关于政府资产和参与私人经济活动的情况等。关于中期财政计划，根据惯例（而非法律），联邦财政部要根据前两年的可能发展情况以及后三年不考虑经济周期下的发展情况，说明宏观经济指标的情况。在中期财政计划中，还要区分两类支出：一类支出必须有确定的法律条款加以规定；另一类支出则只有一般性的规定（如工资支出）。财政收支的预测都要考虑未来政策变化的方向。年度预算和中期财政计划之间的关系并不是非常密切。

五、日本

日本实行中期财政规划，建立跨年度预算平衡机制有很长的历史。日本第一份中期财政规划是在1976年由财务省引入的，一直实行到1980年，从1981年开始实行中期财政预测，并一直持续至今。尽管预算要根据《公共财政法案》（the Public Finance Act）（第14条）规定的一年原则编制，日本法律也没有规定要提交中期预算规划，但是，政府还是会编制中期财政规划，为政府的经济和财政政策的决策提供基础。财务省通常会在1月底国会开始开会时发布中期财政规划。内阁办公室也会根据宏观经济模型编制中期规划。

因此，日本政府现在有两个中期财政计划。财务省编制的中期财政计划涵盖的是当前财政年度之后的 3 年；内阁办公厅的中期财政规划涵盖此后的 4 年。二者最大的区别是：内阁办公厅的中期财政计划将未来的一些政策变化考虑了进来，而财务省编制的中期财政规划则假定当前的公共服务水平未来也不会发生变化。因此，内阁办公厅计划中的支出数额要比财务省的略小一些。尽管这些规划并不会对以后年度的一类支出、主要支出或总支出规定强制性的限额，但是，国会可以根据这些预测，分析当前预算政策对中期财政规划的影响。

六、韩国

韩国于 1982 年引入中期财政规划，实施跨年度预算平衡机制。从财政纪律看，中期财政规划主要采用中期预算平衡作为约束指标；从约束程度看，中期财政规划不需报立法部门，不具有法律约束力，主要用于财政部门预算分配的内部指导。韩国《预算和会计法案》中没有要求预算文件中包括任何关于中期预算总额的信息，因为其现行的预算程序主要是关于一个财政年度的。但是，《预算和会计法案》规定，计划与预算部可以编制一个中期财政计划，以提高财政管理的效率和可持续性（第 16 条）。根据这一规定，韩国从 20 世纪 70 年代开始就公布中期财政计划。中期财政计划只是非正式的指导原则，并不具有法律约束力。中期财政计划的主要内容是统一中央政府的总赤字和五年期的财政战略。宏观经济框架是预测的基础，但是，中期财政计划中详细阐述的内容是关于总赤字的，而不是关于财政总额和宏观经济框架的。宏观经济规划是预算编制的基础，《预算和会计法案》中没有具体规定哪个部门负责编制宏观经济规划。《政府组织法案》规定财政经济部要在编制年度经济政策中进行宏观经济规划，计划与预算部要提供有关资料。因为预算文件中只包括关于预算年度的宏观经济预测，所以公众并不了解经济预测根据的宏观经济模型，也不了解那些影响财政总额预测的核心参数的情况。韩国实施中期财政规划后，财政支出结构得到了优化。在中期财政规划下，韩国政府确定了中期支出的优先顺序，在财政支出紧缩和国际政治动荡、军费支出增长的情况下，政府逐步降低了用于经济增长的财政支出，增加了教育和医疗等方面支出。财政支出结构优化为韩国经济转型、结构调整发挥了积极作用。

第三节　跨年度预算平衡机制国际经验借鉴及启示

世界银行在 2013 年发布的研究报告 *Beyond the Annual Budget—Global Experience* with Medium Term Expenditure Frameworks 指出，已有 132 个世界银行成员国实施了跨年度中期预算，多数国家在 20 世纪末前均已实施。实践证明，跨年度预算平衡机制的引入对发达国家的预算管理实施起到了一定的积极作用，但具体效果因每个国家跨年度预算平衡机制的实施目的、采用方法以及多年改革执行情况和执行能力的不同而各异。从理论上讲，跨年度预算平衡机制是一种预算的编制方法，可以通过对多年的财政收入和财政支出进行预判，或者通过多年期财政规划来提高年度预算编制的有效性。它采取一种前瞻性的战略办法确立优先次序并配置资源，因而能够纠正年度预算的短视等缺陷。跨年度预算平衡机制比年度预算平衡机制优越主要体现在三个方面。一是对财政纪律的遵守方面：年度预算只考量短期的宏观经济形势和财政收支规模；而跨年度预算将财政收支规模置于中期宏观经济视角和多部门视角中进行考量。二是对政府政策制定的指导意义方面：年度预算不具备连续性，难以体现政府财政支出的优先顺序；而跨年度预算将年度预算编制纳入政府中期预算和政策优先性考量的框架内，赋予预算编制极大的连续性。三是预算绩效管理和服务的提供方面：年度预算重投入轻绩效；相比之下，跨年度预算通过加强绩效管理的激励机制，提高了政府公共服务供给的效率。总之，可以借鉴发达国家的成功经验，以推动我国跨年度平衡机制的顺利实施。

一、国外跨年度预算平衡机制经验借鉴

为了财政可持续性及确保政府政策目标的达成，西方国家陆续引入以跨年度预算平衡为原则的新型财政管理理念。各国实施跨年度预算平衡机制的目标都是使年度预算可以基于中期财政规划与政府经济政策目标相结合，实现预算赤字与余额的中长期稳定以及收支效率的提升。经过各国长期实践，不断修正可能出现的财政风险或者其他问题，跨年度预算平衡机制不断完善，逐渐在预算管理框架中占据关键角色。根据各自具体国情，各国在跨期预算领域的改革实践中形成了具有不同特点的跨年度预算平衡机制，在时间跨度确定、适用范围设定等方面有不同的选择。

（一）时间跨度以中期为主

大多数国家实施跨年度预算平衡机制的时间跨度选择集中于 3~5 年，也有一些国家将时间顺延到更长的时间，甚至在十年以上，但是具体效果无法考量，所以仅介绍在中期范围内实施跨年度预算平衡机制的实践经验。一般而言，时间跨度的选择要考虑到各类经济指标可预测的时间跨度以及经济、财政周期的长短，同时也要考虑到政府任期等其他因素。截至 2008 年，已

有132个世界银行成员国实施了中期支出框架，其中，财政政策周期与中期支出框架改革数据较为完整的有88个样本国家，包含66个发展中经济体和22个发达经济体。在上述国家中，1990—2008年的19年间，长期执行逆周期财政政策的15个国家全部推行了中期支出框架，超过一半的国家实现了中期支出框架的最高阶段。这说明成熟的中期支出框架有利于促使各经济体保持逆周期财政政策。而在22个成功摆脱"顺周期陷阱"的国家中，72.73%的国家推行了中期支出框架，且大部分国家处于中期支出框架阶段。从以上国家的成功实践中可以发现，时间跨度一般应选择三年期，在这个时间范围内，对于宏观经济状况、财政收支等方面的预测具有一定的可靠性。有些国家的跨年度预算时间跨度是3~5年，但是对经济状况、财政收支的预测往往延展到更长的时间。同时，跨年度预算平衡机制的推广情况在世界各国存在差异，美国、阿根廷、爱沙尼亚、俄罗斯等都曾出现中期预算改革的倒退。以俄罗斯为例，2015年由于内外经济形势不明朗（石油价格波动等因素）和治理能力较为薄弱，俄罗斯无法对经济中长期走势进行合理预测，只能选择暂时中止跨年度预算平衡机制。因此，要客观评价跨年度预算平衡机制改革适用性及绩效，仍需要多样本国家的数据分析。

（二）覆盖范围侧重点不同

跨年度预算平衡机制的适用范围主要是指其涵盖的支出性质和政府层级。在20世纪50年代随着凯恩斯主义的盛行，各国政府放弃了年度预算平衡原则，转为实行周期性预算平衡，导致公共支出与债务支出不断膨胀，财政状况不断恶化。针对这一状况，英国政府修正原有的无序的周期性预算平衡原则，1997年颁布了《财政稳定法案》，该法案以法律的形式要求公共预算中的经常性支出必须由当期财政收入承担，而且要符合经济周期情况，这个规定被很多国家奉为预算平衡的"黄金法则"。也就是说，经常性支出预算的跨期管理只涉及盈余的管理，而资本性支出预算涉及赤字和盈余的跨年度管理。

一般而言，经常性支出是维持政府日常运转的开支，资本性支出涉及基础设施建设等为实现一定政策目标而进行的支出活动，往往周期超过一年。就这一点而言，跨年度预算平衡机制对经常性支出预算和资本性支出预算执行的标准应有所区别，对经常性支出预算应加强年度控制，资本性支出应在多年度对预算余额进行规划管理，如果跨年度预算管理仅涉及经常性支出预算，那么会极大地削弱跨年度预算平衡机制的功能。在发达国家，跨年度预算管理范围一般涵盖资本性收支预算和经常性收支预算，但是发展中国家中存在跨年度预算管理只涉及经常性支出预算的情况，例如，非洲几内亚和卢旺达的跨年度预算仅涉及经常性收支预算。区别于政府层级，跨年度预算管理的覆盖范围或侧重点也有所不同。美国州政府只编制资本性收支的跨年度预算，联邦政府涵盖所有方面。英国地方政府更侧重资本性预算，非洲九国在实践中无一例外都将跨年度预算平衡机制的实施集中于中央政府，这与他们的行政体制相适应。撒哈拉以南的非洲国家实行高度集权的公共管理，同时，机制运行的政府层次选择业务往往受限于各级政府的管理能力。

（三）支出控制规则制定科学

由年度预算平衡原则向跨年度预算平衡标准的转变，不应仅仅是预算平衡观的转变，而应配合更加先进的财政规则的制定，形成更加科学、完善的预算平衡管理机制。进行预算管理的先进国家经过长期实践形成了具有不同特点的支出控制规则，可以对我国跨年度预算平衡机制的建立带来一些启示。例如，发达国家跨年度中期预算等文件包含对未来几年财政政策和项目的成本信息预测，这构成了未来几年年度预算的"基线"。除希腊以外的 OECD 国家的中期预算中都包含跨年度的支出预测信息，但是对于是否实施跨年度支出的上限控制存在不同的观点，仍有大约 2/3 的 OECD 国家都实行这种财政规则。跨年度支出上限是跨年度预算平衡机制中一个自上而下的约束方式，但是其标准的具体设置有所不同。最常见的是针对整体设置的总额控制，有些以部门或者一个项目为单位进行控制。跨年度支出上限的设置单位反映跨年度预算调整的灵活度，政府可以根据政策方向和资金使用情况，在上限设置的单位内进行调整。瑞典是跨年度预算平衡管理比较成熟的国家。瑞典从1997 年开始，在预算程序中加入名义支出上限，该支出上限涵盖中央政府预算所有支出以及预算外养老基金支出，而且支出上限涵盖三年。一方面，政府和议会必须了解整个经济和财政发展情况，以便在新的三年预算周期内为增加的年度确定适当的开支上限；另一方面，有必要密切监测已经设定支出上限的财政发展情况。瑞典执行的支出上限是针对实际支出的限制，而非对预算数字的限制，是一种事后监督的约束手段。这就意味着政府机构可以使用或者通过减少未来的拨款以增加当期支出，所以需要预算机构密切监察经济环境变动并不断更新支出预测结果，从而确保三年支出上限不会被超越。在 21 世纪初，受失业和医疗等福利支出影响，瑞典的预测支出超出了限额，迫使政府减少开支以免超支。伴随着经济的强劲增长以及低通货膨胀率，瑞典宏观经济运行良好，并且与卫生有关的转移支付减少，给支出上限管理这一新政策留下了一定空间。

二、国外跨年度预算平衡机制的研究启示

（一）政府给予强有力的支持

从各国经验实施来看，跨年度预算平衡机制在中期预算框架下通过控制支出限额来对未来几年的财政收支进行约束，因此会引起不同利益集团之间的博弈。如果没有各国政府给予强有力的政治支持，跨年度预算平衡机制改革难以获得成功。美国、加拿大、德国等很多国家的跨年度预算平衡机制改革都是由联邦政府推动进行的。在实施跨年度预算平衡机制过程中，各国立法机关对于跨年度预算框架的形成和效力都发挥着重要作用。一般来说，立法机关对于跨年度中期预算的审查主要有两种情况：一是仅要求将跨年度中期预算提交给立法机关，但不需要经过立法机构批准；二是不但要求将跨年度中期预算提交给立法机关，而且还要经过立法机构批准，大多数国家属于第一种情况。当然，也有一些国家属于第二种情况，即要求每年将跨年度中期财政规划提交给立法机关来批准。例如，在通过详细的年度预算之前，瑞典国会将制定一个三年的支出限额，也就是说，瑞典国会是在三年滚动支出限额的基础上再将下一年度的新情况加总上去的。而近3/4的OECD国家都要编制跨年度中期预算提交给立法机关，立法机关只是了解这方面的信息，并不正式审批跨年度中期预算。例如，德国在《1967年促进经济稳定和增长法》中明确要求，政府要编制五年财政规划，但只需将其提交给议会两院即可，不进行审批。

（二）有较完善的法律制度做保障

从外国跨年度预算平衡机制实践中可以看出，许多国家都赋予了跨年度预算相应的法律地位，如德国的《1967年促进经济稳定和增长法》、美国1974年的《预算和扣押款项控制法》及法国的《预算基本法》等，从法律上确定了跨年度预算平衡机制的效力。有些发展中国家并不具备实施跨年度预算平衡机制的条件，但由于一些外部力量的推动，也较快地建立起了跨年度中期预算改革框架，欧盟就是典型的例子。早在1998年，欧元区的11个成员国就共同签订了协调各成员国预算政策的条约《促进经济稳定增长条约》。该条约规定，签约国要编制跨年度中期财政计划，并于每年年初提交欧盟委员会予以审定。在提交的跨年度财政计划中，要明确财政预算3~5年的目标，保持财政收支平衡，并要求政府的预算赤字不超过国内生产总值的3%。欧盟委员会负责对该计划的实施进行监督，一旦有成员国背离了欧盟的预算控制目标，或财政赤字超过3%，就可能引发公共风险，欧盟委员会会对该国提出警告，以改善财政状况并降低赤字风险。如果该成员国采取措施不力，在规定限期内不能实现目标，就会受到经济制裁，并接受数额不等的罚款。

（三）采用科学的收支预测方法及预算修正

从国外发达国家多年的实践来看，跨年度预算平衡机制实施的有效性主要依赖于对未来几年经济信息预测的可靠性及准确性，而科学的经济预测决定了跨年度预算框架下的财政收支预测的准确性。因此，科学的经济预测是跨年度预算平衡机制实施的基础。可靠、准确的经济预测能够使财政收支测算结果与实际更加接近，以解决中期预算可持续的技术难题。除此之外，还需要采取灵活的预算手段进行修正。实施跨年度预算平衡机制需要编制中期财政规划，其成败在很大程度上取决于经济预测的能力，政府预算编制和执行的中心环节也都是围绕收支预测展开的。了解和把握随时更新的国家宏观经济状况，是对跨年度财政收支进行科学预测的前提。例如，澳大利亚的中央财政资源信息管理系统包括预测财政收支的模块，在开始下一个财政年度预算编制时，对未来年度收支的预测会被更新，支出限额成为下一年预算编制的基础。瑞典财政部除了每年会对所有的宏观经济指标进行四五次的预测修正之外还要对跨年度的预算收支项目进行跟踪评价。目前，瑞典已引入大数据集成预算网络管理系统，可以通过计算机完成财政支出的预测，而且这一预算网络管理系统是向财政部门及政府机构开放的。

（四）进行权责明确的分工协作

跨年度预算平衡机制实施的价值更多体现在保持财政的可持续性上，因此，必须在对经济、社会发展预期和较为准确预测的基础上，设计自上而下和自下而上的规范预算编制程序。在实施过程中，会涉及财政、税务及统计等宏观预测部门之间、财政税务各职能部门之间及相关部门之间的一些权、责、利的调整与整合，各国在跨年度预算编制过程中，在各相关部门之间有比较明确的职责划分，这在一定程度上避免了相互扯皮及推诿的现象。例如，在法国，跨年度预算中期计划是由财政部预测司、预算司一同完成的，预测司负责预测财政经济未来几年的发展趋势，提出中期财政计划安排的基本原则和重大的财政改革措施；而预算司则负责预测财政收支的具体情况，负责编制年度预算和财政收支计划，根据国家宏观调控政策提出具体财政政策及措施。德国的跨年度财政计划是由财政计划委员会负责编制的，而具体工作则由财政部会同有关的综合经济部门完成。在澳大利亚，联邦政府的财政管理职能是由国库部和财政部共同承担的，国库部主要负责国家宏观经济政策及税收的管理，而财政部主要负责财政支出的管理和预算编制。在跨年度中期预算编制过程中，国库部和财政部既相互独立，又通过组成联合工作组的方式密切合作、相互协调、互相补充。这种分工协作的方式，既可以集思广益，相互督促，又能充分发挥各部门的优势。

此外，在跨年度预算平衡机制实施过程中，各国还非常重视社会力量的参与，实行"参与式预算"，如法国的经济和财政部在编制跨年度预算框架时，通常要召开专家座谈会及有社会成员参与的调研会，并与国家经济研究与统计局等单位合作，共同制订跨年度中期预算实施方案；德国的财政计划委员会、税收测算工作组等机构也都吸收了部分社会力量，这样有利于跨年度预算平衡机制的顺利实行。

（五）符合本国国情

比较而言，各国的跨年度预算平衡机制在实施背景、编制程序及年限规定等方面都或多或少存在一些差异，而这些差异与一个国家的政治经济制度密切相关，也就是跨年度预算平衡机制是为适应不同国家政治环境和特殊的政策需要而专门设计的。例如，在编制详细的中期税收计划和支出限额方面，德国联邦政府的跨年度财政收支规划是最为完善的，但德国跨年度中期财政规划的整体运用却存在诸多缺陷。随着时间的推移，宏观经济、政府财政状况会受到更多不可预见因素的冲击，导致收支预测值偏差逐年拉大，降低了中期财政规划的中长期适用性，使其不能在德国以外广泛运用。再如，新西兰的中期预算也比较成熟。新西兰跨年度预算平衡机制改革的思路是通过制度设计，提高预算透明度和政府受托责任，强化政府预算的纪律性，但它的做法却不能盲目照搬。在新西兰，很多预算责任，包括中期预算预测等需要通过签订正式合同系统地授权给支出机构。因为私人部门力量强大。所以建立了合约履行机制、高度透明的公共资源分配机制和高效的公共支出控制机制，而这些做法并不适合我国。

从目前获得的文献资料来看，世界各国的跨年度预算平衡机制对年度预算基本不具有法律约束力。跨年度预算在各个国家都被要求递交国会备案，作为国会审议年度预算或者做决策的参考。有的国家的跨年度预算需要经过国会审议通过。总的来说，跨年度预算平衡机制实施到目前这一阶段，主要是政府部门进行内部控制、实现自我约束的一项财政工具。

第四章 北京市跨年度预算平衡机制
实施背景及程序设计

第一节 北京市跨年度预算平衡机制实施背景

一、跨年度预算平衡机制的顶层设计

我国跨年度预算平衡机制的顶层设计主要是由党的十八届三中全会发布的《中共中央关于全面深化改革若干重大问题的决定》、新《预算法》、《国务院关于深化预算管理制度改革的决定》以及《预算法实施条例（征求意见稿）》构成的，这四个重要的文件初步界定了我国跨年度预算平衡机制的基本内容和实现路径。《中共中央关于全面深化改革若干重大问题的决定》设计的跨年度预算平衡机制，突出权责发生制核算的资产与负债在摊销核算期间的预算平衡管理，将跨年度预算平衡机制引入政府综合财务报告、政府债务风险预警机制，试图解决跨年度财政收支活动产生的资产和负债在年度和年度间持续管理的问题。党的十八届三中全会仅概括性地提出构建跨年度预算平衡机制的总体设想，提出构建新的预算平衡机制的预算管理体制改革的长期工作目标，但该决定并没有具体界定跨年度预算平衡机制的具体业务实施方式。此外，由于跨年度项目支出的产出具有公共产品和服务特有的收益外溢的特点，无法具体界定产生收益的时间，无法量化其产生的社会利益，所以以权责发生制为基础的政府综合财务报告反映和管控跨年度政府收支活动设想的可行性需要更多的理论和实践经验证明，跨年度预算平衡的实现还需要许多其他的预算管理手段参与。

2015 年新修订的《预算法》要求年度预算依据社会发展目标、国家宏观调控总目标和跨年度预算平衡的需要进行编制，改变原有僵硬的年度预算平衡标准带来的预算安排顺周期现象。新《预算法》将财政收支平衡管理嵌入年度预算编制、执行和监督审查的过程中，通过更加全面、综合以及更具有调节力度的年度预算来实现跨年度预算平衡的目标。新《预算法》规定，中

央政府一般公共预算的资金不足可以举债弥补，但是债务余额不得超过立法机关批准的限额，并且指定国务院财务部门为中央政府债务的管理部门；地方政府的年度预算编制仍以量入为出、收支平衡为原则，只有省级政府必需的建设性投资资金不足才可经国务院批准后发行债券筹措，举借的债务应当有偿还计划和稳定的偿还资金来源，筹措的资金只能用于公益性资本支出，不得用于经常性支出。由此可以看出，新《预算法》设计的跨年度预算平衡机制仅限于项目支出预算的跨年度平衡，而非一级预算整体的跨年度平衡。

《国务院关于深化预算管理制度改革的决定》认为，构建跨年度预算平衡机制包括中期财政规划、预算盈余和赤字的处理两个方面。该决定确定我国实施三年滚动财政规划管理，通过对规划期重大政策、重大项目以及政策目标的研判，科学地预测未来三年的财政收支。通过中期财政规划指导年度预算编制，可以实现预算收支安排与政策目标的衔接，从而使预算平衡目标与财政政策实施相结合，实现规划期内预算的动态平衡。该决定从执行层面解释了跨年度预算平衡的运行机制，即结余资金通过预算稳定调节基金储备冲减赤字，而通过发行公债、预算稳定基金资金调出弥补赤字。

《预算法实施条例（征求意见稿）》（以下简称《条例》）对三个政策文件对跨年度预算平衡机制的设计内容进行更具体的描述，规定："一般公共预算连续两年未用完的结转资金，应当作为结余资金补充预算稳定调节基金；政府性基金预算、国有资本经营预算连续两年未用完的结转资金，应当作为结余资金，可以调入一般公共预算；各部门、各单位基本支出的结余资金，应当在编制下一年度部门预算时统筹安排；项目支出的结余资金以及连续两年未用完的结转资金，应当由本级政府财政部门收回统筹安排使用。"除此之外，《条例》中特别提及"权责发生制的特定事项"，即基于权责发生制的核算方法核算的一些跨年度特殊收支项目。《条例》对"权责发生制的特定事项"审批问题做出了具体规定："中央预算实行权责发生制特定事项，由财政部报国务院批准；地方预算实行权责发生制的特定事项，是指预算年度终了已根据预算批准用款计划但尚未实际支付并报本级政府批准的国库集中支付结余事项。"由此可以看出，跨年度预算平衡机制中，相对于地方政府而言，中央政府对"特定事项"预算安排自由度较大。

二、北京市实施跨年度预算平衡机制的背景

2015 年实施的新《预算法》第 12 条明确规定"建立跨年度预算平衡机制"。北京市财政局按照中央及市委、市政府关于"建立跨年度预算平衡机制，编制三年滚动预算"的要求，从 2015 年开始试编 2016—2018 年"以三

年为周期"的滚动预算。当时，就国内外形势来看，国际环境日趋复杂，国内仍处在经济结构调整、转型升级的关键阶段，经济运行中的不确定因素增加。同时，就北京自身而言，在转变增长方式、调整经济结构、疏解非首都功能等方面依然面临严峻的挑战，客观上存在着经济下行的压力。税制改革致使全市整体减税规模持续扩大，三次产业结构面临进一步转换，传统产业持续增长缓慢，第三产业结构内部需要进一步优化，经济增长中创新驱动比重还需进一步提升等，财政增收压力进一步加大，财政收入增长减缓趋势没有发生根本性改变。中国经济在转向"新常态"的进程中，财政收入增速放缓与支出刚性增长之间的矛盾日益加剧，尤其是一些重大项目还需要跨年度安排，这对政府管理"钱袋子"的水平提出了更高要求。而长期以来财政支出"碎片化"问题一直没能得到妥善解决，一些专项资金的使用违规严重，缺乏科学精细的预算编制和预算控制，存在主观性和随意性，尽管财政资金的总体规模很大，但各种专项资金切块严重，导致财政资金无法得到统筹使用。财政资金"碎片化"最终会加剧财政收支矛盾，一方面，每年末有一部分财政性存款存量资金"沉睡"在账上；而另一方面，财政赤字却在不断扩大，一些急需资金投入的民生领域存在"囊中羞涩"的现象。要有效解决财政收支矛盾突出的问题，就要实施跨年度预算平衡机制，在财政收支安排上形成透明有序的规则和机制，对重大收支项目不能"一年一定"，而是通过三年滚动预算做长远打算。通过实施跨年度预算平衡机制，可以缓解财政收入增速放缓与支出刚性增长之间的矛盾，增强财政政策的前瞻性和可持续性。

据有关资料统计，北京市实施跨年度预算平衡机制的前期（2012—2015年），北京市民间投资增长较快，投资占比从三成提高到四成以上，2015年民间投资增长速度高出全市投资增长速度20多个百分点。在跨年度预算平衡机制实施后的第一年，即2016年，北京市持续几年的民间投资高速增长趋势出现了下滑，主要支撑民间投资增长的房地产业，仅2016年上半年就同比下降7.6%。近几年，北京市用地价格、楼宇租赁价格、人工成本增长过快，也在很大程度上影响了民间资本的活跃度。而且，财政政策主要的发力方向集中在大型基建项目，这历来不是民间投资参与的重点，再加上缺少吸引民间资本增加投资的热点领域，使得财政面临的投资压力更大。北京市2015年开始实施跨年度预算平衡机制，这既是深化财税体制改革的重大决策，也是财政可持续发展的必然要求。随着财税体制改革的不断深入，以往实施的年度预算平衡机制已暴露出诸多弊端，不仅没能起到熨平经济波动的作用，反而加剧了财政运行风险。年度预算的缺陷催生了跨年度预算平衡机制的改革，北京市实施跨年度预算平衡机制，将使政府决策看得更长远，可以充分发挥财政充当国家治理基础和重要支柱的作用。

第二节　北京市实施跨年度预算平衡机制制度衔接及程序设计

一、北京市跨年度预算平衡的制度衔接机制

（一）财政发展五年规划与经济社会发展规划的衔接

北京市财政发展规划是财政部门为适应社会主义市场经济的需要，配合北京市国民经济和社会发展规划而编制的有关财政发展的综合性中长期规划，是财政规划体系中的一个重要组成部分，也是指导下一个五年时期各项财政工作的重要文件。长期以来，为配合国家发展和改革委员会的国民经济和社会发展规划，各省（自治区、直辖市）财政部门一直在编制财政发展五年规划。1998年，为了应对当时的亚洲金融危机，财政部开始编制《1998—2002年国家财政发展计划》，其后又编制了《2003—2005年国家财政发展计划》和《2004—2007年国家财政滚动发展计划》，并组织各省（自治区、直辖市）级政府编制地方财政发展三年滚动计划。可以说，五年经济社会发展规划在我国经济和社会发展中发挥了重要作用，有利于顺利实现经济社会发展的"目标治理"，为实施跨年度预算平衡机制和编制中期财政规划积累了丰富经验。与其他各省（自治区、直辖市）一样，北京市通过颁布北京市国民经济和社会发展五年规划，确定北京市未来五年的经济发展目标，使北京市民都能了解未来五年北京市的经济发展战略。为配合北京市国民经济和社会发展五年规划，北京市财政局也一直编制财政发展五年规划。如"十三五"时期，北京市财政局参照北京市国民经济和社会发展五年规划，编制了《北京市财政"十三五"规划》。但在实际实施过程中发现，每五年制定的国民经济和社会发展五年规划与财政发展五年规划之间存在一定程度上的脱节，国民经济和社会发展五年规划作为综合性发展规划，规定了包括经济、社会、政治、文化和生态五个方面的发展目标，目标过于宏观，而财政发展五年规划要求有一定的量化指标，具有一定的可操作性，二者衔接不够紧密。因此，要及时根据社会经济发展状况进行动态调整，协调好两者之间的相互衔接关系，避免指导内容重复和层次不清晰问题。建立科学规范的跨年度预算平衡机制要求各级政府高度统筹和各部门协调配合，单靠财政部门推进跨年度预算平衡机制改革很难获得成功。

（二）三年滚动预算与财政五年规划的衔接

三年滚动预算是跨年度预算平衡机制下的预算编制模式，是结合国民经

济与社会发展五年规划及中期财政规划编制而成的。在具体实施过程中，不再强调以收定支的年度预算平衡，而是追求中期（三年）的预算平衡目标，通过对三年财政收支预测进行逐年更新，确保三年滚动预算符合实际情况，以有效地提高财政预算的统筹能力。目前，北京市编制的财政发展五年规划与三年滚动预算也存在不匹配问题。从时间上看，一个是五年财政规划，另一个是三年滚动预算，二者衔接不够紧密，用五年财政规划指导三年滚动预算，从目标要求及精细化程度上都有较大的差距。而且，五年财政规划目标相对三年滚动预算来说，预期目标相对过于笼统，而三年滚动预算要求指标量化和细化，二者实现目标的要求有所不同。

编制三年滚动预算是指在编制年度预算的基础上，统筹考虑三年本级政府、部门可用财力和支出需求，按照资金滚动原则同步编制后两年政府及部门的收支计划，以提前确定未来三年分年度的收入安排及支出限额；它是在前一年的基础上编制第二年和第三年的收支预算，并依次类推进行滚动编制。在三年滚动预算中，第一年的收支安排最终形成一个年度预算，按规定要上报北京市人民代表大会进行审批；后两年预算为收支规划，包括未来两年具体的支出项目，构成三年期滚动预算的基本框架。各部门首先要编制好本部门及本行业的相关规划，合理确定分年度工作任务，及时提供各部门的基础信息及相关数据，为三年滚动预算编制提供良好的支撑。财政部门要加强对财政数据的信息管理以及重点支出项目管理，为三年滚动预算编制提供必要的技术支持和政策指导。在推进三年滚动预算时，北京市十分重视中长期发展规划的制定，并以其作为部门滚动预算编制的重要基础，在三年滚动预算与财政发展五年规划之间形成紧密联结机制，进一步提高预算安排的科学性和前瞻性。另外，北京市重视部门滚动项目库的建设及应用，做好、做细重点项目前期研究和评估工作，不断充实项目库储备，合理优化预算支出结构，实现项目库的滚动管理和监督，使项目库建设能够及时反映政府的中长期经济发展规划和施政重点。

（三）三年滚动预算与部门预算的衔接

北京市在实行跨年度预算平衡机制编制三年滚动预算时，要求各部门不仅要列出上一年度财政收支的执行数及本年度财政收支的预算数，还要根据国民经济的发展规划列出未来三个年度的财政收支预测值。与此同时，北京市财政局主动加强与其他部门的沟通协调，积极做好三年滚动预算与相关专项预算的衔接工作。三年滚动预算编制的草案在报送同级政府批准前，要征求同级相关部门和社会有关方面的意见。

为确保跨年度预算平衡机制顺利实施，北京市实施三年滚动预算要与国家宏观调控政策方向相一致。这样不仅能提高未来年度财政资金的可确定性，消除年度预算只体现当年目标完成情况，只能约束当年财政支出的弊端，从部门角度看，还能够激励部门运用跨年度预算平衡机制，以长远眼光来安排本部门可支配的财政资金，并将部门预算安排与政府中长期规划相结合，以确保政府宏观调控目标的实现。北京市各部门在编制三年滚动预算时树立绩效理念，要求出台的增支事项与三年滚动预算相衔接，制定延续性政策，统筹考虑几个年度，保持财政的可持续发展，而不是采用"一年一定"的编制方式。对于有关农业、教育、社保、医疗及就业等涉及财政支持的重大政策，有关部门还应建立中长期重大事项的科学论证机制。各部门三年滚动支出限额是三年滚动预算编制的基础，要求各部门提前制定中长期发展规划，明确中长期发展目标和投资重点，在此基础上估算三年期的预算总资金需求，在跨年度预算平衡机制框架内制订详细的年度预算计划，测算年度资金需求，以形成三年滚动预算编制规划体系。

二、北京市跨年度预算平衡机制的程序设计

（一）宏观经济数据分析及财政收支预测

跨年度预算平衡机制下三年滚动预算的编制与执行，建立在对宏观经济运行、未来财政政策以及财政收支的准确预测的基础上。相对西方发达国家相对稳定的制度和政策而言，我国正处于经济转轨时期，经济领域的一些深层次矛盾逐渐凸显，宏观政策调整和变化可能性较大，财政收支的准确预测成为难点。以往年度预算编制尚不够科学准确，预算数与实际执行数差异较大。年中预算调整追加追减频繁，导致年度预算收支安排困难重重，加大了编制三年滚动预算的难度。

从财政收入角度看，就北京市自身而言，在转变增长方式，调整经济结构，疏解非首都功能等方面依然面临严峻的挑战，客观上存在着经济下行的压力。减税降费改革致使全市整体减税规模持续扩大，三次产业结构需要进一步转换，传统产业持续增长缓慢，第三产业结构内部需要进一步优化，经济增长中创新驱动比重还需进一步提升，致使财政压力进一步加大，财政收入增长减缓趋势没有发生根本性改变。2007 年北京市财政收入同比增长33.6%，而 2019 年北京一般公共预算收入同比增长仅 0.5%。从财政支出角度看，同样也存在不确定性因素。目前行政管理体制对地方政府政绩考核尚未完全改革到位，政府间事权与支出责任划分还需进一步明确，在此背景下，对地方政府支出做较为准确的预测也存在较大难度。面对日益增长的公共服务需求，近年的财政收入增长趋势减缓，与财政支出中民生保障性支出增长

趋势相悖。同时，部门支出仍存在着支出碎片化及政策不可持续等问题，也对部门支出的准确预测提出了严峻挑战。

实行跨年度预算平衡机制，做好三年滚动预算，财政部门要不断提高预测能力和水平，运用大数据等技术，随时根据宏观经济运行状况对财政收支作出准确的预测。只有科学地预测三年财政收入，才能确定三年可支配财政资源，但是，三年财政收入预测不同于年度财政收入预测，需要考虑的不确定性因素更多、更复杂，因此准确预测中期财政收入比较困难。从现实来看，经济增长正处于从高速增长到高质量发展的一个转换期，决定了对经济增长的预测结果只会是一个区间。准确的三年财政收入预测需要建立在准确的经济增速预测基础上，需要建立科学的数学模型预测财政收入与经济增长之间的关系。实行三年滚动预算，还需要细化具体的财政支出限额，这就需要预测实现既定政策目标所需的财政支出规模。目前正在进行全面深化改革，国家重要政策、重大改革和重大项目都是三年滚动预算所必须优先考虑的，要将改革步骤、政策目标转换为对财政支出的需要，逐一分析各项改革对资金的需求，然后分析各种影响因素并加以汇总，形成三年支出预测结果。在进行三年滚动财政收支预测时，要充分利用网络和大数据技术等方法，对宏观经济情况、财政收支变化等进行量化分析判断。目前要以经济结构调整及经济新常态为基础，建立科学的财政收入与经济增长联系的模型，并做好数据的动态调整和实时跟踪，以取得可靠、准确的财政收入预测数据。同时建立动态的财政支出预测及支出限额机制，确保财政支出计划的科学性、合理性及可行性。从西方发达国家的经验来看，跨年度预算平衡机制与中期滚动预算的成功需要政府进行准确、可靠的中期经济预测。所以我国在实行跨年度预算平衡机制时，需要每年定期发布关于宏观经济展望的预测报告，就未来若干年的经济发展前景、增长率、就业率、通胀率及社会融资状况等进行详细预测，深入分析影响财政收入、支出的各项因素，并与负责宏观经济政策和预算编制的机构密切合作，通过定量分析的方法，采用计量经济分析方法和模型，开展财政经济形势预测分析工作。

（二）三年滚动预算支出限额的确定

实施跨年度预算平衡机制，编制三年滚动预算，要求编制机构与决策机构之间建立良好的信息沟通渠道，尤其有关重大改革、重要政策和重大项目的决策机构，要全程参与调研及可行性讨论，并最终在经济与财政规划以及三年滚动预算中得到充分的反映。当前跨年度预算平衡机制主要包括两个层面的内容：一是三年滚动预算和五年财政规划。虽然二者的预算周期和执行程序有一定差别，但核心都是对未来风险的防控规划，编制目标都是为未来几年提供收支的可预期性，尤其确定未来三年支出限额，是为了降低政府运行的风险性及减少投资方向上的盲目性等。二是跨年度预算平衡机制是对各类公共风险的防范与筹划，其核心要义体现在防控公共风险以及综合权衡减少各种风险等。

社会经济五年发展规划作为综合性发展规划，包括经济、社会、政治、文化和生态等五个方面的发展目标，这个规划比较宏观不够细化，而公共资源是有限的，要使有限的资源实现公共利益最大化，就必须解决中期各级政府及部门单位预算要做些什么，将公共资源配置到哪里及配置到什么程度，财政支出根据轻重缓急的优先次序是什么，各级政府及各部门可用财政资源总量规模如何，收支缺口到底有多大，应该如何弥补收支缺口等问题。为解决预算资金分配处于无的放矢的现实困难，跨年度预算平衡机制的建立可以从防范公共风险的高度，将三年滚动预算与规划紧密相连。在财政收支矛盾日益加剧的预期下，树立跨年度预算平衡和中期预算新理念，积极应对经济社会改革中可能出现的公共风险，实现财政的可持续性，以确保经济发展五年规划的落地。实施跨年度预算平衡机制，要求财政部门在预测和评估收支的基础上，根据政府职能履行的需要及项目优先次序来确定公共资源的分配政策，以体现资源的合理配置。跨年度预算平衡机制实施后，财政部门支出控制的着力点，就从干预部门内部的具体支出转向控制部门的总体支出水平。各部门及支出机构要在分配的支出限额内，建立本部门的支出优先性排序，从而提高资源配置效率，实现战略导向性、宏观指导性和综合协调性的中期规划。

跨年度预算平衡机制作为政府提供公共服务和防控公共风险的重要机制，着力处理好政府、市场与社会之间的关系，这需要各部门利益主体和财政部门之间的沟通与再定位。例如，针对一些现行财政支出的"碎片化"及不可持续的问题，跨年度预算平衡机制要实施资金整合，提高政策执行的透明度、稳定性和可预期性。财政部门要引导部门及单位加快社会化改革，加快改变政府职能"越位"和"缺位"的现状，促进政府推进基本公共服务均等化等。跨年度预算平衡机制已经实施三年，各部门不仅要提供政策报告书，还要提供绩效指标报告及收支测算依据，为跨年度预算平衡机制的进一步完善提供有价值的参考依据。

（三）广泛征求社会公众意见和建议

广泛听取人大代表和社会公众对预算安排的意见，这是新《预算法》对预算审查及监督提出的新要求。进入新时代，政府的执政新理念得到了深入贯彻，基于财政工作"公开透明、科学民主、规范预算管理、提高资金绩效"

的总体要求，预算编制应广泛征求各方面意见，以提高预算编制的规范性和科学性。听证会代表应当具有一定的广泛性、代表性，应根据听证内容合理确定代表的人数及构成。一个项目财政到底应该给多少钱，财政资金的使用效率和效果怎样，财政部门应该全面地了解这些情况，做到心里有数。财政部门开展听证会后，应如实全面及时地形成听证报告，以其作为进行重大行政决策及投资决策的重要依据。对听证会中专家及民众提出的合理化建议要充分论证和采纳，对于未予采纳的意见和建议，要认真给予回应和反馈，要求以书面形式向听证代表说明理由，并采用适当形式向社会公布。

跨年度预算平衡机制要求从收支预测到数据公布实现高度透明，积极引入各部门参与各方有关未来经济社会发展建议的讨论。国外很多国家，如美国、法国、英国等财政部在编制跨年度预算时，通常要召集专家进行座谈，并向社会公众征集意见和建议，同时与国家经济研究院及统计局等单位共同研究最佳方案，有些国家如德国，还成立了财政计划委员会及税收测算工作组等一系列机构参与预算的制定。实施预算监督听证会，对财政部门及人大监督来说是一种全新的尝试，一方面可以提高人大代表、社会公众和专家学者对预算监督的民主参与度，另一方面可以推进政府公共预算制度改革，使预算更加公开透明。

（四）加强三年滚动预算的项目库管理

加强跨年度预算平衡机制的项目库建设和管理，做好三年滚动预算项目分类和清理工作，对内容相似的项目进行整合，以减少项目个数和增加项目层次。建立预算支出三年规划和财政专项资金项目库的信息对接及同步更新机制，通过整体设计、分级实施及信息共享，建立"横向到边、纵向到底"的覆盖到各部门的项目库和财政项目库。至少提前一年对各级政府、各部门项目进行考察、论证、筛选和立项，上级财政通过审核筛选及择优排序，编制专项资金项目预算，实行年度管理。加强跨年度预算平衡的项目库管理，进一步健全项目预算审核机制。通过对项目库项目进行筛选、论证、排序及审核等，对专项支出项目提前进行项目储备并逐年滚动，实现各年度间资金项目安排的三年滚动管理，达到预算收支的综合平衡，以增强财政资金安排的前瞻性和可持续性。

实行跨年度预算平衡机制编制三年滚动预算，就要全面落实加强项目支出预算管理各项工作。首先，设置项目要科学规范。项目设置要反映各级政府的主要职责，要评估项目是否具备可执行性，在保障项目运行及维护其合理需要的前提下，更加突出中长期财政规划重点，聚焦经济领域重大改革、政府重要政策和重点项目，有效避免项目的交叉重叠。其次，不断完善项目管理方式。各级财政部门要对项目实行分级分类管理，项目按层次分为第一层级项目和第二层级项目。第一层级项目根据部门履行职能的需要进行设置，包含若干第二层级项目。第二层级项目的设立要与其对应的第一层级项目相互匹配。要不断完善项目分类标准，构建多层次及多维度分类体系，以不断推进项目支出预算标准体系的建设。最后，不断加强项目库建设。所有项目都应纳入项目库管理，要做实项目库并充实项目储备，必须要从项目库中筛选列入三年滚动预算安排的项目。进入项目库的项目必须有充分的立项依据及明确的实施期限，要有合理的预算和预算绩效评价目标等。

（五）开展三年滚动预算的绩效评价

党的十九大报告提出，"建立规范透明、标准科学及约束有力的预算制度，全面实施绩效管理"。新时代视野下的预算绩效作为深化中期预算改革的"标配"，是预算管理制度上的一场重大变革，也是落实十九大要求及强化预算约束力的重要保障。如何确保纳税人的每一分钱都能花出实效，是全社会普遍关注的热点问题。2015年施行的新《预算法》规定，政府预算要讲求绩效。新《预算法》为预算绩效改革提供了重要的法律依据。预算绩效通过绩效评价手段对预算全过程实行有效监督，可以提升公共资源的配置效率，确保财政资金优先落实到重大民生领域。跨年度预算平衡机制下预算绩效改革目标是将预算管理模式由支出控制型转向绩效导向型，从而完成从"政府管钱袋子"到"管好政府钱袋子"的重大转变，推进预算全过程项目支出绩效管理，加强跨年度预算平衡机制的绩效目标管理，实施绩效监督与评价，并强化评价结果的运用。预算绩效评价是通过对政府及其部门履行自身职责的行为及其施政结果进行跟踪考核进行的，评价结果可以作为来年预算编制的重要依据，以提高政府管理水平和效率。绩效目标是指财政预算资金计划在一定期限内达到的产出和效果，若按照预算支出的范围和内容划分，绩效目标可分为基本支出绩效目标、项目支出绩效目标，以及部门和单位整体支出绩效目标。若按照时效性划分，可将绩效目标分为中期、长期绩效目标和年度绩效目标。设定的绩效目标应当做到以下几点：一是绩效目标应清晰明确。绩效目标不仅要符合国民经济及社会发展规划，还要符合部门职能及事业发展规划要求等，设定的绩效目标还要与相应的支出内容和范围紧密衔接。二是绩效目标要细化量化。绩效目标应当从项目的数量、质量、成本、效益、可持续影响及公众满意度等方面进行细化和量化。三是绩效目标要科学合理。设定绩效目标时要通过调查研究和专家论证，项目要符合客观实际，并能在一定期限内如期实现。四是绩效指标及数据之间应相互匹配。绩效目标的设定要与计划期内的计划数相对应，要与预算确定的投资额或资金量相匹配。

按照"谁分配资金，谁审核目标"的原则，绩效目标要由财政部或中央部门按照预算管理级次进行审核。根据工作需要，绩效目标可委托第三方予以审核。绩效目标审核是部门预算审核的有机组成部分，绩效目标不符合要求的，财政部门应要求报送单位及时修改及完善。审核符合要求后方可进入项目库，并进入下一步的预算编审流程。一般性项目由财政部门结合部门预算管理流程进行审核，并提出审核意见。对社会关注程度高、关系重大民生领域的重点项目，财政部门可根据需要将其委托给第三方，组织中介机构、专家学者及社会公众代表等共同参与审核并提出审核意见。绩效目标考核的目的是强化项目执行管理，硬化预算约束。预算执行过程中除因救灾等安排应急支出外，一般不出台增加当年支出的政策，必须出台的政策纳入以后年度预算安排，必须追加当年预算的要通过调整部门当年支出结构予以协调。实行跨年度预算平衡机制管理，要完善项目生成机制，将政府宏观政策和部门、行业中期发展规划落实到具体项目，提高政策和规划的可实施性。部门、行业规划确定的项目要与三年滚动预算相衔接，合理安排项目实施的节奏和力度，促进规划政策与三年滚动预算相结合，提高预算的前瞻性。

三、北京市跨年度预算平衡机制的实施与步骤安排

实行跨年度预算平衡机制是我国深化预算制度改革，提高财政政策前瞻性、可持续性的一项重要举措，同时也是不同利益主体之间的博弈过程，在实施过程中要考虑细致周全，不能一蹴而就。在充分借鉴发达国家成功经验基础上，考虑中国国情和改革的艰巨性、复杂性，坚持预算公开透明，将继承发展和改革创新并举，加强全社会对预算的监督力度，强化三年滚动预算对年度预算的约束力。

（一）统筹跨年度预算平衡机制与年度预算平衡关系

建立跨年度预算平衡机制并不是否定年度预算平衡机制，只是不强求预算平衡是年度的、以收定支的、静态的平衡，而是一种跨年度的、以支定收的、动态的中期平衡。跨年度预算平衡并不能取代年度预算平衡，目前，大多数国家议会审批的仍然是年度预算而不是中期预算，跨年度预算平衡是对年度预算平衡的拓展和升华，并对年度预算起一定的约束作用。二者之间的关系非常密切，年度预算必须在中期财政框架下编制，是跨年度预算平衡的基础和起点，跨年度预算平衡在年度预算基础上进行时间上的延伸。在跨年度预算平衡机制下，年度内可能会出现预算收不抵支的情况，在预算收入大于支出时，不必要求当年全部安排支出，这样可以防止年底突击花钱现象的发生，应将结余结转到下年使用，或冲减财政赤字；在预算收入不足以弥补

当年预算支出时，也不必要求削减当年支出，可以分三年对预算赤字进行弥补，防止税务部门征收"过头税"或出现财政"空转"现象。在实践中，年度平衡与跨年度平衡之间应建立一种灵活的预算平衡机制，在三年滚动预算中，除了第一个年度二者必须保持一致外，后两年所有的财政收支都是预计数，应随着时间的滚动和宏观政策的变化进行调整，所以预算计划并不是一个法定的收支分配计划。在实施跨年度预算平衡机制时，应明晰政府各部门的权责，让各职能部门充分认识到跨年度预算平衡机制的重要性并达成共识、形成合力。考虑到编制三年滚动预算是一项全新的工作，亟须从中央层面尽早总结经验和吸取教训，不仅应建立示范指导模式，还要不断地完善编制的程序和方法，加强政策指导和技术支持，以保证各地跨年度预算平衡机制的顺利实施。

（二）从中期规划推向中期预算

目前，世界上已有超过 2/3 的国家实施了中期预算管理，而我国正处于改革的初期阶段，2015 年国务院决定在全国范围内开始实行三年滚动预算的编制，这标志着深化财税体制改革又迈出了新的步伐。现阶段世界银行与中期财政规划对应的概念是"中期支出框架"，共分为三个层次，第一层次是中期财政框架（最低层次），第二层次是中期预算框架，第三层次是中期绩效框架（最高层次）。第一层次中期财政框架是指政府自上而下地制定宏观经济和财政中期目标，进行中期财政收支的预测；第二层次中期预算框架是在中期财政框架的基础上，设定中期总支出上限，尤其是要对中期以内财政支出项目进行成本估计，这个层次的中期财政规划不只是停留在收支预测层面，还要对政府收支行为具有约束力；第三层次中期绩效框架作为最高层次的中期财政规划，关注焦点从投入向产出转移，强调对支出绩效进行衡量和评价。

我国目前实施跨年度预算平衡机制，要求编制三年滚动预算，更接近于第一层次的中期财政框架，即在 2017—2019 年框架下，按照三年滚动方式编制预算，第一年财政收支规划约束对应年度预算，后两年收支规划向后逐年滚动更新。中期绩效框架作为最高层次，必须满足非常苛刻的实施条件才能实现，而我国目前的财政管理水平、信息化手段等都还达不到要求。比较而言，第一层次的中期财政规划更切合我国实际，本着改革从易到难、循序渐进的原则，我国首先启动第一层次的中期财政规划改革，待条件成熟再过渡到中期预算层次。《国务院关于实行中期财政规划管理的意见》指出："中期财政规划是中期预算的过渡形态，最终要过渡到真正的中期预算。"

（三）先一般公共预算后全口径预算

根据新《预算法》的规定，我国目前形成由一般公共预算、政府性基金预算、国有资本经营预算和社会保险基金预算组成的全口径预算体系。由于目前我国政府预算改革尚未完成，四种预算都要按中期财政规划要求编制难度很大，而其中一般公共预算覆盖的财政收支规模大，在预算体系中占据着主体地位，因此，实施中期财政规划改革应先从一般公共预算开始，待条件成熟后再扩展到政府性基金预算和其他预算，这样才能保证政府财力的集中使用与有效监督。此外，中期财政规划本着"先中央后地方"的原则逐步推广，应先从中央部门开始，借鉴先期试点地区的经验，然后在全国范围内逐步推开，分步有序地将省及以下部门和单位纳入滚动预算管理范畴。

20世纪90年代以来，随着我国政府预算体系不断拓展和完善，在一般公共预算基础上，先后建立了政府性基金预算、国有资本经营预算和社会保险基金预算，初步形成了由一般公共预算、国有资本经营预算、政府性基金预算和社会保险基金预算组成的全口径政府预算体系。全口径预算体系的建立健全，进一步提高了政府预算编制的科学性、完整性，对加强政府预算的管理及提高财政资金效益，提升财政预算透明度起到了重要作用。但从目前来看，我国政府预算改革尚待完善，一般公共预算收支规模大，在政府预算中占据着主体地位，因此，就整个政府预算体系而言，无论复式预算改革涉及多少种预算，从根本上看，一般公共预算始终处于核心地位，而其他各种预算自身应当按照有关法律法规要求保持完整、独立，同时也要保持与一般公共预算的衔接。所以，跨年度预算平衡机制改革要求编制滚动预算从一般公共预算开始，然后扩展到其他各子预算，只有这样才能保证政府预算体系的统一及跨年度预算平衡机制改革的渐进性，才能保证政府可支配财力的集中使用与有效监督，从而保持财政的可持续性。

（四）先市级财政后区县逐步推广

北京市财政局在编制2015—2017年北京市三年滚动预算的基础上，做好2016—2018年、2017—2019年及2018—2020年北京市三年滚动预算更新，并指导各部门和区县开展三年滚动预算管理工作。2015年市属各部门启动部门三年滚动预算管理，即各部门在编制2016年部门预算时，同步编制2016—2018年部门三年滚动预算，尤其是对目标比较明确的项目编制三年滚动预算，特别要在义务教育、社保及就业、卫生及环保等重点领域开展三年滚动预算试点。市级以下地方财政部门编制条件较为成熟的，可分别编制三年滚动预算和中期财政规划。北京市中期财政规划是按照中央中期财政规划管理的总体要求，依据北京市国民经济和社会发展规划以及国家宏观调控政策，考虑部门行业职能和事业发展需要，合理确定未来几年规划期内的预算支出总量和结构，并以此指导分年度预算编制和实施跨年度预算平衡机制的管理框架，此后每年向后滚动延伸一年。

在北京市财政局的推动下，北京市现已全面开始跨年度预算平衡机制的改革，并参照中央部门三年滚动预算编制改革的办法，编制北京市三年滚动预算，在许多方面也取得了丰硕的成果，为跨年度预算平衡机制改革和完善做出了重大的贡献，为公共财政体制的建设奠定了坚实的基础。但当前需要认真研究跨年度预算平衡机制的预算事项还有很多，难以做到面面俱到。首先，从提高跨年度预算平衡机制决策的整体效果出发，遵循重点突出原则，根据各级政府事权的划分，明确支出责任，聚焦重大改革、重要政策和重点项目，突出部门主要职能。其次，强化项目排序，优先保障重点项目，以利于跨年度预算平衡机制改革的顺利进行。

第三节　跨年度预算平衡机制执行中的绩效管理

对于实施跨年度预算平衡机制，以及三年滚动预算执行来说，绩效管理与评价极为重要。三年滚动预算不仅提出了具有约束力的预算总量框架，各级政府和政府各部门未来数年间的预算编制与执行必须遵守的支出限额，还要求各部门必须就限额内预算的实施提出全面、详尽的产出和结果目标，以及对部门活动数量、质量及有效性进行识别、监督、检查及评估的关键性绩效指标，以便相关部门和公众对政府收支活动进行了解与判断，检查及监督其活动是否达到了预期的目标。与此同时，在跨年度预算的执行过程中，对部门预算的阶段性执行结果进行的监督与评价，是各管理部门以及财政部门判断项目是否切实可行、调整或中止的重要依据，同时也是使滚动项目库中的项目能够真正滚动运行起来极为重要的基础。然而，就当前我国预算绩效管理的实际情况来看，尚存在多方不足，这些不足之处会给三年滚动预算的绩效管理带来一定的不利影响，因此，有必要对跨年度预算平衡机制执行中的绩效管理进行探讨。

一、跨年度预算平衡机制下预算绩效的必要性

绩效管理是一种先进的管理理念，源自企业，旨在通过提高员工业绩来实现企业发展目标，并以服务对象的满意程度为衡量指标的一种管理方法，对于降低生产成本、提高企业效益和顾客满意度等起到了积极作用。最早将绩效管理理念应用于公共部门预算管理的国家是美国。1949 年，胡佛委员会提出"项目预算"（program budgeting）的概念，其关键特征是要在预算过程

中描述每个政府组织运行的各种活动，把总的支出分配到各种不同的活动上，并对政府部门的实际活动进行测量。20 世纪 50 年代，美国第一届胡佛委员会开创了预算绩效改革的先河，但预算绩效推行的成效并不尽如人意，甚至到了 20 世纪 60 年代，预算绩效开始销声匿迹。20 世纪 70 年代，随着新公共管理运动的兴起，预算绩效评价手段才开始在国外公共管理实践中得到极大重视，一些发达国家为应对财政失衡、债务危机等困扰，相继在推行中期预算的同时进行预算绩效改革的探索。到 20 世纪 90 年代，在继承以往预算绩效改革的基础上，以美国、新西兰和澳大利亚等为代表的 OECD 国家纷纷推行以"结果"为导向的"新预算绩效"——主张政府依据中长期战略目标编制跨年度预算，并以绩效评价作为约束手段，在分析成本效益基础上规定政府支出控制目标。

预算绩效的改革与实施不仅是各国政府预算管理方式的改变，还成为促进政府更加高效透明、合法有序进行国家治理的重要工具。美国堪萨斯大学著名学者何达基说："每个国家发展到一定程度，都必须要建立适合本国国情的预算绩效制度，因为让纳税人的钱花得更合法、更有效是各国政府都必须做的事。"① 在多年实践中，许多发达国家也确实通过将绩效理念嵌入跨年度预算平衡机制的改革中，提高了财政资金的使用效率。一些新兴经济体和经济转型国家，通过中期预算框架下的预算绩效改革，减少了财政困难，规避了债务风险，提高了预算管理效率。可以说，预算绩效是一个对人民负责任的政府进行国家治理必备的重要利器，是对政府行为进行有效约束及对其履职能力进行综合考核的"试金石"。美国著名预算学者凯顿教授曾说过，"预算时代"的重要任务就是让公共预算成为约束政府财政收支行为的依据，以克服政府随意支取财政资金、挥霍公共收入的弊病②。

近年来，随着我国跨年度预算平衡机制改革的不断深入，全社会对预算绩效的关注度越来越高，2018 年，国务院颁布《关于全面实施预算绩效管理的意见》，加快建成全方位、全过程、全覆盖的预算绩效管理体系。绩效理念已经渗透到政府预算管理的各个环节中，从预算的编制、审批、执行到决算等，绩效评价贯穿整个预算流程。传统年度预算平衡机制的最大弊端是不能合理、系统地用一个中期绩效目标来考核预算的执行结果，预算绩效的考核出现短期化、碎片化问题，对跨年度资金项目的绩效无法进行有效衡量，如大型公共工程建设，需要经过几年的积淀才能显现其完整的绩效，而年度预

---

① 李忠峰. 绩效预算未来三大趋势 [N]. 问政咨询，2017-07-24.

② 马俊. 中国公共预算改革的目标选择：近期目标与远期目标 [J]. 中央财经大学学报，2005，(10)：1-6.

算绩效考核主要针对当年工程项目完成情况进行评价，没有设计与跨年度资金项目相适应的绩效指标体系，因此，年度预算平衡机制下的预算绩效总体上质量不高。近几年，我国开始实施跨年度预算平衡机制改革，财政收支平衡机制从年度平衡延长到中期（三年）动态平衡，这就为中期预算框架下预算绩效改革提供了重要的前提条件。跨年度预算平衡机制要求确定 3~5 年的中期绩效目标，通过对财政政策进行前瞻性和可持续性的预测，提前认知财政资金运行中可能存在的潜在风险，有利于更科学地开展预算绩效评价。

当然我们也应看到，跨年度预算平衡机制下的预算绩效改革作为一种制度性改革，还要密切结合一个国家的政治体制、经济发展阶段等，在借鉴西方发达国家预算绩效改革先进经验时，预算绩效涉及的诸如财权与事权的划分、绩效理念、权力问责机制等与西方国家都会有所不同。因此，现阶段预算绩效的设计与推行必须符合我国国情，就像美国堪萨斯大学著名教授何达基所说，"预算绩效应从体制的差异和改革目标的难易程度，来研究发展中国家的预算绩效问题"。预算绩效目标设计得是否科学合理，不仅会影响跨年度预算平衡机制改革的步伐，还会影响到国家治理体系和治理能力的现代化水平，如果一个国家的预算绩效改革目标设定得过高，而现行的制度保障体系无法予以有力支撑，则预算绩效改革往往会流于形式。基于目前我国的跨年度预算平衡机制改革正在推进中，财政制度及法律保障体系尚待完善，因此，现阶段，我国还不适宜推行复杂的、高标准的预算绩效改革模式。

二、我国跨年度预算平衡机制下预算绩效管理的发展历程

预算绩效考评与评价在我国的起步与发展始自 21 世纪初，此时预算绩效理念已进入我国，理论界和实务界对我国实行预算绩效的必要性和可行性问题进行了较为深入的探讨，认识到虽然我国还不具备全面实行预算绩效的条件，但是积极探索建立预算绩效评价体系、开展财政支出绩效评价、提高财政资金使用效益对我国公共财政制度构建具有重要意义，同时也具备可行性。

（一）第一阶段：我国预算绩效管理起步阶段（20 世纪 90 年代末—2002 年）

20 世纪初以来，随着公共财政理论的建立，我国逐步开始以实施预算绩效考评、建立绩效评价体系为起点，以最终实现预算绩效管理为目标的积极探索和实践，各级人民代表大会、各级政府关于预算绩效管理的政策措施不断发布，逐步形成相对完善的预算绩效管理政策体系与制度规范。

2000 年，根据财政部安排，湖北省财政厅率先进行绩效评价试点，真正意义上的预算支出绩效评价开始在我国起步。2001 年 7 月，财政部出台《中央部门项目支出预算管理试行办法》（财预〔2001〕331 号），提出将对中央

部门年度预算安排的项目实行绩效考评制度，并将项目完成情况和绩效考评结果作为以后年度审批项目立项的参考依据。这一针对中央部门项目进行绩效考评的要求，可视作我国预算绩效管理的萌芽，也意味着以绩效考评为突破口的政府预算改革正式开启。自此，中国正式拉开政府预算绩效管理改革的序幕。

（二）第二阶段：我国预算绩效管理发展阶段（2003—2014 年）

2003 年，党的十六届三中全会《关于完善社会主义市场经济体制若干问题的决定》将"建立预算绩效评价体系"确定为我国财政预算改革的核心内容。与此同时，在我国的中央层面也已开始策划绩效考评试点，并制定了一系列单项性绩效考评管理办法，如《中央级教科文部门项目绩效考评管理试行办法》（财教〔2003〕28 号）、《中央级行政经费项目支出绩效考评管理办法（试行）》（财行〔2003〕108 号）、财政部《关于开展中央政府投资项目预算绩效评价工作的指导意见》（财建〔2004〕729 号）等。

2005 年 5 月，财政部印发《中央部门预算支出绩效考评管理办法（试行）》（财预〔2005〕86 号），提出以绩效考评的内容、方法、指标、组织管理、工作程序以及结果应用为核心，开展预算支出绩效评价。虽然这一文件针对的范围有限，仅限于中央部门，但却是中国预算绩效管理改革的重要一步，是我国预算绩效评价制度体系建设的重大突破，其采取的部门试点方法也为后续开展的预算绩效管理积累了经验。

2009 年 6 月，财政部下发《财政支出绩效评价管理暂行办法》（财预〔2009〕76 号）。此暂行办法相比 2005 年的中央部门管理办法呈现三大进步：①扩大了绩效评价对象的范围，即不仅包含部门预算管理的财政性资金，还包含上级政府对下级政府的转移支付资金。②对绩效目标的内容和要求做出了详细说明，要求将绩效目标编入部门年度预算，对绩效目标的关注表明政府对于预算绩效管理应当囊括哪些环节的认识有所加深。同时，绩效目标编入部门年度预算也为后续实施全过程预算绩效管理奠定了基础。③对绩效报告和绩效评价报告的撰写提出要求，使绩效评价落实到书面，避免绩效评价陷于空对空的形式主义。同年 10 月，为在中央层面加速推进项目支出绩效评价，财政部发布《关于进一步推进中央部门预算项目支出绩效评价试点工作的通知》（财预〔2009〕390 号）。这一通知将绩效评价各方职责问题放在首位，详细规定了项目承担单位、中央主管部门和财政部各自的职责，避免了责任真空地带或互相推诿责任现象出现。同时，还提出中央部门财政项目支出绩效评价采取项目承担单位开展自评、中央主管部门组织实施评价和财政部进行重点评审相结合的方式。该通知里提出的"一上"确定绩效评价项目、事前填报绩效目标、事后进行绩效自评和绩效评价、对评价结果进行应用的评价程序一直沿用至今，目前绝大部分中央部门的绩效评价工作依然按照此程序进行。

2011 年 4 月，财政部对 2009 年下发的《财政支出绩效评价管理暂行办法》进行了修订，同时发布《财政支出绩效评价管理暂行办法》（财预〔2011〕285 号），进一步细化了绩效评价的对象和内容、绩效目标、绩效评价指标、评价标准和方法、评价组织管理和工作程序、绩效报告和绩效评价报告、评价结果及应用，修订后的办法成为我国沿用至今最为核心及重要的财政支出绩效评价指导性文件。为推动地方开展预算绩效管理工作，2011 年 7 月，财政部出台《关于推进预算绩效管理的指导意见》（财预〔2011〕416 号），首次明确提出预算绩效管理包括绩效目标管理、绩效运行跟踪监控管理、绩效评价实施管理以及绩效评价结果反馈和应用管理，据此正式确立了中国实施全过程预算绩效管理的主要内容。为引导中央部门积极主动开展预算绩效管理各项工作，2011 年财政部发布《预算绩效管理工作考核办法（试行）》（财预〔2011〕433 号），决定每年对中央部门预算绩效管理工作进行考核，并表彰先进。

2012 年，财政部印发《预算绩效管理工作规划（2012—2015 年）》（财预〔2012〕396 号），将预算绩效管理规范为"预算编制有目标、预算执行有监控、预算完成有评价、评价结果有反馈、反馈结果有应用"的全过程预算绩效管理，并将预算绩效管理的重点工作确定为：①完善预算绩效管理制度体系和预算绩效评价体系；②健全专家学者库、中介机构库和监督指导库，提供以智库为基础的智力支持；③实施绩效管理范围、重点评价、评价质量和评价结果应用四个方面的相关工作。同期，财政部还发布配套文件《县级财政支出管理绩效综合评价方案》（财预〔2013〕87 号），明确了县级财政绩效评价基本行为规范。

2013 年 4 月，为落实完善绩效评价指标体系的要求，财政部印发《预算绩效评价共性指标体系框架》（财预〔2013〕53 号），同时出台《经济建设项目资金预算绩效管理规则》（财建〔2013〕416 号），以指导绩效评价指标体系的构建和经济建设项目资金的绩效管理活动。

2014 年 3 月，财政部在《地方财政管理绩效综合评价方案》（财预〔2014〕45 号）中规定，财政部每年对 36 个省的财政管理情况进行综合评价，具体包括实施透明预算、规范预算编制、优化收支结构、盘活存量资金、加强债务管理、完善省以下财政体制、落实"约法三章"、严肃财经纪律等八个方面，评价结果作为相关转移支付分配的重要参考依据。2014 年 10 月，国务院发布《关于深化预算管理制度改革的决定》（国发〔2014〕45 号），提出

"健全预算绩效管理机制。全面推进预算绩效管理工作，强化支出责任和效率意识，逐步将绩效管理范围覆盖各级预算单位和所有财政资金，将绩效评价重点由项目支出拓展到部门整体支出和政策、制度、管理等方面，加强绩效评价结果应用，将评价结果作为调整支出结构、完善财政政策和科学安排预算的重要依据"。该决定的发布为我国预算绩效管理工作的改进指出了更为明确的方向。2014 年 8 月，第十二届全国人民代表大会常务委员会第十次会议表决通过修改《中华人民共和国预算法》（以下简称"新《预算法》"）的决定。新《预算法》首次以法律形式明确了财政预算绩效管理要求，为中国预算体制由传统预算向预算绩效转型奠定了坚实的法理基础。

（三）第三阶段：跨年度预算平衡机制下的预算绩效管理（2015 年至今）

2015 年 4 月，财政部发布《财政部关于推进中央部门中期财政规划管理的意见》（财预〔2015〕43 号），要求"从编制 2016 年预算起，对纳入中央部门预算的一般公共预算和政府性基金预算拨款收支实行中期财政规划管理"。自此，中央部门一般公共预算和政府性基金预算在填报绩效目标时，需同时填报年度绩效目标和中期绩效目标。2015 年 6 月，财政部发布《中央部门预算绩效目标管理办法》（财预〔2015〕88 号），将绩效目标分为基本支出、项目支出和部门整体支出三类，对绩效目标的设定、审核、应用做出详细规定，以促进绩效目标和预算执行、绩效评价的融合，这表明全过程预算绩效管理机制各环节不再孤立，开始相互联结。该办法是将绩效目标管理纳入全过程预算绩效管理机制后进行模块化管理的开端。同期，财政部将投资评审中心更名为预算评审中心，并于 2015 年 6 月正式发文《关于充分发挥预算评审中心职能作用　切实加强预算管理的通知》（财办预〔2015〕21 号），对财政部预算评审中心的职能和作用进行了重新界定。预算评审中心的职能作用是：①建立预算评审机制，将预算评审实质性嵌入部门预算管理流程，使预算评审成为预算编制的必要环节，提高预算编制的真实性、合理性和准确性；②全过程参与预算绩效管理，其成为绩效管理的重要组成部分，为提高财政资金使用效益服务，促进形成预算编制、执行、监管、绩效评价相互衔接、相互制约的工作机制。自财政部预算评审中心更名并转换职能后，全国各地方纷纷成立地方预算评审中心，这些机构在全面推进预算绩效管理改革中发挥了积极的促进作用，成为我国预算绩效管理改革重要的有生力量。2015 年 6 月，《财政部关于加强中央部门预算评审工作的通知》（财预〔2015〕90 号）发布，该文强调部门预算中的项目支出预算，只有通过预算评审后才能纳入年度预算范围。按照该通知的要求，中央部门应在 2016 年至 2019 年间逐步实现预算评审对项目预算的全覆盖。2015 年 9 月，财政部发布《中央对地方专项转移支付绩效目标管理暂行办法》（财预〔2015〕163号），规定中央对地方专项转移支付在填报绩效目标的同时要加强绩效目标审核，同时还制定了较为完善的绩效目标申报及审核表等规范性文本，并对中央对地方专项转移支付绩效目标的批复、调整与应用提出相应要求。

2016年7月，财政部下发《关于开展2016年度中央部门项目支出绩效目标执行监控试点工作的通知》（财办预〔2016〕85号），选择教育部、国土资源部、工业和信息化部等15个中央部门的部分项目开展项目支出绩效目标执行监控试点，以一级项目为对象，对项目绩效目标的完成程度及趋势进行监控，对绩效目标的偏离予以警示，对预计年底不能完成绩效目标的原因及拟采取的改进措施进行说明。2018年中央部门绩效目标执行监控实现全覆盖，中央部门预算事中绩效管理有了落地工具。2016年11月，为充分发挥财政部门的积极性，鼓励各地财政部门从实际出发创业，推动形成主动作为、竞相发展的良好局面，财政部发布《财政管理绩效考核与激励暂行办法》（财预〔2016〕177号），对地方财政管理工作完成情况，从预算执行进度、收入质量、盘活财政存量资金、国库库款管理、地方政府债务管理、预算公开、推进财政资金统筹使用等7个方面，结合预算管理目标进行考察，并对评价结果为优秀的予以奖励。

2017年9月，为进一步发挥绩效评价对财政专项扶贫资金使用管理的导向和激励作用，财政部和国务院扶贫办联合发布《财政专项扶贫资金绩效评价办法》（财农〔2017〕115号），开展财政专项扶贫资金绩效目标管理工作，探索经验，并结合实际逐步推进。上述文件的出台是对国务院《关于深化预算管理制度改革的决定》文件精神的积极响应，同时，也在拓展绩效管理范围，强化绩效目标管理，加强结果应用等方面发挥了积极作用，使我国全过程预算绩效管理形成了闭合链条。2017年10月，习近平总书记在党的十九大报告中指出："要加快建立现代财政制度，建立权责清晰、财力协调、区域均衡的中央和地方财政关系。建立全面规范透明、标准科学、约束有力的预算制度，全面实施绩效管理。"作为改革和发展的纲领性文件，十九大报告为我国预算绩效管理的深化改革指明了方向。

2018年7月，为落实十九大报告精神，积极推进预算绩效管理的全面实施，中央全面深化改革委员会第三次会议审议通过《关于全面实施预算绩效管理的意见》，2018年9月，《中共中央　国务院关于全面实施预算绩效管理的意见》（中发〔2018〕34号）（以下简称《意见》）正式发布。《意见》指出，应在3~5年时间内基本建成全方位、全过程、全覆盖的预算绩效管理体系，实现预算和绩效管理一体化。《意见》是中央审议通过的首个关于预算绩效管理方面的文件，体现了党中央对这项工作的高度重视以及全新要求。全面实施预算绩效管理是政府治理方式的深刻变革。要牢固树立正确的政绩观，创新预算管理方式，突出绩效导向，落实主体责任，通过全方位、全过程、全覆盖实施预算绩效管理，实现预算和绩效管理一体化，着力提高财政资源配置效率和使用效益。这对于我国预算管理改革和政府绩效管理改革具有里程碑意义。以《意见》为指导，财政部于 2018 年 11 月发布《关于贯彻落实〈中共中央　国务院关于全面实施预算绩效管理的意见〉的通知》（财预〔2018〕167 号），提出全面实施预算绩效管理的路径与总体目标，即到 2020 年底中央部门和省级层面要基本建成全方位、全过程、全覆盖的预算绩效管理体系，既要提高本级财政资源配置效率和使用效益，又要加强对下转移支付的绩效管理，防止财政资金损失浪费；到 2022 年底市县层面要基本建成全方位、全过程、全覆盖的预算绩效管理体系，做到"花钱必问效、无效必问责"，大幅提升预算管理水平和政策实施效果。同期，财政部针对政府购买行为的第三方绩效评价工作出台了《关于推进政府购买服务第三方绩效评价工作的指导意见》（财综〔2018〕42 号），并选取天津市、上海市、深圳市、江苏省、浙江省等 10 个地区开展试点。

2019 年 1 月，财政部印发《2019 年预算绩效管理重点工作任务》，围绕全方位、全过程、全覆盖实施预算绩效管理，明确了 2019—2020 年计划修订或出台的预算绩效管理制度清单。随后，《中央部门预算绩效运行监控管理暂行办法》等文件陆续出台，修订后的《中央对地方转移支付绩效管理办法》《财政支出绩效评价管理暂行办法》《预算绩效管理工作考核办法》也陆续颁发。

2020 年 4 月，为全面贯彻落实党中央关于积极财政政策要更加积极有为的指示精神，充分发挥财政职能作用，切实提高财政资金使用效益，财政部印发《关于做好 2020 年重点绩效评价工作的通知》，此次绩效评价聚焦推进改革发展、保障重点领域和加强薄弱环节等方面，围绕全面建成小康社会、打好三大攻坚战、实施乡村振兴战略等重点领域的支出开展。评价范围涵盖一般公共预算、政府性基金预算、国有资本经营预算，以及 PPP 项目、政府投资基金等投融资活动。此外，新冠肺炎疫情防控财税政策落实和资金管理使用情况也被纳入此次评价范围。

随着上述政策措施的不断完善，体制机制的不断创新，中国预算绩效管理逐步迈入改革创新的深化阶段，在政府预算、部门和单位预算、政策和项目预算等全方位，在事前、事中、事后等全过程，在一般公共预算、政府性基金预算、社会保险基金预算、国有资本经营预算等全覆盖领域，开启了更为系统、深入、全面的改革。中国预算绩效改革政策发展演变路径见表 4-1。

表 4-1 中国预算绩效改革政策发展与演变路径一览表

发布时间	文件名称	主要相关内容
2003 年 4 月	《中央级教科文部门项目绩效考评管理试行办法》（财教〔2003〕28 号）	对由中央财政预算安排的教科文部门专项资金项目的实施过程及其完成结果进行综合性考核与评价
2003 年 9 月	《中央级行政经费项目支出绩效考评管理办法（试行）》（财行〔2003〕108 号）	对中央财政预算安排的行政经费专项资金项目的实施过程及其完成结果进行综合性考核与评价
2003 年 10 月	中共中央《关于完善社会主义市场经济体制若干问题的决定》	明确提出建立预算绩效评价体系的要求，实行全口径预算管理
2004 年 10 月	财政部《中央经济建设部门部门预算绩效考评管理办法（试行）》（财建〔2014〕354 号）	财政部负责，建立科学方法，对中央预算部门运用财政资金进行综合评价
2004 年 12 月	财政部《关于开展中央政府投资项目预算绩效评价工作的指导意见》（财建〔2004〕729 号）	建立包括社会效益、财务效益在内的十个方面的中央政府投资项目预算绩效参考评价指标体系
2005 年 9 月	财政部《中央级教科文部门项目绩效考评管理办法》（财教〔2005〕149 号）	配合预算支出绩效管理意见，对纳入中央部门预算管理的教科文部门专项资金项目情况进行综合性考核与评价
2005 年 9 月	财政部《缓解县乡财政困难工作绩效评价暂行办法》（财预〔2005〕459 号）	中央对地方预算绩效管理的实践探索，目的是建立中央财政对地方缓解县乡财政困难的绩效评价制度
2006 年 9 月	国资委《中央企业综合绩效评价管理办法》（国资委令第 14 号）	规范企业综合绩效评价工作，建立综合评价指标体系
2008 年 4 月	财政部《国际金融组织贷款项目绩效评价管理暂行办法》（财际〔2008〕48 号）	建立国际金融组织贷款项目监测与评价体系，规范金融企业绩效评价工作，是我国预算绩效管理在金融业上的探索
2009 年 1 月	财政部《金融类国有及国有控股企业绩效评价暂行办法》（财金〔2009〕3 号）	
2009 年 6 月	财政部《财政支出绩效评价管理暂行办法》（财预〔2009〕76 号）	建立完整的财政支出绩效评价体系，加强财政支出管理

续表

发布时间	文件名称	主要相关内容
2009 年 10 月	财政部《关于进一步推进中央部门预算项目支出绩效评价试点工作的通知》（财预〔2009〕390 号）	部署中央部门预算项目支出绩效评价试点工作
2011 年 4 月	财政部《财政支出绩效评价管理暂行办法》（财预〔2011〕285 号）	对原来办法进行修改，建立更加科学、合理的绩效评价管理体系
2011 年 7 月	财政部《关于推进预算绩效管理的指导意见》（财预〔2011〕416 号）	提出全过程预算绩效管理，标志着我国的预算绩效改革进入新阶段
2012 年 9 月	财政部《预算绩效管理工作规划（2012—2015 年）》（财预〔2012〕396 号）	对现状和问题进行总结，指出未来我国预算绩效管理工作的总体目标、主要任务和重点工作
2013 年 4 月	财政部《预算绩效评价共性指标体系框架》（财预〔2013〕53 号）	建立项目支出、部门整体支出和财政预算绩效评价共性指标体系框架
2013 年 4 月	财政部《经济建设项目资金预算绩效管理》（财建〔2013〕165 号）	规范工作流程，制定加强经济建设项目资金预算绩效管理全过程的规则，提高预算支出绩效
2014 年 3 月	财政部《地方财政管理绩效综合评价方案》（财预〔2014〕45 号）	推动地方深化财税体制改革，制订地方财政管理绩效综合评价方案
2014 年 8 月	全国人民代表大会常务委员会关于修改《中华人民共和国预算法》的决定	以法律的形式将绩效原则作为预算管理的核心原则之一，提供预算绩效管理的法律基础
2014 年 9 月	国务院《关于深化预算管理制度改革的决定》（国发〔2014〕45 号）	按照新修《预算法》，改进预算管理，实施全面规范、公开透明的预算制度，健全预算绩效管理机制
2015 年 5 月	财政部《中央部门预算绩效目标管理办法》（财预〔2015〕88 号）	对中央部门和中央对地方专项转移支付的绩效目标的定义、设定、审核、批复、调整与应用等做了全方位的规定
2015 年 9 月	财政部《中央对地方专项转移支付绩效目标管理暂行办法》（财预〔2015〕163 号）	

续表

发布时间	文件名称	主要相关内容
2016 年 7 月	财政部《关于开展 2016 年度中央部门项目支出绩效目标执行监控试点工作》（财办预〔2016〕85 号）	部署中央部门项目支出绩效目标执行监控试点和项目绩效自评工作
2016 年 10 月	财政部《关于开展中央部门项目支出绩效自评工作的通知》（财办预〔2016〕123 号）	
2017 年 10 月	《决胜全面建成小康社会 夺取新时代中国特色社会主义伟大胜利——在中国共产党第十九次全国代表大会上的报告》	建立全面规范透明、标准科学、约束有力的预算制度，全面实施绩效管理，为推动我国预算绩效管理改革指明新方向和阶段
2018 年 3 月	中央办公厅《关于人大预算审查监督重点向支出预算和政策拓展指导意见》（中办发〔2018〕15 号）	预算监督体系改革，人大预算审查监督重点改变，向支出预算和政策拓展，加强绩效管理监督问责
2018 年 3 月	财政部《关于开展 2017 年度中央对地方专项转移支付绩效目标自评工作的通知》（财预〔2018〕29 号）	落实全面实施绩效管理部署，开展中央对地方专项转移支付绩效目标自评工作
2018 年 9 月	中共中央、国务院《关于全面实施预算绩效管理的意见》（中发〔2018〕34 号）	对全面实施预算绩效管理做出顶层设计和重大部署，标志着我国预算绩效改革进入新阶段
2018 年 11 月	财政部《关于贯彻落实〈中共中央国务院关于全面实施预算绩效管理的意见〉的通知》（财预〔2018〕167 号）	落实全面实施预算绩效管理部署，加快建成全方位、全过程、全覆盖的预算绩效管理体系
2019 年 1 月	财政部印发《2019 年预算绩效管理重点工作任务》	围绕全方位、全过程、全覆盖实施预算绩效管理
2020 年 4 月	财政部《财政部办公厅关于做好 2020 年重点绩效评价工作的通知》	绩效评价聚焦推进改革发展、保障重点领域和加强薄弱环节等方面

资料来源：参考《财政年鉴》并对相关文字进行整理

三、北京市预算绩效管理的引进与发展

北京开展预算绩效管理工作可以追溯到 2003 年，在这十余年间，北京市政府积极响应中央文件精神，不断健全规章制度，创新管理机制，取得了比

较明显的成效，并朝着更加全面、更加高效、更加高质的方向稳步前进。

（一）增强预算绩效管理的规范性及可操作性

在预算绩效管理过程中，制定标准一致、内容统一的制度规范是首要基础。为此，自 2011 年以来，北京市先后印发《关于推进本市预算绩效管理的意见》《北京市预算绩效管理办法》《北京市预算绩效管理问责办法》《北京市市级财政支出绩效评价结果应用暂行办法》等有关绩效管理的文件 10 余项，出台《北京市预算审查监督条例》等政策法规，拟定《北京市贯彻落实〈中共中央 国务院关于全面实施预算绩效管理的意见〉的实施意见》。系列文件制度的出台，对北京市构建预算绩效管理框架、增强预算绩效管理的权威性、提高预算绩效管理工作的可操作性具有重要指导意义。

（二）构建多主体联动机制，提升预算绩效管理层级

财政是国家治理的基础与重要支柱，预算绩效管理的全面推进绝不仅仅是财政部门的事，更需要党委政府、人大、政协以及各个部门的指导与配合。为此，北京市逐步构建起党委政府联动、人大和政协联动、市区两级联动、部门单位联动的全方位预算绩效管理体系。具体内容包括：一是党委政府联动，着力提升预算绩效管理层级。2011 年，北京市政府出台《关于推进本市预算绩效管理的意见》，明确提出，要按照加强政府绩效管理的要求，建立以目标为导向，以绩效评价为手段，以制度建设为保障，以改善管理、优化资源配置和提高公共服务水平为目标的预算绩效管理体系。在北京市市长陈吉宁同志的亲自批示下，北京市针对绩效成本开展了成本预算研究，市财政局也成立局级专班，加强与专业科研机构合作，带动市教委、市民政局成功完成《幼儿园运行绩效成本预算报告》和《养老机构运营绩效成本预算报告》，明确了学前教育和养老机构补贴的成本要素和支出标准，实现了国内绩效成本预算改革的破题。二是人大、政协联动，促进阳光财政建设。自 2010 年在全国率先开展"事前绩效评估"试点工作以来，北京市积极探索预算民主参与机制，主动邀请人大代表、政协委员和绩效管理专家作为"纳税人代表"，从预算管理、民主监督和行业规定等方面对项目进行评估。人大代表、政协委员和绩效管理专家的广泛参与，在规范政府理财行为，强化政府受托责任，改善预算资金使用效率，提高政府行政透明度，实现政府理财活动科学化、民主化等方面发挥了重要作用。三是市区两级联动，促进预算绩效管理协调发展。在市对区转移支付项目绩效评价工作中，北京市积极探索市区两级共同参与的工作机制，以市区财政事权和支出责任划分为基础，重点关注区域间财力协调和均衡发展，促进转移支付项目绩效评价结果有效提升。同时，积极构建市区绩效资源共享平台，实现专家库信息和资料的市区共享，促进

全市预算绩效管理水平均衡提升。四是部门单位联动，强化部门主体责任意识。通过采取人大参与、信息公开、督促整改、行政问责、宣传培训等各项措施，北京市积极推动部门对预算绩效管理工作的重视和支持，预算部门的支出责任意识和绩效意识不断增强。

（三）构建全方位、全周期预算绩效管理体系

北京市在建立绩效评估机制、强化绩效目标管理、做好绩效运行监控、开展绩效评价和加强结果应用等方面，逐步构建起覆盖预算编制、执行、监督全过程的绩效管理闭环系统。

第一，推动重心前移，大力开展事前评估管理。2010年，北京市在全国率先推出事前绩效评估模式，将重大政策及民生项目纳入事前绩效评估范围，严把入门关，防止"拍脑袋决策"，从源头上提高预算编制的科学性和精准性，助推"责任政府""阳光政府""服务型政府"建设。2018年，北京市继续加大事前绩效评估力度，对所有新增政策和新增事业发展类项目全部开展事前评估，评估结果作为项目（政策）入库和预算安排的必备要件。同时，不断创新事前绩效评估方式方法，建立财政支出项目（政策）随时申报、随时评估、随时入库工作机制。财政部门通过事前绩效评估，充分论证项目实施的可行性和必要性，合理评判财政资金投入的预期效果，有效摒除无预期绩效的资金和项目，实现绩效管理关口前移。2010—2018年，北京市先后对346项政策（项目）、710亿元资金开展事前绩效评估，评估不予支持政策（项目）34项、不予支持资金62亿元，人大代表、政协委员和行业专家参与事前绩效评估2 200多人次，基本形成"格局全方位、部门全覆盖、内容全过程、制度有创新"的事前绩效评估发展势态。

第二，加强绩效目标管理，增强预算绩效意识。一是强化绩效目标填报责任，按照"谁申请资金，谁设定目标"的原则，预算部门及其所属单位对绩效目标的填报负责，并将绩效责任明确到人；二是强化绩效目标的审核责任，按照"谁分配资金，谁审核目标"的原则，建立预算部门和财政部门两级审核机制，确保绩效目标填报的准确性和完整性；三是预算单位绩效意识明显增强。随着北京市全方位预算绩效管理工作的不断深入，部门绩效管理意识明显增强。

第三，强化全过程管理，不断加大事中跟踪力度。事中绩效跟踪是加强绩效目标管理、强化预算执行的重要手段。北京市主要采取部门自行监控和财政跟踪相结合的形式进行管理，在充分发挥部门自身能动性的同时，财政部门通过选取事前评估的项目开展事中绩效跟踪，结合跟踪发现的问题，积极开展对预算部门强化项目监管职责的指导，强化事前绩效评估建议落实，

促进部门绩效管理意识不断提高。

第四，促进提质扩围，持续深化绩效评价工作。绩效评价是预算绩效管理的核心，通过绩效评价，反映资金使用部门、单位的资金绩效和主要问题。北京市财政评价的主要特点有：一是"广覆盖"，开展财政支出、市对区专项转移支付、基金支出、国有资本预算支出、债券支出、部门大额资金支出等财政支出绩效评价。二是"闯新路"，不断探索新的评价模式，优化评价工作程序，研究建立基金、国资预算、债券项目评价指标体系。三是"转方式"，通过"一事一议，一项一文"，提高绩效评价结果应用的可操作性。所谓"一事一议"，是指每一个项目、每一个事项均由处长、主管副处长、专管员一起审议，以保证每个项目的每个问题都能够核准落实；"一项一文"是指一个项目起一个正式发文，并在市财政局内网进行公开。另外，还规定了整改期限，要求部门、单位限期落实整改建议，提出整改措施，切实保证结果运用的有效性。

第五，建立考核机制，强化评价结果应用。一是将预算绩效管理纳入政府绩效考核与奖惩体系。北京市按照"三效一创"（履职效率、管理效能、服务效果以及创新创优）设定政府绩效考核指标体系，预算绩效管理工作作为重要评分指标和扣分依据，直接影响部门和区县绩效考核奖惩。二是开展预算管理综合考核，对市级预算部门预算编制、执行和监督环节开展综合性考核，包括预算编制执行、国库集中支付、政府采购、绩效管理、财政监督和预算评审等业务内容，考核结果作为以后年度安排预算、加强和改进财政管理工作的重要依据。三是细化预算绩效问责制度，明确预算绩效管理责任主体、绩效问责的情形和方式、绩效问责程序等内容，对事前、事中、事后的绩效责任做出明确界定，并将责任延伸至基层单位和资金使用终端。

（四）探索绩效成本预算管理

北京市积极探索绩效成本预算管理，在学前教育、养老机构运行补贴、水电气热补贴、公交地铁补贴、商业流通、平原造林等领域，有序推进绩效成本预算改革试点，确定了以部门职责—保障范围—行业标准—投入成本—工作数量—施政结果—绩效考核为闭环的成本分析预算绩效工作思路，建立了以质量、成本、效益为核心内容的指标体系，着力推动预算安排核成本、资金使用依规范、综合考评讲绩效的新型绩效成本预算体系构建。目前，北京市已完成学前教育和养老机构运营补贴两个试点的绩效成本预算报告，在核算成本、分析效益、精准预算、创新方式和转换观念等方面取得了突破性进展，为推动全面规范、标准科学、约束有力的预算绩效管理体系构建提供了有力支撑。学前教育、养老机构运行补贴，水电气热补贴，公交地铁补贴等方面的成本分析结果已应用于 2019 年的预算编制。

北京市财政局依据财政部下发的《关于推进预算绩效管理的指导意见》（财预〔2011〕416 号）精神，逐步完善北京市开展预算绩效管理的制度框架，构建全过程预算管理工作机制。北京市财政局于 2011 年先后出台了"一个意见、两个办法"，2012 年修订了"一个办法"，制定了"一个方案、一个办法、两个操作规范"，2013 年制定了"一个办法、一个实施细则、两个操作规范"。至此，北京市预算绩效管理的制度框架体系初步搭建完成，同时不同的操作规范明确了预算绩效管理的具体工作环节、具体工作参与者应遵循的操作规则。

四、预算绩效管理面临的问题与挑战

党的十九大报告提出"建立全面规范透明、标准科学、约束有力的预算制度，全面实施绩效管理"的重要论述。中共中央、国务院《关于全面实施预算绩效管理的意见》标志着预算绩效管理新时代的到来。但长期以来，我国预算绩效的理念尚未真正树立，预算管理过多注重财政资金的分配，侧重于财政资金使用的经济性、效率性和效益性，只管花钱、不问效果，资金使用效率低下，资金浪费状况时常被忽视，在财政资金"用于做正确的事情、财政资金被正确的使用"方面存在的问题较大。一些部门对于什么是绩效管理，绩效管理的核心是什么，至今依然语焉不详。这些部门对绩效评价核心概念认识不清晰，重评价过程，轻评价结果，致使评价结论的实际应用效力下降。在实际工作中，预算绩效管理的基础工作还不够扎实，存在的问题直接影响到了预算绩效管理工作的深入开展，在一定程度上削弱了预算绩效管理的有效性。预算绩效管理面临的问题表现如下。

（一）预算绩效核心理念还未深入人心

从 2003 年中央提出要"建立预算绩效评价体系"，开始推行改革试点，经过十多年的改革与完善，我国各级政府对预算绩效已广泛认同。但随着预算绩效改革的深入，我国各级政府对如何将绩效理念融入政府治理体系的认识还不够深入。从 OECD 国家的经验来看，规范的预算绩效需要具备几个基本条件，如预算公开透明、预算法治化、具备预算信息分析处理能力、严守财经纪律以及拥有支持环境等。从目前来看，我国尚未完全具备这些基础条件，实现真正意义上的预算绩效与中期预算的衔接仍任重而道远。同时，预算绩效作为现代政府治理体系的核心内容与基础，与现代政府治理之间具有共容性和协同性关系，直接决定着政府治理能力的现代化水平。就像希克

（1990）指出的那样，"毫不夸张地说，一个国家的治理能力及水平很大程度上取决于它的预算能力"①。

现代预算绩效强调以"结果"为导向，关注的侧重点已从"产出"转为更关注成果及影响，这就使预算资金的分配不仅与公共需求紧密相连，也与政治家偏好、政府受托责任密切结合。实践证明，以"结果"为导向的绩效理念在政府治理层面尚未落实到位，仍然存在一些难以解决的问题。其原因在于，我国在借鉴国外预算绩效改革成功经验时，只过多侧重预算绩效之"形"，而未深刻领会预算绩效之"神"，西方预算绩效引入中国仍会出现一些"水土不服"的现象。

绩效目标是建设项目库、编制部门预算、实施绩效监控、开展绩效评价的重要基础和依据，也是绩效管理最为核心的指标。但对于绩效目标的设定，一些部门的理解和认识并不够清晰。在长期的绩效考评实践中常常可以发现，绩效目标的设定相对完整和准确的极为少见，很多部门都将其视同于宏观战略目标，往往以国家、各地区或行业的总体规划取而代之，致使这一对于预算绩效管理最为重要、具有全面统筹及指导意义的关键性指标形同虚设。制定这样的绩效目标看似没什么问题，但实质上不论是对年度预算来说，还是对于三年滚动预算来说，都后患无穷。正是因为绩效目标制定得不明确、不清晰，才导致预算项目内容不匹配、实施方案不科学、管控措施不严格、资金安排不合理，它会使得当对三年滚动预算项目进行年度及中期评审，以查看项目的实施是否与预期目标相一致、各项活动的优先顺序安排是不是合理、预算资金的配置是不是匹配、项目能不能实现预期效果，项目是继续实施还是进行调整甚至是中止时，都缺乏科学合理的比对依据和判断标准。正是因为目前跨年度预算平衡机制实施的绩效目标不明确，年度及中期评审将很难得出科学合理的结论，也使据此得出的对三年滚动预算项目能否继续实施的判断，在其准确性上受到较为严重的影响。

（二）预算绩效制度保障体系有待完善

2015年实施的新《预算法》虽然以法律形式明确规定了"勤俭节约、讲求绩效"的相关要求，为跨年度预算平衡机制下预算绩效改革提供了法律依据。但由于目前新《预算法》的实施条例尚未出台，《预算监督条例》和《政府审计条例》还未全面修订完善，所以预算绩效的一些具体指导性、操作性规程还不明晰，制度安排与落地执行之间还存在一定差距，如何在跨年度预算平衡机制下落实预算绩效改革在法律体系中仍处于探索阶段。另外，我国各级人民代表大会理应是监督中期预算执行的权力机关，但在现有财政监

---

① SCHICK A. Capacity to budget [M]. Washington：The Urban Institute Press，1990.

督制度下，由于预算信息还不够全面，人民代表大会主要侧重于对政府总预算及重大项目预算执行进行审议、监督，而对具体到部门单位的预算执行尚难以监督到位。目前，预算绩效虽然纳入各级政府三年滚动预算分年度目标责任考核，但绩效结果应用及问责机制还存在缺陷，与打造高效、透明及负责任政府目标还有一段距离，预算绩效推进工作由于法律制度建设支撑不足而面临较大的改革阻力。

我国与发达国家预算绩效保障体系相比还存在较大差距，西方国家非常重视预算绩效法律制度建设。例如，美国、澳大利亚等国家财政部门在中期预算评估中发挥了重要的监督和指导作用，而且大都在财政部门设有专门的预算绩效评估机构。我国尚未真正将政府工作人员道德纳入立法范畴。而从国际范围来看，不少国家早就将政府工作人员的道德规范纳入了绩效考核立法轨道，美国还成立了国家绩效评审委员会（NPR），并制定了《政府绩效与成果法案》《行政官员道德纲要》《政府道德法》；澳大利亚出台了《预算诚实宪章》和《财政管理及问责法案》；日本颁布了《国家公共事业道德法》；加拿大颁发了《公务员利益冲突与离职后行为法》；意大利出台了《国家公务员道德法典》；等等。这些都为预算绩效制度的建立提供了强有力的法律支持。预算绩效作为一种绩效评估工具本应没有国别差异，但我国现阶段预算绩效施行的法律法规体系还不够健全，预算绩效过多侧重于形式上的照搬，在支出领域还存在自由裁量权行使过度、"形象工程"屡禁不止等问题，这些都是缺乏依法行政在预算绩效改革中的突出表现。

（三）预算绩效评价范围有待扩大

财政部颁布的《预算绩效的管理工作规划》明确要求，要逐年扩大绩效目标管理范围，不断增加编报绩效目标的项目和部门。目前，中央和大多数省本级一般公共预算中的项目支出已实施了绩效评估，但地方层面的市、县及乡三级还尚未实行，约80%的一般公共预算支出发生在市、县、乡三级预算上①，这就使预算绩效很难发挥其约束有力的功效。此外，目前预算绩效内容还不够宽泛，模式还比较单一，绩效评价过于注重项目的自身评价，而忽视了外部因素对预算绩效评价结果的影响。预算绩效管理的范围没有真正做到"横向到边，纵向到底"②，还不能确保预算绩效管理延伸到公共部门的各个角落，没有真正做到"双联动、多层次、全覆盖"。现代预算绩效管理要求将绩效覆盖到全口径预算中的各类政府性资金，即用全过程绩效来推动全口径预算的规范管理，但当前我国全口径预算绩效评价的覆盖面更多侧重于公

①　白景明. 全面实施预算绩效管理须实现四大突破［N］. 中国经济时报，2018-02-01.
②　王泽彩. 预算绩效管理改革向纵深推进［N］. 经济参考报，2018-01-08.

共预算资金的绩效考核，对政府性基金、国有资本经营预算和社会保险基金"三本预算"的绩效考核还没有纳入进来。这"三本预算"支出占全部政府预算支出的比重达 40%左右①，而且都是关系到政府宏观调控和民生保障的投入，这些支出未纳入绩效管理，在一定程度上会影响这些资金使用的安全性与使用效率。

在跨年度预算平衡机制下，如何设计跨年度预算绩效指标评价体系目前还是一个亟待解决的问题。预算绩效指标评价体系分为共性和个性两种，共性指标作为各级财政部门和预算部门开展绩效评价工作时的参考，允许地方自行设计个性绩效评价指标，但真正能体现项目效果的个性指标，在标准设计上还存在一定难度，评价内容不够全面，难以满足不同层面和不同性质的绩效评价需求。为设立一套有利于共性考核的绩效指标评价体系，财政部早在 2013 年就颁布了一套衡量预算绩效的共性考核工具，包括针对政府预算、部门整体支出以及项目支出等三个层级的预算指标评价体系。这套共性预算绩效指标体系从财政资金的投入、运用、产出及效果四个环节进行绩效考核，尤其是社会关注的热点，如民生支出占比、预决算公开透明度、负债率、财政收入规模等都在考核范围之内。实践证明，这种指标设计方式还存在一些问题：一是评价指标体系相对宏观，细化不够、刚性较差、可操作性不强，并未从工作完成的数量、进度、效率及质量等方面明确设定量化标准；二是绩效评价指标缺乏科学的论证，数据支撑依据不足，没按阶段性效果和实施步骤设定阶段性目标；三是缺乏科学的分门别类的支出项目指标评价体系，如对固定资产、无形资产、流动资产等投资项目缺乏具体的评价指标体系，绩效评价过程缺乏统一的衡量标准，无法合理评估项目的近期及长期效益，绩效考核易受人为因素影响；四是预算绩效组织程序、评价方法缺乏统一口径。因此，建立更加完善的中期预算绩效评价体系是政府部门的当务之急。

（四）绩效评价依据不够充分

从发达国家多年实践来看，预算绩效评价结果的应用仍是一个世界性难题，它受各国行政管理体制、预算决策机制等多种因素的影响。虽然我国正在努力推进预算绩效改革，但目前并未做到将预算绩效评价结果作为编制下一年度预算、优化财政支出结构及完善财政政策的重要依据。现阶段，各级政府预算编制还主要采用按政府部门职能来安排预算的模式，预算绩效评价结果并没有真正做到与预算挂钩，很大程度上还采用"基数法"拨款方式。下一年度预算拨款额大小并不取决于完成了哪些工作，获得了多少绩效，也不依照绩效优劣来进行拨款，这就使得用绩效评估结果来考核政府受托责任

---

① 根据《2017 年预算执行情况和 2018 年预算草案》计算而得。

履行情况缺少落实的依据。我国目前预算绩效评价主要采取内部评价和外部评价两种，这两种绩效评价方式或多或少也存在一些问题。内部绩效评价主要由预算部门单位自评，这种方式缺少独立性，易受领导层面等人为因素干扰，还没能做到规范化、制度化和常态化。绩效内部评价一般都是总结经验多、查找问题少，自评分数一般较高，不利于部门单位及时改进实际工作中存在的问题。外部绩效评价主要是由社会中介机构进行，根据对社会中介执业质量的抽查结果可以发现，这些社会中介机构执业水平参差不齐，所掌握的财政法律法规不系统、不全面，使绩效评审发现问题的能力受到限制。此外，现阶段预算绩效评价相关激励机制还不够健全，预算单位在预算绩效管理中的积极性未能得到充分发挥，还没有从"要我有绩效"向"我要有绩效"转变，绩效评价结果的客观性、真实性得不到评价对象的认同；同时，绩效评估因缺少公众的参与而很难被社会公众接受。

在跨年度预算平衡机制下，绩效评价的关注点应在于查看项目实施情况，给出预算可否继续实施的结论，因此，对于财政资金使用效果的评判是最为关键的。对效果的评价通常从可预期的社会效益、经济效益、环境效益及公众满意度指标等方面进行。由于财政资金使用一般不以经济效益为目的，还有很多资金并不具有环境效益，因此，对于大部分财政资金来讲，对其使用效果的评价主要利用社会效益及服务对象的满意度等指标来进行。但问题是，社会效益不像经济效益可以通过一些经济指标来进行量化和度量。社会效益比较宏观和抽象，一般通过定性的方法来进行描述，很难通过定量指标来进行测量和评估，而且，社会效益需要相当长一段时期才能逐步显现，因此想要对其进行实时评价就会变得较为困难。同样，对服务对象满意度指标进行测量也会因样本数据的采集、测量成本的限制及评估时限的要求等而面临诸多问题。鉴于上述问题的存在，评估者往往会避重就轻，将绩效评价的重心放在难度小、易开展的领域，即对项目实施过程的评价上。对项目实施过程评价主要集中于对财政资金投入是否规范、是否及时到位、管理制度是否健全等方面，导致绩效评估的各方都更加关注预算执行的过程，而不是预算执行的效果，使绩效评估变成对财政资金使用及管理的再次审计，从而偏离了开展预算绩效评价的主要方向。而对预算绩效评判最为重要的、在评价框架体系中权重最高的实施效果部分，评价依据不够充分有力，评价结论不够科学准确，评价结果可操作性不强。这样的一个评估结果对于三年滚动预算绩效来说，能够起到的作用也会大打折扣。因此，开发一套较为完善、全面、准确、适用性强的滚动绩效管理评价指标体系，也是当务之急。

（五）绩效评价结论实际应用效力不强

绩效评价的目的是通过对财政资金使用决策、管理过程及资金使用结果进行全方位评判，进一步发现问题并督促改进，从而完善宏观决策，提高财政资金使用效率。目前，各级政府、各个部门都依照规定开展了绩效评价工作，但对于绩效评价结果的运用情况却不够理性。开展绩效评价是希望通过一定的科学方法和标准，考察政府部门为实现其职能所确定绩效目标的实现程度，以及为实现这一目标所安排的预算资金的执行效果。由此，开展预算绩效评价本身并不是目的，借此考察政府部门绩效目标的实现程度及预算执行效果如何，从评价结果中发现预算资金决策及使用中存在的问题，并深入分析问题产生的原因，同时将结果评价信息反馈给政府有关部门，促进政府部门进一步改进预算决策，优化预算安排并加强政府施政责任，才是开展绩效评价的最终目的。如果仅将绩效评价视为一项不得不完成的硬性任务，评价的目的仅仅只是得出一个结论与评价分数，给参与评价的部门单位排排队，那么，绩效评价的意义和价值都不大，最终只会使绩效评价工作成为一项劳民伤财的形象工程。

当前，在一些地区和部门开展的绩效评价的实践中，"形式主义"的评价方法与模式仍旧屡见不鲜，各部门单位对评价实施过程的重视已经远远超过了对评价结果应用的重视。经过专家及第三方评价机构得出的评价结论往往被打印成文件后便束之高阁，很少根据绩效评价结果而积极修正自身行为，更很少看到部门和领导因绩效评价结果不佳而被处罚或被问责，枉费了大量人力、物力及时间。在当前的绩效评价中常常会发现，往年评价中被多次提及的问题，在后续年度中依然反复出现。因此，如何让预算绩效评价结果在三年滚动预算中真正发挥作用，即不仅能够发现问题、给出结论，还能够起到督促警示和改进的作用，而不仅仅停留在书面阶段，是在跨年度预算平衡机制实施中需要高度关注的问题。

（六）绩效评价过程缺乏对第三方评价机构的严格管控

在预算绩效实施比较成熟的国家，民间第三方绩效评价机构已成为预算绩效评价中的重要力量，已逐步形成十分有效的监督制衡机制。所谓第三方评价机构，是指与评价主体、管理部门等当事人没有直接利益关系的"第三方"。第三方绩效评价机构以其专业性、独立性、契约性以及对评价主体做出的独立的、公正的、客观的评价，在提供财政支出绩效评价的服务中已发挥越来越重要的作用。但在我国，第三方评价机制还有待健全，较为全面、权威的政府部门购买第三方绩效评价服务的相关法律法规尚未出台。在现行制度规定还不够严密的情况下引入第三方评估机构，就有可能为某些部门、机构及个人谋取利益开辟寻租渠道，并且由于打着第三方绩效评价的招牌，其寻租行为有更大的隐蔽性和迷惑性。有的地方能够经常性地参与到绩效评价中的第三方机构不多，而其中资金数额大、佣金高的项目更是为少数几个第三方机构所垄断。

这样的第三方绩效评价机制破坏了市场公平、正义，使政府的公平公允性与信誉同时受损，也影响了绩效评价结果的客观公正。一旦管理部门拥有决定第三方评价机构能否参与绩效评价的绝对权力，且对绩效评价结果的影响是非正常的，那么管理部门对第三方评价主体的好恶往往就成为评价的主要尺度与标准，而第三方评价机构也将丧失自身的最大优势，即独立性、公正性及客观性，成为粉饰政绩的工具。例如，有的地方花费数百亿元资金实施的庞大工程，违法违规问题层出不穷，经济性、效率性均显不足，引起了社会的不满与强烈质疑，在政府审计中也暴露出许多严重问题，但是项目的第三方评价机构给出的绩效评价结论却是良好。可以看出，没有健全的对第三方评价机构进行管理、约束与激励的机制，即使是请第三方机构参与绩效评估，绩效评价结论的准确性与科学性也缺乏可信度。因此，要保障绩效评价结果的客观公正，充分发挥其对滚动预算绩效管理的推动作用，必须要对绩效评价过程中政府管理部门及第三方机构加强管控，不仅要建立严密的招投标等竞争机制，从制度层面进行强化，还应完善绩效评价中对于评价专家的管理，加强专家即纳税人代表对管理部门及第三方的监督与制约。

五、预算绩效改革的新思路

近年来，我国预算绩效在制度建设、组织程序、评价方法以及覆盖面等方面都取得了不少突破。2017 年，财政部首次组织中央部门对预算执行结果进行绩效自评，所有中央部门项目的支出绩效目标已实现全覆盖，这在当前我国预算绩效改革道路上迈出了坚实的一步。与此同时，这也说明我国预算绩效改革正在提速推进，力争将绩效管理更深入地融进预算的全过程，不断健全绩效评价和绩效目标标准化的管理机制。但也应看到，在中期预算框架下预算绩效管理仍处于探索阶段，还需要从以下几方面完善预算绩效管理改革。

（一）树立中期预算全程绩效的理念

要将绩效理念贯穿到预算编制、执行、决算、评估的全过程，通过强化对部门单位的考核力度，提高其对预算绩效的重视程度，树立起"花钱必问效，无效必问责"的绩效管理理念，在全社会培育约束有力的绩效管理文化。预算绩效改革还要与跨年度预算平衡机制、政府财务报告制度等改革有机衔接，逐步建立公开透明的现代预算制度。中期预算改革已为预算绩效框定了一个中期规划的框架，通过中期预算框架可以实现跨年度绩效考核收支执行情况的预期，通过支出限额可以将财政资金优先安排到效率最高的民生项目上。各级政府要大力倡导预算绩效管理理念，承担起推进预算绩效管理的领导职责，由于绩效文化的培养需要相当长时间，在预算绩效改革推进的过程中，必须建立有效的奖惩机制，让绩效评估由以前的下级被动应付、盲目接受转变为自觉行动。奖惩机制的确立最终要落实好财政问责制，预算绩效的顺利推进需要构建有效的绩效责任框架。从国际实践看，凡是那些预算绩效实施比较成功的国家，绩效责任的落实都非常到位。

（二）完善预算绩效指标体系，提高绩效评价质量

我国目前跨年度预算平衡机制下的预算绩效评价体系正处于探索创新阶段，绩效指标评估体系和支持平台本身就是一个复杂的综合系统。绩效评估过程中信息收集、分析、评价的工作量相当大，需要辅之以大数据、云计算等技术的强力支撑。为了降低预算绩效的评价成本，减少预算绩效工作量，提高绩效评价质量，需要搭建一个各类数据可以综合应用的信息平台，财政机构、主管部门、第三方评价机构及评审专家等都可以在这个平台上按规定程序操作，这个以绩效为核心的平台开发及运作需要与现有部门预算信息系统、软件相兼容，还要能够根据预算项目的特点随时补充新的信息。

跨年度预算平衡机制下预算绩效指标评估体系的完善，直接影响到预算绩效评价的质量。构建三年滚动预算下的绩效指标体系框架，要依据财政部已发布的共性指标，结合近几年预算绩效评价的实践，参照不同地区具体绩效评价对象的个性特点，进一步优化各地个性化绩效指标。目前，财政部已会同有关部门围绕项目的投入、管理、产出及效果四方面设计绩效评价方案，并建立了包括数量、质量、成本、效益、服务对象满意度、可持续影响等9个维度的绩效评价指标体系。接下来，还应结合各部门、行业特点，科学确定各评价指标权重，同一行业、同一部门逐步建立统一的绩效评价标准，使部门之间同一类评估对象的评价标准逐步达到一致性及可比性，切实提高绩效评价的质量和可信度。

（三）加强预算绩效法律制度建设

我国目前预算绩效改革还处于尝试阶段，要做的工作很多，一是要尽快出台《预算法实施条例》。进一步明确和细化预算绩效制度的相关内容，还应及时修订《预算监督条例》《政府审计条例》等，增加预算绩效改革的制度保障。二是提高预算透明度。上海财经大学公共政策研究中心公布的《2017年中国预算透明度报告》显示，省级财政透明度的平均分从2009年的21.71分提高到2017年的48.28分①，虽然取得了不小的进步，但平均分仍处于不

---

① 李愿.2017年省级财政透明度报告 [N]. 经济观察报，2017-11-26.

及格水平，说明预算还不能做到公开透明，因此提高预算透明度是预算绩效改革迫切需要解决的问题。三是提高预算信息分析能力。应进一步提高支出部门和财政机构预算信息收集及分析能力，对一定规模以上项目预算的绩效评价，要强化跟踪问效机制，加强部门的财经纪律观念。四是进一步完善预算权力结构机制。由于预算既是经济问题又是政治问题，仅凭技术导向的预算改革并不完全符合中国国情。预算绩效改革的深入开展还要求理顺现有的预算权力结构，如理顺政府、人民代表大会、党委及社会公众在预算过程中的角色关系，力争做到各司其职，既不"越位"也不"缺位"，预算权力结构不合理不能成为预算绩效改革的桎梏。

（四）扩大预算绩效评估范围及结果应用

预算绩效评价结果的应用是最终落脚点，也是深化预算绩效改革的必然要求。2018年，时任财政部部长肖捷提出，要全面实施预算绩效管理，绩效目标的执行监控范围要逐步扩大。预算绩效一开始是从项目绩效评估开始的，再提高一个层次是对各部门整体支出进行绩效评估，如果再提高一个层次，就是对地方政府的支出绩效进行整体评估。随着预算绩效改革的深入，预算绩效管理的范围将覆盖到所有财政资金，预算绩效评价的重点也将由项目支出扩展到部门的整体支出，要按照先易后难的原则，最终实现绩效评估范围内专项资金、部门整体支出及所有财政资金的全覆盖。李克强总理在2018年《政府工作报告》中指出，要坚持以人民为中心的思想，提升政府执行力，进一步用好绩效管理制度。随着中期预算改革的不断深入，应进一步将绩效评价结果作为编制三年滚动预算、调整支出结构及优化资源配置的依据，尽快建立绩效评价结果的信息报告机制，有效提升政府行政效率及公信力。

总之，预算绩效不仅要涵盖预算的编制、执行、决算及监督等全过程，还要延伸至整个政府治理过程。预算绩效改革应与整体财税改革良性互动，进一步推动建立公开透明的现代财政制度。预算绩效要与中期预算改革、政府财务报告制度改革及财政转移支付制度改革等有机衔接，并辅之以大数据、信息化等现代理念和技术的强力支撑，不断提升预算绩效管理的科学规范化程度，从而有效提升政府治理水平。

第五章　北京市实施跨年度预算平衡机制的现状及存在的问题

第一节　北京市跨年度预算平衡机制实施现状

一、北京市一般公共预算收支现状

现阶段，北京市围绕落实首都城市总体规划这一要求，继续实施跨年度预算平衡机制，聚焦规划期内的重大改革、重要政策及重大项目，编制三年滚动项目预算并实施年度间的动态调整，研究未来三年重大改革和政策事项以及分年度资金安排和预期绩效，结合中长规划期内经济社会发展目标和跨年度预算平衡需要等，对未来三年滚动预算进行修改完善，形成三年滚动预算草案。

2020 年，北京市财政收支运行的不确定影响因素仍然较多、收支矛盾依然十分突出。从财政收入看，2020 年北京市财政收入为"零增长"，减税降费预计拉低北京市全年财政收入超过 13 个百分点，北京市财政面临赤字规模扩大、债务负担率上升的财政风险。受新冠肺炎疫情影响，经济下行压力不断加大，增加了北京市财政收入运行的不确定性；从财政支出形势看，支持"四个中心"功能建设、实现京津冀协同发展、保障改善民生等各领域对财政资金需求很大。2020 年北京市一般公共预算收支安排为：全市一般公共预算收入预期 5 817.1 亿元，收入规模与上年持平；加中央返还及补助、地方上年专项政策性结转使用、调入预算稳定调节基金、可划入一般公共预算的其他预算资金等收入 1 533.7 亿元，收入合计 7 350.8 亿元。一般公共预算支出 7 031.0 亿元，支出规模与上年持平，加上解中央、地方政府债券还本等支出 319.8 亿元，支出合计 7 350.8 亿元。全市一般公共预算收支平衡。

2020 年，北京市财政将政府过"紧日子"的管理思路和成本绩效管理理念贯穿于预算管理全过程，主要采取以下措施：一是完善重大项目决策机制，落实市委市政府决策部署。围绕政府职能定位，梳理应由市政府保障的事项，建立重点支出和重大投资项目清单，按要求提交市人民代表大会审查，确保将市委市政府重大部署和决策意图落到实处。二是处理好政府与市场的关系，完善政府投入方式和标准。强化各预算单位主体责任，加强各领域政府投入责任的分析论证，在部门预算编制过程中，积极邀请人大代表及市人大相关专门委员会参与论证，合理确定政府投入的范围、方式和保障标准。三是改变预算编制方式，大力推行"零基预算"理念。打破原有支出固化格局，按照"四保一压一促"（保工资、保运转、保民生、保重点，压一般性支出，促高质量发展）的预算编制原则，结合财力水平，将项目按轻重缓急和成熟度排序，优先保障重点项目。四是优化支出结构，提高财政保障能力。压减一般性支出和非重点项目支出，聚焦财力优先保障"四个中心"建设、三大攻坚战、京津冀协同发展、民生保障等领域支出。比照财政部2020年最新要求，按照3%的比例压减各部门一般性支出，按10%的幅度压减部门非重点项目支出；清理整合转移支付资金，建立根据绩效评价结果动态调整市对区转移支付事项和资金规模的工作机制。五是从严控制资产购置更新。盘活存量资产，原则上两年内不再提高行政事业单位日常办公设备配置标准。六是继续深化成本控制，持续推进绩效体系建设。将2019年试点的29项全成本预算绩效分析结果，全部应用于2020年预算编制中。2020年继续在公用事业、转移支付、行政运行等领域推进成本控制，不断拓展全成本预算绩效管理范围。进一步加大事前评估结果运用，凡是事前评估不通过的项目不予安排预算，并将预算额度从预算单位收回财政部门。建立全流程绩效监控体系，促进预算管理与绩效管理深度融合。

2020年，北京市财政部门会同各部门研究编制三年滚动预算，对未来几年重大财政收支情况进行分析预测，对规划期内一些重大改革、重要政策和重大项目，确定政策目标、运行机制和评价方法。强化三年滚动预算对年度预算的约束，一般公共预算执行中如出现超收，就用于冲减赤字或补充预算稳定调节基金；如出现短收，就通过调入预算稳定调节基金或其他预算资金、削减支出来实现平衡。如采取上述措施后仍不能实现平衡，就需要市政府报市人民代表大会或市人民代表大会常务委员会批准后增列赤字，并报财政部备案，在下一年度预算中予以弥补。

二、北京市2016—2020年财政收支总体预测

表5-1显示了北京市"十三五"时期，在跨年度预算平衡机制下财政收支总体预测指标；表5-2显示了北京市2016—2020年公共财政发展任务预测分解指标；表5-3显示了北京市2016—2020年一般公共预算收支预测任务指标。

表 5-1　北京市"十三五"时期财政收支总体预测指标

项目	"十二五"时期		"十三五"时期	
	规模（亿元）	年均增速（%）	规模（亿元）	年均增速（%）
一、一般公共预算				
一般公共预算收入	18 733.4	14.9	28 644.0	6.5
一般公共预算支出	21 380.3	16.2	32 690.0	4.5
二、政府性基金预算				
政府性基金预算收入	9 544.0	13.9	5 676.1	-10.9
政府性基金预算支出	9 057.0	15.7	5 824.0	-13.7
三、社会保险基金预算				
社会保险基金预算收入	9 203.0	21.7	17 077.2	1.6
社会保险基金预算支出	7 606.5	17.7	14 330.2	2.8
四、国有资本经营预算				
国有资本经营预算收入	322.5	5.9	276.6	-0.5
国有资本经营预算支出	322.5	5.9	276.6	-0.5

表 5-2　北京市 2016—2020 年预测分解指标　　　　单位：亿元

项目	总体指标	年度分解指标				
		2016 年	2017 年	2018 年	2019 年	2020 年
一般公共预算规模						
一般公共预算收入	28 644.0	5 031.0	5 358.0	5 706.0	6 077.0	6 472.0
一般公共预算支出	32 690.0	6 089.0	6 217.0	6 386.0	6 820.0	7 178.0
政府性基金预算规模						
政府性基金预算收入	5 676.1	1 223.6	1 506.0	1 025.9	959.9	960.7
政府性基金预算支出	5 824.0	1 373.5	1 505.2	1 025.4	959.5	960.4
社会保险基金预算规模						
社会保险基金预算收入	17 077.2	3 274.4	3 265.9	3 512.3	3 512.3	3 512.3
社会保险基金预算支出	14 330.2	2 630.3	2 691.2	3 002.9	3 002.9	3 002.9
国有资本经营预算规模						
国有资本经营预算收入	276.6	54.1	52.7	54.6	56.6	58.7
国有资本经营预算支出	276.6	54.1	52.7	54.6	56.6	58.7
上缴一般公共预算比重（%）	30	19	21	24	27	30

表 5-3　北京市 2016—2020 年一般公共预算收支预测任务指标

单位：亿元

项目		总体指标	年度分解指标				
			2016 年	2017 年	2018 年	2019 年	2020 年
一般公共预算收入		28 644	5 031	5 358	5 706	6 077	6 472
按收入形式划分	税收收入	25 854	4 541	4 836	5 150	5 485	5 842
	非税收入	2 790	490	522	556	592	630
一般公共预算支出		32 690	6 089	6 217	6 386	6 820	7 178

"十三五"时期，北京市本着统筹、绩效、规范、优化、节约和透明的原则，做好 2018—2020 年三年滚动预算：一是突出全面统筹。进一步调整和优化财政支出结构，保障开展全市重点工作，全力保障民生重点支出。二是突出预算绩效。继续推进预算绩效管理逐步覆盖到所有财政资金，加强财政支出政策事前绩效评估，强化支出政策对部门预算安排的约束作用。三是突出科学规范。进一步明确财政部门与预算单位、市级与区级的预算管理权限，以强化责任，推动规范管理。四是突出结构优化。进一步优化财政投入方式，更多地采取政府投资基金、股权投资、PPP 等间接支持方式。五是突出厉行节约。大力压缩一般性支出，强化"三公"经费管理，进一步优化财政支出结构。六是突出预算透明。除涉密信息以外，所有使用财政资金的部门均要求公开部门预决算，积极推进重点领域项目的绩效目标、绩效结果等信息公开。

第二节　北京市实施跨年度预算平衡机制存在的问题

新《预算法》等有关规定明确要求实施跨年度预算平衡机制。经过几年实践探索，从实际情况来看，北京市实施跨年度预算平衡机制已经取得了显著成效，虽然三年滚动预算本身不太复杂，但是要真正落实到位，也不是那么简单，它意味着政府决策方式必须要做出大的调整。北京市在实施跨年度预算平衡机制中还面临着一些问题与挑战。

一、三年滚动预算与中期规划之间衔接不够紧密

长期以来，北京市通过颁布北京市国民经济和社会发展五年规划，确定北京市未来五年的经济发展目标，同时，为了配合北京市国民经济和社会发展五年规划，北京市财政局一直编制财政发展五年规划。但在实际实施中发

现，国民经济和社会发展五年规划与财政发展五年规划之间存在一定程度的脱节，国民经济和社会发展五年规划作为综合性发展规划，规定了包括经济、社会、政治、文化、生态等五个方面，目标设置过于宏观宽泛，而财政发展五年发展规划主要侧重于财政收支的预测和未来的发展，并要求有一定的量化指标，二者在目标要求及实施步骤上衔接不够紧密。不仅如此，北京市三年滚动预算的编制，又是结合北京市财政发展五年规划编制而成的，在具体实施过程中，北京市三年滚动预算与五年财政发展规划之间也存在不匹配现象，表现在四个方面：一是从时间上看，二者衔接不够紧密，财政发展五年规划的五年与跨年度平衡机制下预算滚动的三年从时间上衔接不上，用五年财政规划指导三年滚动预算，不论是从目标要求还是从精细化程度上都有较大差距；二是财政发展五年规划目标相对三年滚动预算来说，预期目标过于宏观笼统，而三年滚动预算要求指标要量化和精细化，二者匹配度不高；三是财政发展五年规划属于静态规划，五年一经确定下来就不再做调整，灵活操作的余地小，而三年滚动预算属于动态规划，可以体现经济运行态势的复杂多变，这将导致动态的三年滚动预算与静态的财政发展五年规划相脱节；四是财政发展五年规划具有指导性及前瞻性，但不是一个可操作性的预算，而三年滚动预算要求规定预算支出额度，其中第一年的年度预算资金规定了多少就给多少，相对而言是一个具有可操作性的预算，二者对实现目标的要求是不一样的。

二、财务部门与业务部门间的协调配合机制有待完善

根据北京市各部门、单位的内部职责分工，三年滚动预算的编制主体为财务部门，其他相关业务部门给予相应配合，但在实际工作中，存在财务部门与其他业务部门缺乏紧密配合的问题。这是因为，在一个部门或单位内，财务部门与其他业务部门属于平级单位，不存在上下级或领导与被领导的关系，财务部门掌握着本部门、单位的资金需求及使用情况，而对本部门、单位实际业务的发展情况及发展趋势却了解不够，因此，编制三年滚动预算必须依靠业务部门提供项目收支预算等基础数据才能够完成。各部门、单位通常由财务部门向相关业务部门提出编制三年滚动预算的资金需求，然后根据业务部门所提出的项目库及经费需求汇总编制部门、单位三年滚动预算。然而由于业务部门对三年滚动预算并不十分了解，特别是对三年滚动预算对年度预算约束的重要意义缺乏深入认识，再加上业务部门主观认为编制三年滚动预算应当是财务部门的事情，因此不愿在此事上花更多的时间和精力，往往提供的项目库及资金需求信息缺乏科学论证，加大了财务部门独立编制三

年滚动预算的困难，难以保证三年滚动预算编制的科学性及可靠性。北京市各部门、单位财务部门与业务部门在编制三年滚动预算工作中缺乏紧密配合的工作机制，在一定程度上削弱了三年滚动预算编制的前瞻性、规范性及可持续性。因而，如何构建部门及单位内部财务部门与相关业务部门的协调配合机制，也是现阶段三年滚动预算编制急需解决的问题之一。

三、三年滚动预算的绩效评价比较薄弱

规范的跨年度平衡机制不仅需要提出具有约束力的三年预算总量框架，还要提出各级政府三年内预算执行需要遵守的支出限额，这就要求北京市各部门、单位必须在预算限额内提出全面具体的绩效目标，并对三年滚动预算实行全程绩效评价管理，这样才能保证跨年度预算平衡机制有效运行。但目前北京市还缺乏科学规范的中期预算绩效评价体系，预算执行中存在一定程度的重预算、轻决算，以及重评价过程、轻评价结果的现象，而且，目前的预算绩效考核指标针对年度预算评价的比较多，针对跨年度预算绩效评价的还比较少，绩效目标制定得也不够细化和具体，导致预算收支执行中管控不严，资金使用效率不高，很难对三年滚动预算做出科学的绩效评审，也使三年滚动预算的可靠性受到影响，预算绩效评价所得结论的应用效力不高。由于财政资金的绩效目标侧重于社会效益而不是经济效益，而社会效益无法像经济效益那样通过经济指标来计算和度量，况且三年滚动预算平衡是在经济非均衡状态下的动态平衡，绩效评价对象从一年扩展到三年，评价难度比以前明显加大。这样会使一些绩效评价者避重就轻，绕过"急难险重"的重大项目而将考评的重点放在难度小、容易计量的一些公共服务项目上。事实上，由于三年滚动预算绩效评价涉及面广，更需要从专业角度评价预算执行的科学性和准确性，而目前在预算绩效理念还未深入人心，跨年度绩效评价指标体系尚不完善的情况下，如何为三年滚动预算的实施提供技术支持还有待进一步考量。

四、三年滚动预算的"滚动"效应难以真正实现

三年滚动预算的编制之所以新颖，除了用这种方式能实现财政收支总量控制、保持资金供应相对稳定之外，还在于预期可实现以三年为一个周期的财政资金滚动效应。根据目前北京市设计的三年滚动预算编制要求，所谓三年滚动预算在形式上的"滚动"，是指第一年预算完成后将第四年的收支预算递补上来，形成一个新的三年滚动预算，原第二年的财政收支计划根据实际需要稍作调整变成第二年的预算，并自动生成新的三年滚动预算的第一年预

算，如此循环往复下去，就形成周而复始的三年滚动预算。但在实际运行中，三年预算资金的滚动安排应当通过什么途径、用怎样的方式实现滚动效应却并不明晰。在经济预期动态变化的情况下，如何对滚动效应进行科学预期还有待技术支持。新《预算法》规定，三年滚动预算实施过程中，如果第一年实施的项目实际运行下来有结余且项目没有完成，可以结转到下年使用；但如果项目当年完成并实现了资金的结余，是不是可以继续支持当年由其他各种因素导致的预算资金不足的项目，如果这样不行，那么结余资金可能会被财政部门收回统筹使用。而一旦规定结余资金被财政收回，将会刺激各部门、单位在预算执行过程中尽最大可能地把钱花完。这样，不但不能节约财政资金，也不能提高财政资金的使用效率，而且财政资金的滚动效应也难以体现。因此，科学设计三年滚动预算资金的滚动机制，充分体现财政资金的滚动效应，也是三年滚动预算面临的难点之一。

五、编制三年滚动预算的保障机制不够健全

根据现行预算制度要求，编制的三年滚动预算将对部门及单位的年度预算产生直接的约束作用，但这样容易导致过多的预算调整问题。如果未来三年按照现有财政规划编制年度预算，可能出现那些前期项目库建设比较完备、项目充足的部门、单位的年度项目预算经费也充足；而那些前期项目库建设准备不足的部门、单位，可能会出现其实际经费需求与三年滚动预算总量控制规模存在较大偏差，需要在年度预算编制中进行追加支出的预算调整的问题，这就迫使各部门和各单位必须高度重视三年滚动预算的编制。同国外实施跨年度中期预算改革一样，北京市编制三年滚动预算也涉及许多技术性问题，需要相应的配套保障机制。因此，北京市要进一步完善行业发展规划，规范实施定员定额管理，制定项目支出标准，加强预算编制人员的培养等。如果缺少这些配套措施的支持，各部门、各单位三年滚动预算的编制就不可能科学、有效且具有可操作性。由于三年滚动预算将直接约束年度预算，而过多地调整年度预算，又将会导致先前编制的预算形同虚设，并不能真正对年度预算产生约束作用，并最终无法实现总量控制的目标；如果严格遵循三年滚动预算约束年度预算的原则，则可能导致部分部门和单位当年的业务发展受到三年滚动预算的制约。可以说，编制三年滚动预算是一个多方协同、协调配合、合作共赢的结果。因此，如何构建三年滚动预算的配套保障机制也是制度设计中的一个难点。

第六章　北京市跨年度预算平衡机制
财政收支预测模型设计

第一节　财政收支预测常用方法

关于经济变量的预测范式，主要有以下两种：一是回归预测，即根据相关经济理论找出影响经济变量的因素并从中选择若干因素作为自变量，然后采用样本数据估计回归参数，将自变量的预测值代入模型对被解释变量进行预测；二是时间序列预测，即根据经济变量过去和现在的数据序列自身所反映出来的变化规律和趋势，建立数学模型，采用类推或延伸的方法预测经济变量未来发展水平。

一、主成分回归分析法

主成分回归分析（principle component regression，PCR）法，是以主成分为自变量进行的回归分析，是分析多元共线性问题的一种方法。运用该方法，要设法将原来众多具有一定相关性的指标，重新组合成一组新的互相无关的综合指标来代替原来的指标。在采用主成分回归分析法对若干经济变量进行预测时，经常会出现矛盾问题：一方面，为了尽量不遗漏重要解释变量，学者们常将很多理论上对因变量有重要影响且相互关联的因素纳入数学模型；但另一方面，相关自变量的增多不仅会增加计算的复杂性，还会产生严重的多重共线性问题，这样会影响到参数估计的结果。为了解决这一问题，可以通过引入主成分回归分析法对传统的回归预测法进行完善。主成分回归分析法的核心内容是降维，即运用统计学方法，从众多的原始自变量当中提取能够反映绝大多数原始自变量信息的维数更低些的新变量，而且这些新变量均是原始自变量的线性组合且线性无关，这样就能避免产生相关自变量较多时共线性严重的问题。用主成分回归分析法筛选变量，可以用较少的计算量来选择变量，获得选择最佳变量子集的效果。而主成分回归分析法首先采用主成分分析法提取主成分。

主成分分析方法（principal component analysis，PCA）最早是由卡尔·皮尔森（Karl Pearson，1901）提出的，后经霍特林（Hotelling，1933）发展，成为消除选取变量之间相关性的处理方法，主要研究的是如何以少数不相关、尽量多保留原始信息主成分的方式来揭示多个变量之间的内部关系。主成分分析法中的经典做法，是对总数 P 个指标变量进行重新线性组合，获取新综合指标。具体模型如下。

（1）将原始要素数据标准化。采集 P 维随机向量 $X = (X_1, X_2, \cdots, X_p)^T$，包括 n 个样品 $x_i = (x_{i1}, x_{i2}, \cdots, x_{ip})^T$，$i = 1, 2, \cdots, n$，其中，$n > p$，构建样本阵，并进行标准化转换：

$$Z_{ij} = \frac{x_{ij} - \bar{x}_j}{s_j}, \quad i = 1, 2, \cdots, n; \ j = 1, 2, \cdots, p$$

式中，$\bar{x}_j = \dfrac{\sum\limits_{i=1}^{n} x_{ij}}{n}$，$\bar{x}_j$ 是第 j 个变量的平均值；$s_j^2 = \dfrac{\sum\limits_{i=1}^{n} (x_{ij} - \bar{x}_j)^2}{n-1}$，$s_j$ 是第 j 个变量的标准差，可得到标准化矩阵 Z。

（2）对标准化矩阵 Z 求相关系数矩阵，即：

$$R = [r_{ij}]xp = \frac{Z^T Z}{n-1}$$

式中，$r_{ij} = \dfrac{\sum (z_{ki}^T \cdot z_{kj})}{n-1}$，$i, j = 1, 2, \cdots, p$。

（3）求解样本相关矩阵 R 的特征方程 $|R - \lambda I_p| = 0$，获得 p 个特征根，R 的特征值依次排序 $\lambda_1 \geq \lambda_2 \geq \cdots \geq \lambda_p$，计算 λ_i 对应的特征向量 T_i，$i = 1, 2, \cdots, p$。

（4）计算主成分 $y_i = T_i [z_1, z_2, \cdots, z_p]^T$，其中，$z_i = [x_{1i}, x_{2i}, \cdots, x_{mi}]$，$i = 1, 2, \cdots, p$。

（5）计算主成分 y_i 的贡献率 $d_i = \dfrac{\lambda_i}{\sum\limits_{i=1}^{n} \lambda_j}$ 和前 m 个主成分 $y_1, y_2, \cdots, y_m$，其中 $m \leq p$；累计贡献率 $D_m = \dfrac{\sum\limits_{j=1}^{m} \lambda_j}{\sum\limits_{j=1}^{p} \lambda_j} \geq 0.8$，则可确定主成分。

（6）计算各主成分得分。如果前面 m 个主成分方差和占全部总方差的比例接近于 1，就选取前 m 个因子作为主成分，因子数则由 p 个缩减为 m 个，各主成分的表达式为：$F_r = (\mu_{s_t})' X'$（$r = 1, 2, \cdots, m$）。

（7）建立主成分回归模型。将 F_r 与因变量 Y（y 的标准化值）进行多元回归分析，得到标准化回归方程：$Y = \sum_{r=1}^{m} B_r F_r$，其中，$B_r$ 为第 r 个主成分 F_r 的标准化偏回归系数。

二、时间序列分析法——指数平滑模型

时间序列分析法是定量预测财政收支的方法之一，强调的是通过对一个区域进行一定时间段内的连续遥感观测，提取图像有关特征，并分析其变化过程与发展规模。时间序列分析采用观测、调查、统计、抽样等方法取得被观测系统时间序列动态数据。这些数据是现实的、真实的一组数据，而不是数理统计中做实验得到的。用时间序列分析法预测财政收支的突出优点在于，它可以避免回归预测分析中解释变量选取的主观性，而且简单易行，便于掌握。但它的缺点在于不适合进行长期经济预测，尤其当外部环境发生突发状况时预测效果可能不够理想，准确性差，因此一般只适用于短期预测。采用时间序列分析方法用到的模型主要包括时间序列分解模型、指数平滑模型和 ARIMA 模型。其中，ARIMA 模型（自回归积分滑动平均模型）为非平稳时间序列转化为平稳时间序列。由于 ARIMA 模型一般情况下对更远的预测数据预测，准确率较低，因此本文主要采用前两种时间序列分析方法。

中期规划的跨年度预算平衡机制作为短期的预算机制，可以利用时间序列分解模型进行短期时点财政收入预算。

指数平滑模型是由罗伯特·布朗（Robert Brown）提出的，是根据时间序列自身发展趋势外推的预测方法，基本模型为 $\hat{Y}_{t+1} = \alpha Y_t + (1-\alpha) \hat{Y}_t$，其中，$\hat{Y}_t$、$\hat{Y}_{t+1}$ 分别表示时间序列第 t、$t+1$ 期的预测值，Y_t 表示时间序列第 t 期的实际观测值，α（$0 \leqslant \alpha \leqslant 1$）为平滑系数。通过上式不断迭代可以得到：

$$\hat{Y}_{t+1} = \alpha Y_t + \alpha (1-\alpha) Y_{t-1} + \alpha (1-\alpha)^2 Y_{t-2} + \cdots + \alpha (1-\alpha)^{t-1} Y_t + (1-\alpha)^t \hat{Y}_t$$

由这个方程可以看出，过去的观测值前的系数以 $1-\alpha$ 指数形式递减，随着数据远离预测期，其前面的系数逐渐收敛于 0，这也是指数平滑法的基本思想。

第二节　北京市财政收支预测模型及实例

一、财政收入预测模型的建立

目前，政府统计部门能够提供的财政收入数据主要为年度财政收入数据，一般而言，年度财政收入数据的变动与时间变动、地方生产总值变动等变量

变动有关。为此，可以建立时间序列模型和主成分回归模型来进行预测。

（一）时间序列模型预测

假设有一时间序列 $\{Y_t\}$ 表示为年度财政收入，如果财政收入变量随时间变化呈一种线性关系趋势，可以设定模型：

$$Y_t = \beta_0 + \beta_1 T_t + \mu_t \tag{6-1}$$

式（6-1）中，β_0 和 β_1 为待估计参数，T_t 为时间变量，μ_t 为误差项。

利用该模型，在已有年度数据的基础上，向前外推 3 步（一年为 1 步；两年为 2 步；三年为 3 步），预测出未来三年财政收入的预测值。

如果年度数据保持一个非线性增长的态势，可以运用非线性模型进行预测。为此，可以设定：

$$Y_t = \beta_0 + \beta_1 T_t + \beta_2 T_t^2 + \mu_t \tag{6-2}$$

如果非线性趋势表现为指数趋势，即序列值表现为非线性趋势，对数值表现为线性趋势。那么，可以设定：

$$Y_t = \beta_0 e^{\beta_1} T_t e^{\mu_t} \tag{6-3}$$

式（6-3）中 e 为自然数，将（6-3）两边取对数，$\ln Y_t$ 则是时间的线性函数。

$$\ln Y_t = \ln(\beta_0) + \beta_1 T_t + u_t \tag{6-4}$$

利用式（6-2）、式（6-3）、式（6-4）可以对年度财政收入进行预测。

还可以采用递归的方法来计算 $t+2$ 年的预测值，公式是：

$$\hat{Y}_{t+2} = (Y_{t-1} + Y_t + \hat{Y}_{t+1})/3 \tag{6-5}$$

在式（6-5）中，赋予 Y_{t-1}、Y_t、$\hat{Y}_{t+1}$ 相同的权重，其中 $\hat{Y}_{t+1}$ 是 $t+1$ 年的预测值。

$$\hat{Y}_{t+2} = (3Y_{t-1} + 3Y_t + 4\hat{Y}_{t+1})/10 \tag{6-6}$$

在式（6-6）中，分别赋予 Y_{t-1}、Y_t、$\hat{Y}_{t+1}$ 三者 3、3、4 的权重。

这里 Y_{t-1}、Y_t、$\hat{Y}_{t+1}$、$\hat{Y}_{t+2}$ 分别表示 $t-1$ 年、t 年、$t+1$ 年和 $t+2$ 年的值，其中 $t-1$ 年的值和 t 年的值是实际值，$t+1$ 年的值和 $t+2$ 年的值是预测值。

利用递归的方法，计算 $t+3$ 年的预测值，公式分别是：

$$\hat{Y}_{t+3} = (Y_t + \hat{Y}_{t+1} + \hat{Y}_{t+2})/3 \tag{6-7}$$

$$\hat{Y}_{t+3} = (3Y_t + 3\hat{Y}_{t+1} + 4\hat{Y}_{t+2})/10 \tag{6-8}$$

这里 Y_t、$\hat{Y}_{t+1}$、$\hat{Y}_{t+2}$、$\hat{Y}_{t+3}$ 分别表示 t 年、$t+1$ 年、$t+2$ 年和 $t+3$ 年的值，其中，t 年的值是实际值，$t+1$ 年、$t+2$ 年和 $t+3$ 年的值是预测值。

（二）主成分回归模型

下面利用北京市年度财政收入数据进行预测，表 6-1 中给出了 1997—2017 年北京市一般公共预算收入和地区生产总值的时间序列数据，同时引入时间变量，并且将 2000 年定义为 1，2001 年定义为 2，以此类推；表 6-2 给出了 1997—2017 年北京市影响财政收入的因素。同时，根据已有研究经验可发现，影响财政收入的因素主要包括几个方面：一是经济发展水平。经济发展水平直接影响一国或地区的综合经济效益高低，是影响财政收入的主要因素，因此，表 6-2 给出数据并做主要的时间序列数据分析。二是人口因素。宏观经济理论中，劳动力的多寡直接影响着该国或地区的产出水平，进而影响着政府的财政收入。三是生产技术水平。生产技术水平的高低直接影响着地区生产总值的效率和质量，进而影响到财政收入。四是分配政策和分配制度。分配政策和分配制度最终要体现经济资源在政府和市场之间的分配。五是产业结构。由于政府对不同产业的经济政策不一致，不同产业对政府财政收入的贡献也会不同。

基于上述分析，本研究选取的因变量为北京市财政收入（CZF），选取自变量包括地方生产总值（X_1），常住人口数（X_2），社会劳动生产率（X_3）、科技活动人员数（X_4）、全社会固定资产投资总额（X_5）、社会消费品零售总额（X_6）、进出口总额（X_7）、税收收入（X_8）、第二产业增加值（X_9）和第三产业增加值（X_{10}）。

首先，对 $X_1 \sim X_{10}$ 数据进行标准化处理：

$$ZX_i = \frac{X_i - \bar{X}}{\sigma_i}, \quad i = 1, 2, \cdots, 10 \tag{6-9}$$

得到标准化矩阵 $ZX_i = (X_1, X_2, \cdots, X_{10})$

其次，通过标准化处理矩阵 ZX，计算出相关系数矩阵 R 及其特征值 λ_i 与特征向量 μ_i，并计算贡献率 $e_j = \dfrac{\lambda_i}{\sum\limits_{j=1}^{10} \lambda_i}$ 和累积贡献率 $E_j = \dfrac{\sum\limits_{j=1}^{m} \lambda_i}{\sum\limits_{j=1}^{10} \lambda_i}$（假设提取主成分 m 个）。如果前面 m 个主成分的方差和占全部总方差的比例接近于 1，就选取 m 个因子作为主成分，这样因子数就由 10 个减少到 m 个，各主成分的表达式为：

$$F_r = (\mu_m)' ZX', \quad r = 1, 2, \cdots, m \tag{6-10}$$

再次，标准化回归方程。将 F_r 与变量 ZY（Y 的标准化值）进行多元回归，得到标准化回归方程，其中 B_r 为第 r 个主成分 F_r 的标准化偏回归系数。

$$ZY = \sum_{r=1}^{m} B_r F_r \tag{6-11}$$

综合上式，得到标准化回归方程，其中 b_j' 为标准化回归方程第 j 个标准化回归系数。

$$ZY = \sum_{j=1}^{P} b_j' ZX_j \tag{6-12}$$

通过以上分析，得到主成分回归模型，其中，b_j 为一般线性回归方程的第 j 个偏回归系数；L_Y 是财政收入值 Y 的离均差平方和；L_X 为相关自变量 X_i 的离均差平方和；b_0 为一般线性回归方程的常数。

$$Y = \sum_{j=1}^{P} b_j X_j + b_0 \tag{6-13}$$

$$b_j = b'_j \sqrt{\frac{L_Y}{L_X}} \tag{6-14}$$

$$b_0 = \overline{Y} - \sum_{j}^{P} b_j \overline{X} \tag{6-15}$$

表 6-1　1997—2017 年北京市一般公共预算收入、地区生产总值和时间序列数据

年份	一般公共预算收入（亿元）	地区生产总值（亿元）	*time*
1995	115. 26	1 507. 69	1
1996	150. 90	1 789. 20	2
1997	209. 91	2 077. 09	3
1998	229. 45	2 377. 18	4
1999	279. 09	2 678. 82	5
2000	345. 00	3 161. 66	6
2001	454. 17	3 707. 96	7
2002	533. 99	4 315. 00	8
2003	592. 54	5 007. 21	9
2004	744. 49	6 033. 21	10
2005	919. 21	6 969. 52	11
2006	1 117. 15	8 117. 78	12
2007	1 492. 64	9 846. 81	13
2008	1 837. 32	11 115. 00	14
2009	2 026. 81	12 153. 03	15
2010	2 353. 93	14 113. 58	16
2011	3 006. 28	16 251. 93	17
2012	3 314. 93	17 879. 4	18
2013	3 661. 11	19 800. 81	19
2014	4 027. 16	21 330. 83	20
2015	4 723. 86	23 014. 59	21
2016	5 081. 26	25 669. 13	22
2017	5 430. 80	28 000. 40	23

表6-2　1997—2017年北京市影响财政收入的因素统计情况

年份	一般公共预算收入（亿元）	地区生产总值（亿元）	常住人口数（万人）	社会劳动生产率（元/人）	科技活动人员数（人）	全社会固定资产投资总额（亿元）	社会消费品零售总额（亿元）	进出口总额（亿元）	税收收入（亿元）	第二产业增加值（亿元）	第三产业增加值（亿元）
1995	115.26	1 507.69	1 251	22 679	252 232	841.5	950.4	3 092.8	145.94	645.81	789.72
1996	150.90	1 789.20	1 259	27 236	265 552	876.9	1 061.6	2 437.6	201.32	714.65	1 001.19
1997	209.91	2 077.09	1 240	31 866	273 161	961.2	1 208.5	2 519.2	235.82	781.85	1 218.06
1998	229.45	2 377.18	1 246	37 655	237 127	1 124.62	1 373.6	2 525.6	270.11	840.57	1 458.75
1999	279.09	2 678.82	1 257	43 738	229 584	1 171.16	1 509.3	2 844.4	315.10	907.34	1 693.13
2000	345.00	3 161.66	1 363	51 908	261 113	1 280.46	1 658.7	4 108.0	372.79	1 033.29	2 049.12
2001	454.17	3 707.96	1 385	60 405	240 609	1 513.32	1 831.4	4 266.1	475.00	1 142.35	2 484.83
2002	533.99	4 315.00	1 423	67 212	257 326	1 796.14	2 005.2	4 345.8	539.87	1 249.99	2 982.57
2003	592.54	5 007.21	1 456	73 839	270 921	2 169.26	2 296.9	5 669.8	588.96	1 487.15	3 435.95
2004	744.49	6 033.21	1 493	79 170	301 202	2 528.21	2 626.6	7 827.8	726.50	1 853.58	4 092.27
2005	919.21	6 969.52	1 538	82 459	383 153	2 827.23	2 911.7	10 284.4	886.13	2 026.51	4 854.33
2006	1 117.15	8 117.78	1 601	92 481	382 756	3 296.38	3 295.3	12 601.0	1 076.82	2 191.43	5 837.55
2007	1 492.64	9 846.81	1 676	108 160	450 331	3 907.20	3 835.2	14 682.5	1 435.67	2 509.40	7 236.15
2008	1 837.32	11 115.00	1 771	118 444	450 147	3 814.73	4 645.5	14 921.1	1 775.58	2 626.41	8 375.76
2009	2 026.81	12 153.03	1 860	12 5496	529 985	4 616.92	5 387.5	18 560.5	1 913.97	2 855.55	9 179.19
2010	2 353.93	14 113.58	1 962	142 289	529 811	5 402.95	6 340.3	20 427.4	2 251.59	3 388.38	10 600.84

续表

年份	一般公共预算收入（亿元）	地区生产总值（亿元）	常住人口数（万人）	社会劳动生产率（元/人）	科技活动人员数（人）	全社会固定资产投资总额（亿元）	社会消费品零售总额（亿元）	进出口总额（亿元）	税收收入（亿元）	第二产业增加值（亿元）	第三产业增加值（亿元）
2011	3 006.28	16 251.93	2 019	158 263	605 980	5 578.93	7 222.2	25 171.0	2 854.63	3 752.48	12 363.18
2012	3 314.93	17 879.4	2 069	168 582	651 003	6 112.40	8 123.5	25 761.1	3 124.75	4 059.27	13 669.93
2013	3 661.11	19 800.81	2 115	180 848	681 346	6 847.06	8 872.1	26 579.5	3 514.52	4 292.56	15 348.61
2014	4 027.16	21 330.83	2 152	191 009	726 792	6 924.23	9 638.0	25 527.1	3 861.29	4 544.80	16 627.04
2015	4 723.86	23 014.59	2 171	202 200	747 461	7 495.99	10 338.0	19 827.0	4 263.91	4 542.64	18 331.74
2016	5 081.26	25 669.13	2 173	213 356	810 195	7 943.89	11 005.1	18 651.1	4 452.97	4 944.44	20 594.90
2017	5 430.80	28 000.40	2 171	224 578	878 194	8 548.10	11 575.4	21 923.9	4 676.68	5 310.60	22 569.30

资料来源：《北京市财政年鉴》、《北京市统计年鉴》、北京市财政局和北京市统计局网站

二、北京市财政收入预测实例

（一）主成分回归预测

根据 PCA 主成分分析方法，需要对选取的第一个综合指标 F_1 测算方差 Var (F_1)，Var (F_1) 越大，F_1 所包含的信息量越多，F_1 为第一主成分；若 F_1 无法代表原 P 个指标变量，则考虑选取 F_2 为第二个综合指标，F_1 的信息则不会出现于 F_2，Cov $(F_1, F_2)=0$，则 F_2 为第二主成分，以此类推，第三个主成分，…，第 p 个主成分。首先，为更准确地对本研究中选取的投入和产出指标变量的关系进行阐释，对所选取的数据利用 SPSS 软件进行首次主成分分析处理。

1. KMO 检验和巴特莱特球形检验。为检验数据选取的合理性，借助指标的相关系数矩阵、KMO 检验和巴特利特球度（Bartlett）检验，考查原始变量之间的相关性，是否适合利用 PCA 提取主成分，如 KMO 的值大于 0.5，Bartlett 检验概率 P（sig）接近于 0，则表明适合对原变量进行主成分分析，才可进一步测算自变量数据指标的特征根、方差贡献率以及主成分负载。检验结果如表 6-3 所示，KMO 检验统计量 $=0.848>0.8$，巴特里球度检验 P 值（表中 sig 值）趋近于 0，表明原始变量之间有很强的相关性且数据呈球形分布，可进行主成分分析。

表 6-3　KMO 和 Bartlett 的检验

取样足够度的 Kaiser-Meyer-Olkin 度量		0.848
Bartlett 的球形度检验	近似卡方	872.755
	df	45
	Sig.	0.000

2. 主成分提取。通过计算原始自变量相关系数矩阵的特征值 λ_1，λ_2，…，λ_{10}，将这些特征值按照从小到大的顺序排序，并生成各个特征值的方差贡献率和累积方差贡献率，得到总方差分解表（表 6-4），软件按照特征值大于 1 的标准提取主成分。表 6-4 给出了 10 个原始自变量相关系数矩阵的 10 个特征值及各个变量对总方差的贡献率和累积贡献率，并在初始特征值一列按照从大到小的顺序排列。从表 6-4 的结果可看到，特征值大于 1 的特征值 $\lambda_1=$ 9.902，该特征值对总方差的贡献率达到 99.016%。相关系数矩阵的第二个特征值 $\lambda_2=0.047$，虽然该特征值小于 1，但当同时考虑第一主成分 F_1 和第二主成分 F_2 后，累积方差贡献率达 99.483%，因此本研究采用前两个主成分代替原有 10 个自变量对北京市财政收入解释并建立回归模型。根据 SPSS 软件测

算结果，输出的两个主成分得分系数矩阵为：

$$A = \begin{bmatrix} 0.101 & 0.100 & 0.100 & 0.100 & 0.101 & 0.101 & 0.100 & 0.100 & 0.101 & 0.101 \\ 0.400 & -1.872 & -1.884 & 1.942 & -1.109 & 1.565 & -0.914 & 2.108 & -0.962 & 0.732 \end{bmatrix}^T$$

$$F_1 = 0.101ZX_1 + 0.100ZX_2 + 0.100ZX_3 + 0.101ZX_4 + 0.100ZX_5 +$$
$$0.100ZX_6 + 0.100ZX_7 + 0.100ZX_8 + 0.101ZX_9 + 0.101ZX_{10}$$

$$(6\text{-}16)$$

$$F_2 = 0.400ZX_1 - 1.872ZX_2 - 1.884ZX_3 + 1.942ZX_4 - 1.109ZX_5 +$$
$$1.565ZX_6 - 0.914ZX_7 + 2.108ZX_8 - 0.962ZX_9 + 0.732ZX_{10}$$

$$(6\text{-}17)$$

式中，ZX_i 表示对应原始变量 X_i（$i=1$，2，…，10）进行标准化后的变量。

表 6-4　相关矩阵特征值及总方差分解表

成分	相关矩阵特征值			提取的特征值		
	值	贡献率	累计率（%）	值	贡献率	累计率（%）
1	9.902	99.016	99.016	9.902	99.016	99.016
2	0.047	0.467	99.483	0.047	0.467	99.483
3	0.033	0.329	99.812			
4	0.008	0.076	99.888			
5	0.005	0.052	99.941			
6	0.003	0.033	99.974			
7	0.002	0.016	99.990			
8	0.001	0.009	99.999			
9	0.000	0.001	100.00			
10	6.783E-8	6.783E-7	100.00			

3. 主成分回归及预测。将北京市 1997—2017 年的 10 个原始自变量数据标准化，代入到主成分 F_1、F_2 的得分表达式中，可得到两个主成分得分序列。然后以标准化的北京市财政收入（$ZCZF$）为因变量，以 F_1、F_2 为自变量，进行多元线性回归，得到主成分回归模型：

$$ZCZF = 1.005\,7F_1 - 0.110\,2F_2 - 0.238$$
$$[0.015\,792\,7] \quad [0.015\,608\,1] \quad [0.152\,14]$$
$$(63.68) \qquad\quad (7.06) \qquad\quad (-1.56) \qquad (6\text{-}18)$$

$R^2 = 0.995\,9$，修正后的 $R^2 = 0.995\,4$，$F = 2\,044.85$，$N = 20$。

回归方程（6-18）中回归结果的常数项趋于 0，且未通过 t 检验，说明常数项在回归模型中并不显著，因此予以剔除，最后得到：

$$ZCZF = 1.005\,7F_1 - 0.110\,2F_2 \qquad (6\text{-}19)$$

从回归结果可以看出，修正后的 $R^2 = 0.995\,4$，表明两个主成分 F_1、F_2 解释了因变量标准化北京市财政收入 99.54% 的变动，方程的整体拟合效果非常好。同时方程整体和各回归系数通过显著检验，并且两个主成分之间线性无关，且 VIF 测算结果远不足 10，不存在多重共线性的问题。然后将式（6-16）、式（6-17）、式（6-18）结合，得到：

$$ZCZF = 0.146ZX_1 - 0.106ZX_2 - 0.107ZX_3 + 0.315ZX_4 - 0.021ZX_5 + 0.274ZX_6 -$$
$$0.000\,2ZX_7 + 0.333ZX_8 - 0.004ZX_9 + 0.182ZX_{10}$$

$$(6\text{-}20)$$

式（6-20）是将北京市 2015—2017 年度 10 个原始自变量 X_1，X_2，…，X_{10} 的数据标准化，代入到主成分 F_1、F_2 的得分表达式得到的。由于要研究的是 2015—2017 年度的财政收入对地区生产总值的影响，因此还需要将标准化的变量转变为原始变量，将其代入到回归方程（6-20）中，就可以计算得到：

$$CZF = 337.358\,7 + 6.993X_1 - 0.053X_2 - 0.691X_3 + 3.599X_4 - 0.026X_5 +$$
$$0.406X_6 - 0.004X_7 + 0.323X_8 - 0.004X_9 + 7.003X_{10}$$

$$(6\text{-}21)$$

将北京市财税收入 2015—2017 年度的预测值代入式（6-21），计算得到的结果为：$CZF_{2015} = 4\,546.3$；$CZF_{2016} = 4\,823.5$；$CZF_{2017} = 5\,133.8$。

（二）利用时间和地区生产总值预测财政收入模型

观察图 6-1，时间和财政收入的散点图的变化比较大，说明财政收入随时间呈现一种非线性的变化趋势，可以考虑设立指数模型，还可以考虑建立三线段模型来逼近财政收入随时间变化的非线性趋势。从图形来看，其结构变化时间可设在 2005 年和 2010 年，也就是说，从 1995 年到 2005 年，财政收入随时间变化可以近似用线性变化来描述；从 2006 年到 2010 年，财政收入随时间变化的趋势明显比前一段时间加快；而从 2011 年开始，财政收入随时间变化又与前一个时期不同，随后几年财政收入随时间变化较为平缓，且大致呈现线性变化趋势。从整个时间来看，财政收入变化呈非线性变化，但在不同阶段又近似地呈现线性变化。

要建立三线段模型，需要引进两个虚拟变量 D_1 和 D_2，D_1 的定义为：1995—2005 年设定为 0，2006—2014 年设定为 1。D_2 的定义为：1995—2010 年设定为 0，2011—2014 年设定为 1。设三线段模型为：

$$Y_t = \beta_0 + \beta_1 time + \beta_2 (time - 11) D_1 + \beta_3 (time - 16) D_2 + \mu_t \qquad (6\text{-}22)$$

当然，观察整个北京财政收入随时间变化的趋势，模型也可以设为指数

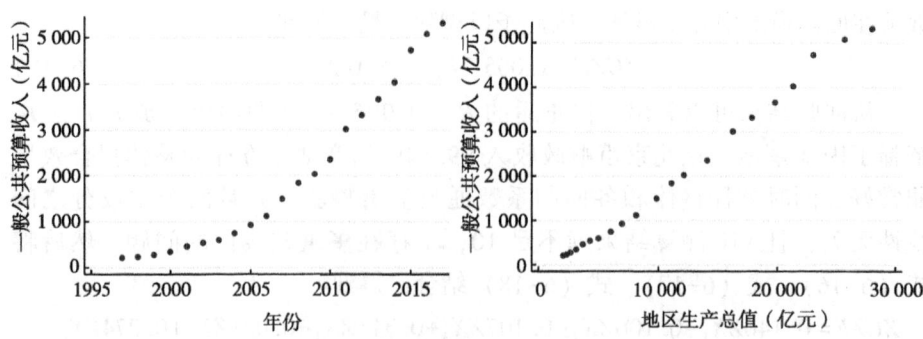

图6-1 时间和财政收入与地方生产总值和财政收入散点图

模型：

$$Y_t = \beta_0 e^{\beta_1 T_t} e^{\mu_t} \qquad (6-23)$$

式（6-23）中 e 为自然数，将式（6-23）两边取对数，$\ln Y_t$ 则是时间的线性函数。

$$\ln Y_t = \ln(\beta_0) + \beta_1 T_t + u_t \qquad (6-24)$$

财政收入随 GDP 变动趋势近似呈线性，考虑建立双变量线性模型：

$$Y_t = \beta_0 + \beta_1 \mathrm{GDP}_t + \mu_t \qquad (6-25)$$

（三）参数估计

运用 STATA 软件操作估计式（6-22）、式（6-24）、式（6-25）的参数，得到模型的回归结果（见表6-5）。

表6-5 模型参数估计

参数	模型（6-22）	模型（6-24）	模型（6-25）
β_0	-78.974	4.707	-313.70
β_1	85.055	0.190 2	0.197 9
β_2	231.358	—	—
β_3	94.961	—	—
回归标准差	87.53	0.008 8	112.2
R^2	0.995 8	0.993 8	0.993 3
$\hat{Y}^2$	0.995 0	0.993 5	0.992 9
F 统计量	1 270.09	2 896.37	2 649.49
样本数	20	20	20

经 F 检验，数据如表6-5所示，三个模型均有效，相比于模型（6-22）和模型（6-25），模型（6-24）的拟合度稍弱，根据模型（6-22）、模型

（6-24）、模型（6-25）的分析，进一步利用软件对四个模型 1995—2014 年的实际值和预测值进行拟合度分析，如图 6-2 所示。根据拟合程度分析，与模型（6-18）、模型（6-24）和模型（6-25）相比，模型（6-22）拟合程度最好。

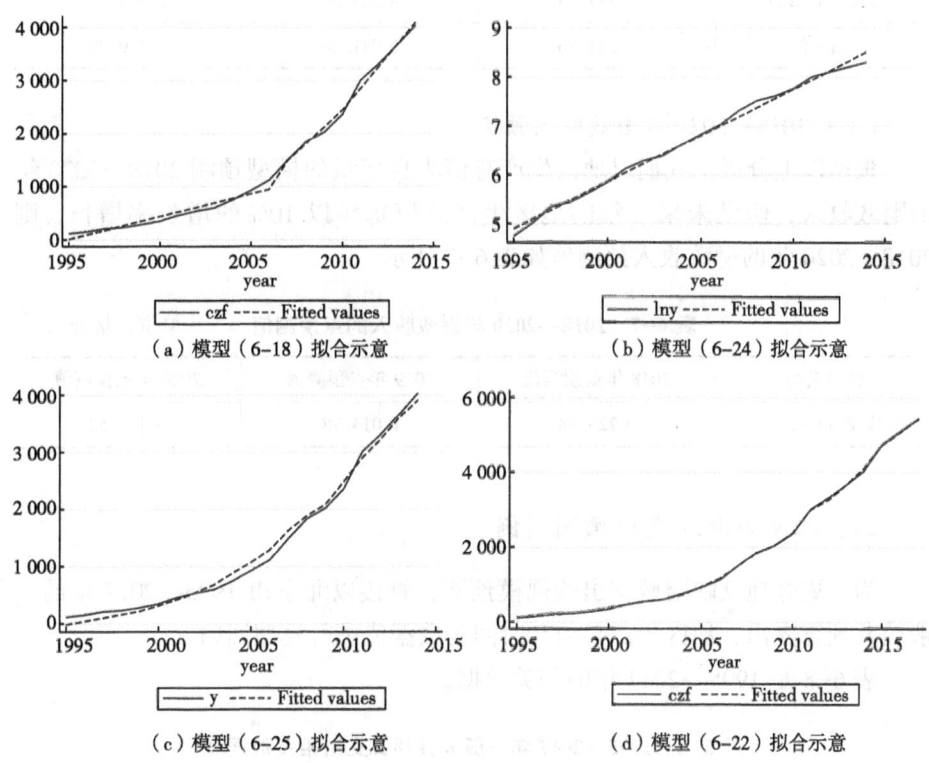

图 6-2　财政收入实际值和预测值拟合程度分析

（四）2015—2017 年财政收入预测与比较

为了更好地分析各模型对于财政收入预测的准确度，利用 2015 年、2016 年和 2017 年地方生产总值等多个变量的实际数值，以及表 6-2 模型参数估计结果，计算 2015 年、2016 年和 2017 年财政收入的点预测值，结果如表 6-3 所示。与图 6-2 相对应，可以看出，与财政收入的实际数据相比，以 GDP 为主要自变量的线性回归模型能够更好地反映财政收入。

表 6-6　财政收入的点预测值　　　　　　　单位：亿元

模型类型	2015 年点预测值	2016 年点预测值	2017 年点预测值
模型（6-18）	4 546.34	4 823.53	5 133.82
模型（6-22）	4 700.23	4 922.84	5 322.56

续表

模型类型	2015 年点预测值	2016 年点预测值	2017 年点预测值
模型（6-24）	4 322.34	4 735.32	5 232.20
模型（6-25）	4 533.33	4 823.20	5 254.23
实际值	4 723.86	5 081.26	5 430.80

（五）2018—2020 年财政收入预测

根据以上分析，我们以地区生产总值为自变量的模型预测 2018—2020 年的财政收入，假设未来三年的地区生产总值每年以 10% 的增长率增长，则 2018—2020 年的财政收入预测值如表 6-7 所示。

表 6-7　2018—2020 年财政收入的点预测值　　　单位：亿元

模型类型	2018 年点预测值	2019 年点预测值	2020 年点预测值
模型（6-22）	5 720.34	6 014.78	6 432.58

三、北京市财政支出预测实例

为了更好地反映财政支出的规模预测，直接以北京市 1995—2017 年的一般公共预算支出、地区生产总值和时间为数据值进行模型回归。

表 6-8 是 1995—2017 年的相关数据。

表 6-8　1995—2017 年一般公共预算支出相关数据表

年份	一般公共预算支出（亿元）	地区生产总值（亿元）	*time*
1995	154.4	1 507.69	1
1996	187.45	1 789.20	2
1997	262.20	2 077.09	3
1998	280.68	2 377.18	4
1999	355.19	2 678.82	5
2000	443.00	3 161.66	6
2001	559.11	3 707.96	7
2002	628.35	4 315.00	8
2003	734.80	5 007.21	9
2004	898.28	6 033.21	10
2005	1 058.31	6 969.52	11

年份	一般公共预算支出（亿元）	地区生产总值（亿元）	*time*
2006	1 296.84	8 117.78	12
2007	1 649.50	9 846.81	13
2008	1 959.29	11 115.00	14
2009	2 319.37	12 153.03	15
2010	2 717.32	14 113.58	16
2011	3 245.23	16 251.93	17
2012	3 685.31	17 879.40	18
2013	4 173.66	19 800.81	19
2014	4 524.67	21 330.83	20
2015	5 737.70	23 014.59	21
2016	6 406.77	25 669.13	22
2017	6 540.50	28 000.40	23

资料来源：《北京市统计年鉴》、《北京市财政年鉴》、国家统计局网站、北京财政局网站

（一）观察图形和设立预测模型

观察图 6-3，时间与财政支出的散点图和地区生产总值与财政支出的散点图，变化趋势大致一致。但是时间与财政支出在不同时点上存在差异，因此，对时间为自变量的模型引入虚拟变量 D_1、D_2，其中 D_1 以 2000 年为分界，1995—2000 年为 0，2000—2017 年为 1；D_2 以 2005 年为分界，1995—2005 年为 0，2006—2017 年为 1。

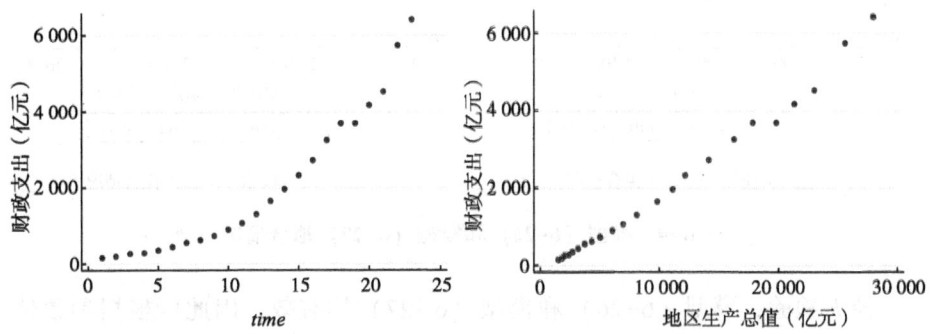

图 6-3 时间与财政支出和地区生产总值与财政支出散点图

考虑设立两个模型：

$$Y_t = \beta_0 + \beta_1 time + \beta_2(time - 6)D_1 + \beta_3(time - 11)D_2 + \mu_t \quad (6-26)$$
$$Y_t = \beta_0 + \beta_1 \mathrm{GDP}_t + \mu_t \quad\quad\quad\quad\quad\quad\quad (6-27)$$

（二）参数估计

运用 STATA 软件估计式（6-26）和式（6-27）的参数，得到模型回归结果，见表6-9。

表6-9 模型参数估计

参数	模型（6-26）	模型（6-27）
β_0	80.293 8	−349.729 1
β_1	57.729 8	0.222 8
β_2	34.887 1	——
β_3	309.673	——
R^2	0.983 0	0.988 5
$\hat{R}^2$	0.980 4	0.987 9
回归标准差	1 153.16	212.499
F 统计量	366.96	1 801.35
样本数	23	23

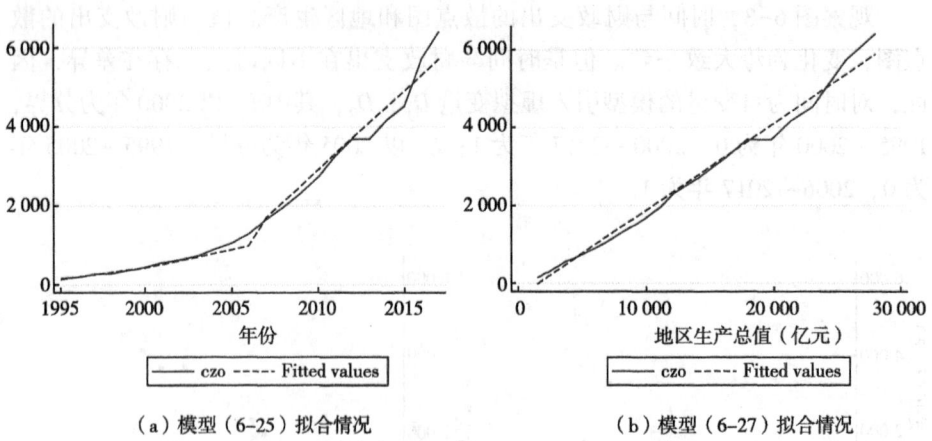

（a）模型（6-25）拟合情况　　　　　（b）模型（6-27）拟合情况

图6-4 模型（6-26）和模型（6-27）拟合情况

经 F 检验，模型（6-26）和模型（6-27）均有效，因此可根据参数估计，测算 2018—2020 年的财政支出值。

（三）预测 2018—2020 年预算支出

假定 2018 年、2019 年和 2020 年地区生产总值的名义增长率为9%，根据模型（6-26）和模型（6-27）参数估计结果计算，2018 年、2019 年和 2020

年一般公共预算支出的点预测值见表6-10。

表6-10　2018—2020年一般公共预算支出点预测值　单位：亿元

模型类型	2018年点预测值	2019年点预测值	2020年点预测值
模型（6-26）	6 874.39	7 262.22	7 664.80
模型（6-27）	7 008.93	7 447.10	7 823.34

四、结论及评价

本节分析了财政收支的几种预测方法，在此基础上，对北京市财政收支进行了未来三年的预测，基于以上预测结果，做出以下评价。

（一）预测财政收支的方法应简单易行

财政收支预测方法众多，就计量模型而言，每一种计量模型都可以进行财政收入预测，但是，根据以上分析可以看出，仅包含地区生产总值这一变量的回归模型对于财政收入的预测更接近于实际值，因此财政收入的统计更应遵循简单原则，即构建的预测模型并非越复杂越好，还应基于多年的数据测算。因为在其他相同情况下，就预测来说，简单模型优于复杂模型，这是因为：一是与复杂模型相比，简单模型的参数容易精确估计；二是简单模型容易解释、理解和检查，更容易识别出模型的异常变动；三是简单模型更容易从直观上把握内在机制，从而有利于决策；四是减少了数据挖掘的范围。为了配合中期滚动预算的编制，反映财政收支变动的动态特征，预测财政收支应采取静态和动态相结合的方式来进行，即既要利用历史数据对财政收入进行外推的预测，也要不断更新数据进行实时滚动预测。

（二）财政收入预测应与国民经济运行预测相衔接

经济决定财政，要做好财政收入的预测工作，从宏观上讲，就是要加强财政收支预测与国民经济运行预测衔接。例如，在预测初始阶段，财政部采用宏观经济模型对经济形成一个总体预测，接着财政部把经济变量的预测值（比如消费需求、工业利润、工资增长率等）发送给税收部门，税收部门将这些宏观经济变量预测值输入本部门的税收收入预测模型，从而得出详细的税收收入预测值，并将税收收入预测结果反馈给财政部。财政部利用税收反馈结果，结合预测模型对相关预测做进一步细化，然后将相关信息转给税收部门，税收部门据此做进一步的调整，如此循环反复，财政部与税收部门最终达到预测一致性。

（三）加强财政收支预测基础性工作

由于财政收支预测属于一项前瞻性和预见性比较强的工作，是财政管理精细化工作的延伸，而且加强财政收支预测工作需要一定的前提条件，比如预测人员是否具有比较好的预测知识，财政相关部门能否提供及时、全面和真实的数据信息，都对预测工作能否有效开展起到至关重要的作用。所以，加强财政收支预测基础性工作是做好财政收支预测工作的前提。现阶段，加强财政收支预测基础性工作主要采取三个措施：一是加强预测人员的预测知识培训，要求各级政府财政部门预测人员掌握先进的实用的预测知识和方法。二是加强预测软件使用的培训。现代计算机技术突飞猛进的发展，以及大量财政数据的不断出现，使得高效率地处理财政数据并有效地进行预测变为可能。如果不利用现代计量软件进行数据处理，那么很难完成预测任务。但现在政府各级财政部门处理数据还只是机械地使用一些简单的计算软件来进行，已经不能适应现代财政工作的需要，必须要使得财政收支预测人员和相关人员具有使用更为灵活和处理数据能力更为强大的软件的能力，要使得财政收支预测人员和相关人员具有软件编程能力。在从事建模和预测工作时，建议使用 SPSS、STATA 等软件，如果要从事更为复杂的建模和预测工作，最好使用更高级的编程计算软件 Matlab，该软件具有非常强大的数据处理和计算能力。

（四）计量模型预测与经验判断相结合

鉴于现阶段各级政府财政收支预测工作开展的情况存在较大差异，以及各级政府财政部门进行财政收支预测的人员素质参差不齐，要在短时期内要求各级所有政府财政相关机构进行财政收支预测都完全采用现代计量模型，可能还难以做到。最现实的要求是，财政收支预测部门进行财政收支预测时，以计量模型预测为主，经验判断为辅，两者有机结合，未来逐步过渡到运用计量模型来进行预测。

（五）成立综合性的专门的财政预测机构

因为日常的财政收支工作非常繁杂，对财政收支的预测涉及多个部门，是一件非常繁杂的工作，所以预测财政收支应多视角进行，相互补充，相互配合，必须采取分类与综合的方法，即在综合性的财政部门和专门的财政预测部门，既要对财政收支总的变动趋势进行预测，也要对财政收入和财政支出结构进行预测。把财政收支预测作为经常性的工作来抓是财政工作精细化的客观要求。因此，为了全面统筹财政收支预测工作，建议成立财政预测机构，专门负责财政收支预测的统筹、协调、汇总和上报预测结果，给决策机构提高决策的科学性提供强有力的技术支撑。

（六）建立鼓励政府部门提供准确预测信息的激励机制

财政相关部门能否提供及时、全面和真实的信息，是做好财政收支预测最为必要的基础性工作。这项工作没有做好的话，将直接影响财政收支预测的开展，更难保证财政收支预测的质量和效率。财政管理精细化是加强财政工作的必然趋势，而预测工作的加强将为财政管理精细化提供强大支撑。但在目前情况下，要使得各个财政部门充分认识到预测工作的重要性还尚待时日。因此，可以借鉴英国的做法，建立鼓励政府部门提供准确预测信息的激励机制，对提供预测信息较差的政府部门，财政部将在批复其下年度预算时相应扣减部分预算，具体扣减数额依据财政部因其提供的不准确预测信息而在金融市场上付出的额外操作成本得出，同时将这部分扣减的预算用于奖励提供准确预测的政府部门，相应增加其下年度预算支出。

第七章　进一步完善北京市跨年度预算平衡机制的政策建议

跨年度预算平衡机制是依据国民经济和社会发展规划、政府宏观调控政策及部门职能和事业发展需要，合理确定中期规划期内中央及地方收支总量和结构，并以此指导分年度预算编制和实施周期性管理的中期预算框架。实行跨年度预算平衡机制，有利于优化预算资源配置，提高财政的可持续性，增强预算的约束力，发挥中央部门的部门预算编制主体作用，全面提高各级政府预算管理水平。

第一节　完善跨年度预算平衡机制的指导思想及基本原则

跨年度预算平衡机制绝非一个简单意义上的经济学术语，也不是对国外实施中期预算框架经验的照搬，而是具有中国特色的一种中期预算模式。跨年度预算平衡机制的构建及运行，应基于国家中期发展战略规划，需要与我国宏观经济运行和财政体制相适应，结合各级政府预算管理的实际，为实现财政可持续发展和财政资源的合理有效配置创造条件。

一、指导思想

2015 年，国务院颁发《关于实行中期财政规划管理的意见》，部署加快建立现代财政制度、改进预算管理和控制，全面推进跨年度预算平衡机制。按照党中央、国务院颁发的《关于实行中期财政规划管理的意见》，以及国民经济和社会发展五年规划纲要对跨年度预算平衡机制目标和任务的细化，对未来三年重大财政收支情况进行分析预测。认真总结现行财政收支政策运行情况，以问题为导向，研究调整相关财政收支政策，通过科学合理测算，提高财政政策的前瞻性、有效性和可持续性，促进经济社会平稳健康发展。

现阶段，我国经济社会发展面临的国内外环境错综复杂，财政可持续发展面临诸多挑战，财政收入增速下降，与支出刚性增长矛盾进一步加剧；现行支出结构固化僵化，地方政府性债务存在一定风险隐患；专项规划、区域规划与财政规划衔接不够，不利于预算统筹安排。实行跨年度预算平衡机制，由财政部门会同各部门研究编制三年滚动预算，对中期规划期内的一些重大改革、重要政策和重大项目，研究政策目标、运行机制和评价办法，通过逐年更新滚动管理，强化财政规划对年度预算的约束性，可以有效地解决上述问题，实现财政可持续发展，也能够充分发挥财政职能作用，促进经济结构调整和发展方式转变。

二、基本原则

（一）与宏观规划衔接

建立跨年度预算平衡机制要与国民经济和社会发展五年规划相衔接，并设定政府跨年度周期内的支出限额。全国中期财政规划是部门中期财政规划的基础和依据，部门实施跨年度预算平衡机制，规模要控制在全国中期财政规划确定的支出水平之内，在规划期限、编制步骤、重点内容和管理方式上要与全国中期财政规划保持衔接。同时，部门跨年度预算平衡机制也要做好与各地区国民经济和社会发展规划以及相关行业规划的衔接。

（二）坚持问题导向

针对部分现行财政支出政策"碎片化"、不可持续等问题，从政策内容和运行机制上查找原因，立足基本国情，借鉴国际经验，提出解决问题的改革措施。既要着力应对当前经济发展进入新常态、财政收入增幅回落等问题，也要考虑长远发展，处理好经济建设与民生改善、生态环境保护之间的关系，优化财政资金分配，切实防范财政风险，实现国家长治久安。

（三）科学预测预算收支

对未来年度宏观经济周期与预算收支的科学预测，是跨年度预算编制的前提与保障，也是年度预算编制的基础和依据，为财政风险的甄别和预警提供了必要的条件。跨年度预算平衡机制按照三年滚动方式编制，第一年规划约束对应年度预算，后两年规划指引对应的年度预算。年度预算执行结束后，对后两年规划及时进行调整，再添加一个年度规划，形成新一轮中期财政规划。每年对财政收支情况进行预测时，须着力抓住国内或地区生产总值、税收收入、消费者物价指标（CPI）等重要指标，通过大数据环境下不同的预测模型进行结果比对，提高预测的准确度，努力实现低偏差预测。

（四）强化约束机制

跨年度预算期内，凡是涉及财政政策和资金支持的部门、行业规划，都要与中期财政规划相衔接。强化跨年度预算平衡机制对年度预算编制的约束，年度预算编制必须在中期财政规划框架下进行。各部门年度预算安排不得突破跨年度预算确定的对应年度部门中期财政规划。跨年度预算平衡机制本质上是通过多年度预算的视角与逆周期财政政策相结合，以控制财政风险，保持财政的可持续发展。为了避免预算被不对称的经济周期所牵制，需要设计固定的跨年度预算周期，确保预算运行的稳定性，并且要求预算监督贯穿政府预算的全过程，预算周期的动态平衡和负债情况应与政府官员任期考核联系起来。

（五）完善激励机制

在权利与责任对等、约束与激励并重的基础上，建立健全良性互动、协作顺畅、激励相容的预算管理运行机制，突出部门在预算编制、执行中的主体地位和责任，更好地发挥财政部门的资源配置、综合平衡和监督管理作用。强化部门对内部项目跨年度预算的责任意识，激励部门按照项目自身价值高低优先安排支出，也便于预算编制专门机构指导和调整各部门的跨年度预算。

第二节　跨年度预算平衡机制与中期财政规划的协同关系

我国的中期财政规划是根据国民经济与社会发展五年规划编制的，是将预算年度包含在内的三年期财政经济政策以及总体财政收支的规划。中期财政规划将年度预算编制同经济发展状况与相关政策目标相联系，为年度间的预算调节提供相应的依据。跨年度预算平衡机制就是要在这种总领性规划的指导下，将各项目目标细化分割，形成可以实现跨期平衡的年度预算，所以中期财政规划是跨年度预算平衡机制运行的基础。

一、为跨年度预算周期调整提供依据

中期财政规划通过三年滚动编制方式对总体财政收支和财政经济政策进行预判，为跨年度预算的周期调整提供依据。中期财政规划通过进行跨年平衡视野下长短期相结合的预算安排，特别是跨年进行的项目支出安排，提高财政可持续性，可以避免年度预算平衡下的预算安排短视化和随意性。中期财政规划的科学性和准确性与年度预算的约束性呈正相关关系，因此中期财政规划的合理编制可使跨年度预算平衡机制愈加平稳地发挥调控作

用。跨年度预算平衡机制通过预算执行有效规避经济周期波动的冲击和影响，约束政府行为并合理控制负债规模，实现收支平衡，保证财政可持续发展。跨年度预算平衡机制和中期财政规划是从风险控制和长远战略规划视角提出的具有中国治理特色的新概念，二者之间从试点开始就需要进行互动、磨合和协调。

二、构建总量控制与绩效约束体系

跨年度预算平衡机制需要中期财政规划对支出的管理达到两个目标：一是三年预算总量控制；二是资源配置效率。在形成自上而下的跨年度预算总额控制的基础上，上级政府可以给予下级政府或支出部门在一定程度上自由安排预算收支的权力，并辅之以绩效评估和问责制度，从而实现"高质量"的预算平衡。从新《预算法》的表述中可以看出，无论是中央还是地方政府实行的仍是年度预算支出标准，在支出限额的设置上没有考虑中期因素，不太符合跨年度预算平衡机制所要求的动态、综合的平衡特性。跨年度预算平衡机制要求的预算限额管理应该是在中期宏观经济预测和财政政策整体规划的前提下形成的对支出、赤字和债务余额的中期控制。在中期总额控制形成的基础上，支出部门可以自主安排预测周期内支出进度和债务资金筹措事项，实现财政资金的统筹使用，提高财政支出结构的灵活性。同时，三年期预算支出总量框架是中期财政规划的重要组成部分。在我国，中期财政规划对年度预算编制有参考作用，但没有法律约束作用，从而弱化了中期财政规划的跨期总量控制功能。

随着预算改革的不断深入，应通过修订《中华人民共和国预算法实施条例》或具体制定中期财政规划的具体实施细则，具体确定中期财政规划滚动编制时预算总额、债务限额等可调整的幅度，解决中期财政规划对预算编制和执行的约束性等问题，从法律角度定位跨年度平衡机制与中期财政规划的制度衔接问题。此外，为提高跨年度预算平衡实现的质量，要建立三年滚动财政规划的绩效问责与评估制度。跨年度预算平衡机制既要求在总额控制的前提下赋予支出部门在跨年度限额标准下自由安排预算的权力，也要求财政部门加强财政收支的绩效管理。无论是从政府预算执行效率方面考虑，还是从跨年度预算平衡实现的现实需求角度看，在三年滚动财政规划中建立绩效评估和问责体系都是必要的。

三、细化预算和统筹资金安排

从我国现行的新《预算法》等法律法规文件对债务资金使用范围等方面

的规定可以看出,我国设计的跨年度预算平衡管理主要针对项目支出预算,而非整体一级预算的跨年度平衡。跨年度预算平衡机制允许用于建设投资类的收支根据各部门项目执行的总体情况保持跨年度平衡,而用于日常部门运转的收支保持年度平衡,所以厘清项目支出和基本支出是跨年预算平衡机制实现的基础工作。现阶段,我国项目支出中仍有用于本部门编制内人员经费的部分,这是因为支出预算分类没有细化。所以,在跨年度预算编制时,应细化区分资金的使用方向,剥离项目支出中属于基本支出的成分,便于对不同性质的支出预算执行不同的预算平衡标准。在预算管理细化的同时,应该推进部门内跨年度项目资金的统筹使用。许多项目执行周期比较长,在实行中期总额控制的前提下,支出部门可以根据实际情况安排支出进度,当出现某些特殊情况,项目执行进度慢于拨款进度时,同级财政部门可以根据实际情况加以统筹使用,用于经济和社会急需、绩效突出、执行进度快的其他项目。

四、债务资金绩效评估与风险防控

跨年度预算平衡机制要求通过对跨年度财政收支合理规划,保持债务余额的稳定,需要政府预算突破单一财政年度的视角从跨期平衡角度进行编制,不仅要保证债务风险可控还要保证债务资金的使用绩效。要求从以下角度进行中长期债务预算管理制度的升级:一是将债务收支进行分类后分别编入一般公共预算和政府性基金预算,同时实施中期财政规划管理,开展债务收支的中期预测工作,从中期视角安排债务资金的使用和偿还。对于一般性政府债务,应该预估政府未来现金流入以及偿债压力,评估能否实现债务规模的稳定,是否具有相应的偿债能力,努力实现跨期预算平衡;对于政府专项债务,应该对对应的跨年度项目实行全生命周期管理,预估项目支出总量及进度和未来收益,确定偿债资金来源。二是健全政府综合财务报告制度,对政府资产和债务及时核算、披露,反映中长期财政可持续性,同时建立人民代表大会对政府综合财务报告的审查机制,对政府重大资产、负债项目实施专项审查。三是从跨年度视角定期对政府债务的稳定性及可持续性进行审查,从流动性、债务结构及偿债能力方面对债务进行动态监控,基于定期的审查报告安排新增债务的合同期限,防止出现偿债高峰。

2018—2022年跨年度预算平衡机制与中期规划的协同关系如图7-1所示。

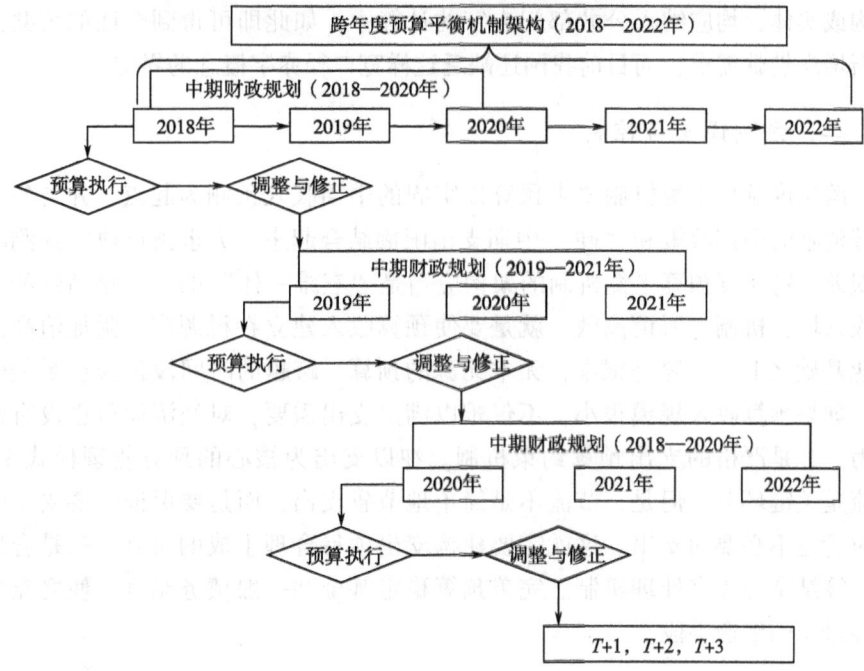

图 7-1 2018—2022 年跨年度预算平衡机制与中期财政规划的协同关系

第三节 跨年度预算平衡机制须克服的"四个障碍"

从预算管理实践看，建立跨年度预算平衡机制是否有效，关键取决于能否克服四个主要障碍，即财政赤字与可持续性计量、预测误差与控制、财政纪律、与宏观政策的契合等。

一、预算赤字与可持续性计量

跨年度预算平衡机制的有效运作，首先要求预算制定所依托的宏观经济政策意图清晰表达，以及向市场发出"政府打算在未来做什么"的信号。这就要求有可准确表达政策意图的预算赤字和可持续性计量，分别回答"什么样的预算赤字最能准确体现政府政策意图"和"预算赤字是可持续的吗"这两个基本问题，这两个问题解决不了，会损害预算跨年度平衡机制的有效性。基于宏观经济政策准备和预算执行控制的目的，借助综合赤字概念，保持"赤字"与"净借款"之间清晰的对应关系非常重要。为监控财政可持续性和完整反映财政政策的宏观经济效应，有必要将综合赤字扩展为"公共部门赤字"，即覆盖目前的四本预算以及国有企业等所有政府承担预定财政义务的机构或实体，均应纳入公共部门赤字的计算中，如此即可得到全面的公共部门新增净借款需求，而目前我国还缺乏这样宽口径赤字概念的界定。

二、预测误差与控制

跨年度预算平衡机制要求预算以牢固的中期收入预测为起点，并与各个领域清晰的中期政策和"硬"中期支出限额结合起来，力求预算收支预测减少误差。跨年度预算平衡机制的架构应当是"三维一体"的。一是高效的预算收入增长机制。所谓高效，就是要使预算收入建立在税源广、附加值高的产业基础之上。开源是根本，无本无源的预算，跨越的时间段再长也是徒劳的。如果预算收入规模很小，不仅难以满足支出需要，对经济运行也没有影响力。二是严格的支出预算约束机制。在以支出为核心的预算管理模式中，节流是关键环节。但是，节流不是简单地节省支出，而是要保证必要支出的同时管住不必要的支出。这就需要建构支出项目合理生成的机制。三是合理的预算结余与赤字处理机制。完善预算稳定基金和一般债务制度，使之充当风险最小的平衡手段。

三、财政纪律

财政纪律（fiscal discipline）被普遍视为财政管理的首要价值，可定义为既能满足宏观经济政策目标所需，又能保证中长期财政可持续性的赤字和债务水平。这也是深度影响跨期预算平衡机制有效性的两个方面，因为不能满足宏观经济政策目标所需的跨期平衡，属于没有意义的平衡；不能保证财政可持续性的跨期平衡，属于不合需要的平衡。无论是年度预算平衡，还是跨年度预算平衡，都应以财政纪律为前提，否则再好的平衡机制也没有意义。财政纪律的本质是在严格的硬预算约束下，确保地方政府为自己的行为负责。现行的央地财政体制和转移支付并不能完全满足这一要求。实际上，地方政府近些年迅速累积的地方债务，包括直接借债、承担担保责任与救助责任的债务，在很大程度上都是中央政府最终为地方政府"买单"。

四、与宏观政策的契合

预算管理的模式要发生重大变化，支出政策与经济形势的衔接和契合变得更为重要。如果支出政策是合理的，即便有赤字或赤字规模较大，只要在若干年内能实现预算平衡，也是可以接受的。短期性的稳定政策与长期性的结构调整政策之间的潜在冲突，有时会以尖锐的形式表现出来，持续的财政扩张有可能为结构性调整政策设置障碍。与反周期的财政稳定政策运作规则不同，结构调整政策面对的困难与阻力大得多。为保证跨年度预算平衡机制的有效运作，要做到宏观财政政策相对稳定，同时根据经济社会发展情况适时研究调整，使跨年度预算平衡机制在渐进性改革中不断完善。

第四节　进一步完善北京市跨年度预算平衡机制政策建议

实行跨年度预算平衡机制是深化预算制度改革，提高财政政策前瞻性、可持续性的一项重要举措，同时也体现了不同利益主体之间的博弈过程，因此，要考虑细致周全，不能一蹴而就。北京市在实施跨年度预算平衡机制过程中，应在充分借鉴发达国家成功经验基础上，考虑国情和改革的艰巨性、复杂性，坚持预算公开透明，将继承发展和改革创新并举，加强全社会对预算的监督力度，强化三年滚动预算对年度预算的约束力。"十四五"时期，北京市将不断深化跨年度预算平衡机制改革，持续提升财政保障能力，本书认为可以从以下几个方面提出完善措施。

一、跨年度预算平衡机制与政府宏观规划有机结合

目前，北京市实施跨年度预算平衡机制，不仅要结合国民经济与社会发展五年规划，还要与国家宏观调控政策相衔接。要尽可能将政府五年财政规划的目标进一步明确和具体化，这样才能对三年滚动预算的编制进行有针对性的政策指导。实施跨年度预算平衡机制，不仅是一项制度变革，也是提升国家治理能力和水平的重要途径。众所周知，国家治理的核心是提升政府风险预见能力和防控水平，而实施跨年度预算平衡机制，正是提升政府决策能力的重要基础，也是规避和防范财政运行风险的重要手段。因此，要尽快将政府决策方式与跨年度预算平衡机制有机结合，增强政府中长期宏观规划的引领作用。另外，实施跨年度预算平衡机制，还要解决其与部门、行业规划存在脱节的问题。三年滚动预算的编制是以各部门、行业未来规划为前提的，如果不清楚各部门、行业未来几年的工作重点，就无法确定未来三年财政资金的配置方向，也不可能编制出科学的三年滚动预算。一些部门由于编制依据不足而出现编报预算应付、消极的心理，就无法保证三年滚动预算的科学性和前瞻性。因此，建议北京市在编制三年滚动预算之前，应由各部门、行业的领导牵头，先行编制各行业、各部门的发展规划，在此基础上再编制三年滚动预算，从而使中期财政规划真正实现与部门行业发展规划相衔接，使其更加符合当地客观实际，真正为促进部门、行业发展提供充足的资金保障，从而有效发挥财政资金的使用效益。

二、提高预测财政收支的准确性及科学性

跨年度预算平衡机制成功与否很大程度上取决于对财政收支的预测能力，三年滚动预算实施的核心是财政收支预测，而提高收支预测的准确性，必须明确政府与市场的边界，明晰政府的职能，理顺中央与地方的财政关系。对三年财政收支的测算应立足于宏观经济发展趋势和历年经验分析，采用宏观经济计量模型来对财政收支趋势进行预测，通过定量和经验分析，检验预测的准确性。北京市各级财政部门应牵头编制三年滚动预算，并对未来三年重大财政收支变动情况进行预测，对三年规划期内重大财税改革、重大政策出台及经济结构调整进行分析，研究目标实现的运行机制和绩效评价办法，强化财政规划对政府收支行为的约束性。针对一些部门、单位对编制三年滚动预算的意义认识不到位，对该项工作与自身行业发展和部门单位业务推进关系不够明确，以及仍然按照传统年度预算思维编制三年滚动预算，具体的问题留待编制年度预算时再调整等问题，财政部门应进行更深入和广泛的宣传和培训，使政府工作人员提高对三年滚动预算的认识，重视三年滚动预算的编制工作，将其上升到影响整个地区发展的高度而加以关注。同时，北京市在未来的跨年度预算编制和执行过程中，要严格按照财政规划约束年度预算的原则进行支出总量控制，规范预算调整程序，从而倒逼各部门单位从只重视年度预算的观念转变到先重视三年滚动预算再重视年度预算的观念上来。

目前，国外发达国家测算中期预算收支的方法有很多，常用的预测方法包括经验判断法、回归分析法、时间序列法与结构性宏观经济模型，有可能采取其中一种，也可能采取几种方法的组合等。实践证明，对三年财政收支的预测，应遵循简单易行的原则，即运用的计量预测模型不要太复杂，相对来说，简单回归法与经验判断法相结合的方法较具优势，比高深的宏观计量方程都要实用，也符合中国国情。北京市在预测三年财政收支时，可以采取静态和动态相结合的方式，既要根据历史数据对未来几年收支进行预测，又要不断更新统计数据以进行实时的滚动收支预测。应该看到，随着大数据时代的到来及多种财政统计软件的运用，财政、税务部门对财政收支的数据统计变得非常便利，可以及时获得月度、季度及年度的财政收支数据，这就为利用计量模型测算三年财政收支提供了重要依据。同时也必须认识到，加强财政收支预测基础性工作非常重要，由于财税部门能否在规定时间提供全面、真实的收支信息，是落实三年滚动预算的关键所在，因此，提高财政、税务等部门预测人员的技术水平迫在眉睫。北京市财政部门要加强预测人员的预测知识培训和预测软件使用培训。在大数据技术得到越来越多应用的背景下，只有提高预测人员软件编程能力及快速处理数据的能力，才能保证财政收支预测的质量和效率。

三、绩效问责贯穿跨年度预算全过程

要将预算绩效理念贯穿到预算编制的全过程，通过强化对部门单位的考核力度，提高其对三年滚动预算的重视程度。目前，很多财政支出项目都是跨年度的，年度项目的效果也有可能在以后年度显现，因此，需要有中期绩效来衡量其效果。绩效问责的实质是为了防范和化解财政运行风险，三年滚动预算对财政资金统筹使用具有一定的约束和保证作用，财政部门要对各部门提交的三年滚动预算及分年度测算的支出需求进行审核，原则上没有列入三年滚动预算的项目一般不得列入年度预算。

北京市在三年滚动预算编制和执行中，要坚持绩效问责和日常监督相结合，建立"以花钱结果为导向"的全过程资金监督机制，花好纳税人的每一分钱。在编制三年滚动预算时，要求明确申报绩效目标，要对三年内重大项目量化并进行科学论证，要强化部门的支出责任意识，强化行政问责机制，加强预算绩效监督和结果问责。"责任重于泰山"，要将绩效评价结果直接纳入对项目负责人的经济责任审计范围，建立第三方预算评价监控机制，定期实施绩效评价报告质量的评审。加快预算绩效管理信息系统的研发，建立预算绩效管理信息数据交换平台，对在三年滚动预算执行过程中出现重大决策失误或造成财政资金严重损失的，要进行责任追究，根据国家财经法规有关规定，视情节轻重程度给予责任人行政处分或追究其刑事责任。通过强化对部门单位的考核力度，提高其对预算绩效的重视程度，树立起"花钱必问效，无效必问责"的绩效管理理念。通过控制支出限额，将财政资金优先安排到效率最高的民生项目上。各级政府要大力倡导中期预算管理理念，承担起推进中期预算管理的领导职责。在跨年度预算平衡机制改革推进的过程中，必须建立有效的奖惩机制，从西方国际成功经验看，凡是那些预算绩效实施比较成功的国家，跨年度预算平衡机制的落实都很到位。建立"预算编制有目标、执行过程有监控、决算环节有评价、绩效结果有反馈"的全过程预算绩效管理机制，是提高政府公信力的必然要求，也是落实三年滚动预算的重要保障。

四、构建各部门密切配合的跨年度预算编制工作机制

三年滚动预算要真正实现与行业发展规划的有效对接，并真正成为促进行业发展的有力资金保障，同时也要为财政部门实现财政资金的总量控制和

制定相关的财政政策提供依据。实践中，虽然财务部门是各部门单位三年滚动预算编制的责任人，但工作性质决定了其无法了解和掌握项目库建设及库内各项目所需资金量，所以必须在部门、单位内部构建有效的三年滚动预算编制的工作机制。鉴于在部门单位内部，财务部门与其他业务部门处于平级地位，无法去领导其他业务部门，建议北京市构建由部门单位领导牵头、财务部门负责、业务部门配合的三年滚动预算编制工作机制。这样既能够帮助财务部门更好地完成三年滚动预算的编制，也能够有效促进部门、单位领导和相关业务部门更加重视三年滚动预算的作用，提前制订各部门、单位的发展规划和工作计划，并高度重视项目库建设，将项目库建设与未来绩效评价紧密结合起来，从而有效提升部门和单位的预算管理水平。由于现有的三年滚动预算设计的滚动机制主要在于编制年度的滚动，而财政资金滚动的方式及激励约束机制尚未明确，所以人们对三年预算滚动的效应认识不清、理解不够深刻，缺乏规范的行动指南，亟须财政部门从制度设计上加以明确。因此，建议财政部门不仅从财政规划编制的形式及内容上说明资金滚动的方式，还应从资金管理角度确定资金滚动的机制，特别是要明确规范结余资金滚动方式及滚动期限，严格规定预算调整的程序和方式，并将资金的使用情况与部门单位的绩效评价结合起来，从而有效发挥财政规划资金的滚动效应。

五、加强配套措施建设，构建跨年度预算编制技术支持体系

为解决北京市编制三年滚动预算可能出现的技术性难题应加强配套措施建设，构建跨年度预算编制技术支持体系。一是要求各部门、单位科学编制各行业发展规划，从总体上明确各行业的发展方向、发展进度以及发展水平，从而为科学编制三年滚动预算提供有力的技术支撑；二是财政部门要根据经济与社会发展情况，积极配合预算编制部门合理地确定和调整定员定额标准，并配合相关部门制定项目财政支出标准；三是要加快制定实施跨年度预算平衡机制的制度规范，并对相关人员进行及时培训。另外，针对提前2~3年预计项目库的项目经费可能会因受到物价变化的影响而产生年度预算不准确的问题，可以由财政部门会同有关主管部门，指定将行业内部公认的价格指数变化规律作为参考，使得三年滚动预算项目库内项目所需经费的确定具有相应的依据，以此增强三年滚动预算对年度预算编制的指导性作用，同时也能够适当降低年度预算与三年滚动预算的误差水平。

此外，还应充分考虑价格、汇率等不确定性变动因素，制定同一项目的年度预算调整的正负区间，为年度预算留有一定的余地。针对三年滚动预算编制时间过短，编制质量不高等问题，建议适当延长三年滚动预算编制时间，

以保证基层预算单位和主管部门都能有比较充分的时间对项目库建设进行较为充分地征集、论证和汇总。特别是基层预算单位的项目库建设是整个部门项目库建设的基础和依据，其三年滚动预算编制的质量，与其项目库建设的质量密切相关。项目库建设的质量，与其未来的年度预算紧密相连，如果不给与其充分的编制时间保证，可能会为其未来的业务发展留下隐患。因此，建议留给基层预算单位至少一个月的编制时间。

　　总之，推行跨年度预算平衡机制是完善国家治理现代化的深刻变革，是全面深化财税改革的重中之重，也是强化政府预算科学管理、优化财政资金配置方式的重要措施。但应该看到，推行跨年度预算平衡机制是一项政策性、敏感性和技术性都很强的改革，关系到中央与地方及各部门之间的利益博弈，应按照循序渐进的原则，有计划、有步骤地向前推进。可以借鉴国外发达国家的成功做法，通过建立高水平的宏观经济预测协调委员会，为跨年度预算平衡机制提供技术支撑和专业指导，还要建立中长期重大事项科学论证机制，以提高财政政策的前瞻性、有效性和可持续性。

附录　学术研究篇

第1篇　建立我国跨年度预算平衡机制的深层次思考

李红霞　刘天琦

摘　要：当前我国财政可持续发展面临着诸多挑战，财政收入增速下降与财政支出刚性增长矛盾进一步加剧。传统的年度平衡预算弊端凸显，不仅不能熨平经济波动，反而加剧了经济震荡和财政运行风险。推行跨年度预算平衡机制，有利于提高财政政策的前瞻性和可持续性，有利于解决财政资金使用的短期化和"碎片化"问题，有利于增强对年度预算的约束力。要使跨年度预算平衡机制的作用得到有效发挥，必须统筹考虑年度预算平衡与跨年度预算平衡的关系，克服年度预算与三年滚动预算存在的"两张皮"现象，实现政府决策方式与跨年度预算平衡机制的有机结合，有效提高准确预测中期财政收支的技术水平，实现绩效问责实质性嵌入三年滚动财政规划全过程。

关键词：预算管理；跨年度预算平衡；年度预算平衡；财政收支

一、引言及文献综述

2015年1月1日实施的新《预算法》明确规定，各级政府应当建立跨年度预算平衡机制。同年，国务院颁发的《关于实行中期财政规划管理的意见》指出，在我国将全面推进中期财政规划改革，并要求各级政府编制2016—2018年三年滚动财政规划，以提高财政政策的前瞻性和可持续性。近年来，随着推进国家治理体系和治理能力的现代化，政府理财的科学化水平也在显著提升。但也应该看到，随着财税体制改革的不断深入，传统的年度预算已经暴露出诸多弊端，加剧了经济震荡和财政运行风险。跨年度预算平衡机制改进了年度预算控制方式，体现了经济非均衡状态下的动态平衡，是一种兼具前瞻性、周密性、动态性的预算平衡机制，有利于熨平经济周期波动，优化财政收支结构，强化预算对财政收支的约束力。实施跨年度预算平衡机制，是深化预算管理制度改革的重要举措，对于实现财政可持续发展具有重要的现实意义。

对于跨年度预算平衡机制内在机理的研究，西方国家预算平衡理论大体经历了从年度预算平衡到周期预算平衡的跨越。20世纪30年代经济大萧条之前，佩蒂（Petty，1988）和亚当·斯密（2012）等学者构建并发展了年度预算平衡理论。关于周期平衡预算理论研究，西方学者主张政府干预经济，反对传统预算平衡观。如凯恩斯（Keynes，2013）和汉森（Hansen，2009）都认为不能机械地用预算平衡的观点来对待预算赤字和预算盈余。国内学者基于预算平衡观的研究，主要集中在预算平衡理论、赤字预算论两种观点。侯一麟和张光（2008）认为，年度预算平衡机制和跨年度预算平衡机制没有优劣之分。马蔡琛（2014）指出，在对跨年度预算平衡机制的运行机理尚未参透之际，不能彻底放弃年度预算。肖文东（2007）对年度预算和中期预算进行了详细对比分析后，指出预算改革的方向是突破年度预算控制。楼继伟（2014）指出，通过构建跨期预算平衡机制，使收入预算从约束性转向预期性。对于跨年度预算实施方案的研究，国外学者突破了年度预算平衡时限上的僵化性。如凯登（Caiden，1978）探讨了历史上存在的三种预算模式：前预算时期、预算时期和超预算时期，其中，前预算时期具有非常低的可靠性。博克斯等（Boex et al，2000）认为，多年度预算制度将预算过程置于多年度的构架上，因此，政府必须制定更明确和一致的政策目标与优先顺序。桑贾伊·普拉丹（2000）认为，通过将预算置于中期规划的框架中，可以使收支具有约束力。国内对跨年度预算实施方案的研究，主要集中在年度预算与多年预算的作用上。如张晋武（2001）将欧美发达国家的中期预算归结为两种表现形式，一种是多年期的财政计划，一种是直接的中期预算。马骏等（2007）在《计划与预算——整合计划与预算的案例》一文中指出，公共预算是政策制定和执行中实现效率的行政技术手段，但预算制定的年度性与计划的长期性经常发生冲突。王雍君（2008）指出，年度预算具有短视性，跨年度预算平衡机制能改善和加强对经济稳定的作用。对于跨年度预算收支预测方法的研究，国外的研究成果有很多。如布洛姆等（Blom et al，2000）发现，通过专家判断与简单回归方法的结合来测算收支比其他复杂模型更准确。海森葳等（Vlaicu et al，2014）提出了结构化财政宏观经济模型，这种模型为财政收支预测提供了重要手段。国内的部分学者也开展了跨年度预算收支预测方法的研究。如崔志坤和朱秀变（2010）运用简单的线性回归方程和AR模型，对我国近期和中长期的财政收入进行了预测。白彦锋和叶菲（2013）利用模型来佐证中期预算较年度预算更具有说服力。谢姗和汪卢俊（2015）

运用综合指数平滑转移自回归模型、样本外预测分析与蒙特卡洛模拟方法，对中期预算框架下我国财政收入的预测问题进行实证研究。

相比国外对跨年度预算平衡机制的研究，国内学者在实证研究方面还处于薄弱环节。这与我国刚刚启动跨年度预算平衡机制、目前正处于实践探索阶段有关。本文在现有研究成果的基础上，深入剖析三年滚动财政规划存在形式化、"空心化"的症结所在，提出影响跨年度预算平衡机制可持续能力的关键因素、准确预测三年财政收支的技术方法和预测系统，以及建立与跨年度预算平衡机制相适应的绩效评价体系和问责机制的政策建议。

二、跨年度预算平衡机制实施的内在机理

2015 年实施的新《预算法》明确规定，各级政府应当建立跨年度预算平衡机制。这是深化财税体制改革的重要举措，也是保障财政可持续发展的必然要求。目前，世界上已有超过 2/3 的国家和地区实施了中期预算管理，而我国正处于实践探索阶段。传统年度预算由于存在诸多弊端，不仅不能熨平经济周期波动，反而加剧了经济震荡和财政运行风险。这样的背景，推动了我国跨年度预算平衡机制的实施。从西方国家预算平衡理论演进的历程来看，大体经历了从年度预算平衡到周期预算平衡的跨越。年度预算平衡论是 20 世纪 30 年代经济大衰退之前编制预算应遵循的原则。当时正处于资本主义自由竞争时期，以亚当·斯密为代表的古典经济学家主张"廉价政府"，将政府局限于"守夜人"的角色，反对国家干预经济。在预算编制的准则上反映为，古典学派的经济学家主张实行严格的年度预算平衡，认为政府部门的预算收支在每一年度都应该维持平衡，不允许发生财政赤字。古典经济学家巴蒂斯特·萨伊（2014）指出"最好的财政计划是政府花钱最少的计划，而最好的赋税是人民负担最轻的赋税"，并强烈反对政府发行公债，认为政府不是生产部门，缺乏偿债能力，公债发行将会对经济产生不良影响。年度预算平衡论是以以收定支为核心的理论，强调预算支出规模要小，不能随意突破收入指标，政府花钱要节俭。这种理论作为政府预算的基本理论延续了一个多世纪。资本主义经济大危机之后，自由放任的市场经济的内在稳定机制受到质疑，西方经济学者开始把政府干预经济提到了议事日程。年度预算平衡的弊病也开始逐渐显现，催生了"周期预算平衡"理论。周期预算平衡论又称为"周期财政平衡"论，与"年度预算平衡"论相对应，主张财政应发挥"相机抉择"反经济周期的作用。在经济衰退期，为了抑制通货紧缩，政府应减收增支，实行赤字财政政策；在经济过热时期，为了抑制通货膨胀，政府应增收减支，实行盈余财政政策。虽然某些年份财政出现赤字或盈余，但从整个经

济周期来看，只要繁荣时期的盈余可以抵消衰退时期的赤字，就可以实现跨年度周期预算平衡。周期预算平衡理论体现了经济非均衡状态下的动态平衡，但这种理论实行的前提条件是经济周期一定是对称的，即繁荣时期的盈余正好等于在衰退时期为刺激经济复苏所出现的赤字，但这种情况是极少出现的。这也是周期预算平衡理论存在的不足之处。

总体上说，我国实施跨年度预算平衡机制，实现了预算管理从年度平衡到中期平衡的跨越。这不仅是对年度预算平衡论的一种改革，还是对周期预算平衡论的延伸和升华，体现了经济非均衡视角下的动态平衡（王金秀，2015）。从时间跨度上看，它既突破了年度预算时限安排的绝对性，也不排除年度预算平衡的可能性，是一种兼具前瞻性、周密性、动态性的跨年度预算平衡机制，能够反映"相机抉择"反经济周期财政政策的精髓。

三、跨年度预算平衡机制面临的问题与挑战

2015 年 1 月国务院颁发了《关于实行中期财政规划管理的意见》（国发〔2015〕3 号），明确要求各级政府编制 2016—2018 年三年期滚动财政规划。目前，从河北等试点地区的实践探索和各地编制跨年度预算的实际情况看，三年滚动财政规划总体编制的质量不高，前瞻性不强，没有真正起到约束政府收支行为的作用，在实施跨年度预算平衡过程中还面临着一些问题和挑战。

（一）年度预算与三年滚动财政规划存在"两张皮"现象

从三年滚动财政规划的编制方式来看，第一年约束的是年度预算，后两年递进的预算则指引对应未来两年的预算，第一年预算执行完毕后，再顺延添加下一个年度预算，逐年进行滚动更新。目前各级政府都是将年度预算与三年滚动财政规划一同编制，一些地方政府及部门对三年滚动财政规划理解不够到位，对政府宏观政策前瞻性把握不准，对三年滚动财政规划的编制重视不够，改革的积极性普遍不高。一些地方财政部门在编制三年滚动财政规划时，只是在前一年预算规模的基础上，用 1 年的预算金额简单乘以 3 填入预算报表，即完成了三年滚动预算收支的编报。这种通过对预算数字的简单累计和平均编制的三年滚动预算，实际上违背了中期财政规划的初衷，出现了年度预算与三年滚动财政规划"两张皮"的现象，不能充分发挥跨年度预算前瞻性、科学性、可预见性的效用。通过对各地编制三年滚动预算的调查发现，各级政府及部门预算申报情况参差不齐，尤其后两年预算申报项目细化不够，滚动申报的项目不完整；很多部门资金安排只注重眼前利益，而缺少长远谋划。大部分地区是在将当期年度预算平移推算的基础上，对以后年度目标进行分解，对未来三年间的财政收支安排衔接不够，不利于预算统筹

规划。真正的三年财政规划并不是对三年预算数字的简单累加和平均，而应带有战略性、前瞻性和开放性眼光，对未来三年重大财政收支情况进行分析预测，根据经济新常态的要求兼顾眼前和长远利益，避免财政资金使用的短期化和碎片化，通过跨年度预算平衡机制来约束政府收支行为。

（二）三年滚动财政规划与中期宏观规划不能有效衔接

我国宏观经济发展目标通常是通过制定"五年国民经济与社会发展规划"来体现的，这使公众能更好地了解未来五年国家的宏观经济发展战略。但是，我国虽有五年国民经济发展规划，但缺少相应的中期财政规划予以支持。从时间上来看，三年滚动财政规划的"三年"与国民经济和社会发展规划的"五年"不能很好地衔接，仍然存在"两张皮"现象。从内容上来看，启动三年滚动财政规划需要更加具体化、精细化的政策指导，而国民经济发展五年规划的内容则比较笼统抽象，目标也不够具体细化，不能很好地对三年滚动财政规划起到指导作用。另外，国民经济与社会发展五年规划属于静态规划，五年一经确定下来就不再做调整，灵活操作的余地小；而三年滚动财政规划属于动态规划，一定程度上可以体现经济运行态势的复杂多变。这将导致动态的三年滚动财政规划与静态的五年国民经济发展规划相脱节，也使各级政府及部门由于编制三年滚动财政规划的依据不足而出现"拍脑门"编预算的情形，导致未来预算执行中追加预算更加随意，这样就影响了三年滚动财政规划的科学性和规范性。另外，在实际运行中，我国地方政府一般每隔五年换届一次。所以，地方官员一届可以跨两个三年滚动规划的年限，第一个三年滚动财政规划的前两年可以扩大财政支出，即使有赤字也无所谓，只要第三年收支平衡就行了。而第二个三年滚动财政规划已经超过了官员的任期（林江，2015），这时前两年可以继续扩大支出，就算第三年赤字加大也无所顾忌。因为，该地方官员可能因业绩突出得到升迁，而将弥补赤字或偿还地方债的风险转移给下一任。这显然对继任官员是不公平的，也会对当地经济发展产生不利影响。

（三）三年滚动财政规划法律约束性不强

虽然新《预算法》规定各级政府应当编制跨年度预算平衡机制，但是，新《预算法》并没有明确规定三年为一期，只是以行政红头文件的形式确定，缺乏严谨的法定程序。而且，目前年度预算必须经人大立法机构审批方可执行，而三年滚动财政规划并没有严格的法定审批程序，这样对各级政府及部门缺乏强大的法律约束力。现阶段，我国的预算治理模式依然没有脱离中央出政策、地方执行的框架，并且有时中央政策出台得比较频繁。这给三年滚动财政规划的编制带来了很大的不确定性，也增加了编制的难度。因此，目前的三年滚动财政规划遵循的只是政府内部的一个指导性文件,"滚动"也只是预算编制的一种工具和方法,而不是具有法律效力的制度安排。

三年滚动财政规划的关键体现在"滚动"一词上,但在实施跨年度预算平衡机制的过程中,真正的预算资金滚动应当采取什么方式呢?需要通过怎样的路径来实现滚动效应呢?目前我国并没有具体的政策指导。如果三年以后仍然出现财政赤字怎么办?也没有明确的制度规定。目前,世界上大多数国家和地区实施了跨年度预算管理,很多国家都强调跨年度预算的前瞻性、法律性和科学性。而从我国各地编制三年滚动财政规划的实际情况看,一些地方出现了三年滚动预算编制的形式化和"空心化"现象。由于各地缺乏对跨年度预算平衡机制的深入理解,一些地方政府对一些跨年度项目仍以年度预算方式来进行决策,缺乏科学的预测和长远规划,无法使跨年度预算指标做到明晰和量化,三年滚动财政规划形同虚设,无法体现政府决策的预见性和可持续性。

(四)绩效评价薄弱,影响三年滚动财政规划的有效性

规范的中期财政规划不仅要提出具有约束力的三年预算总量框架,还要提出各级政府三年内预算执行需要遵守的支出限额。这就要求政府及部门必须在预算限额内提出全面具体的绩效目标,并对三年滚动预算实行全程绩效评价管理,这样才能保证中期财政规划运行的规范性和科学性。但长期以来,我国缺乏完整而有效的预算绩效评价体系,预算执行中重预算、轻决算,以及重评价过程、轻评价结果的现象还相当普遍。而且,目前的预算绩效考核指标主要针对年度预算评价的比较多,还没有设计出规范完整的与跨年度预算平衡机制相适应的绩效评价指标体系,所得出的绩效评价结论的应用效果不佳。目前,一些地方政府只是将本地区规划目标视同中期财政规划目标,而中期财政规划目标制定得也不够量化和具体,导致预算收支执行中管控不严、资金使用效率低下,很难对三年财政规划做出科学的绩效评审,也使三年滚动财政规划的准确性受到严重影响。由于财政资金的绩效目标侧重于社会效益而不是经济效益,而社会效益无法同经济效益那样通过经济指标来计算和度量,加之三年滚动财政规划要求在经济非均衡状态下实现动态平衡,绩效评价对象从一年扩展到三年,评价难度比以前明显加大。因此,这可能会使绩效评价者避重就轻,绕过"急难险重"的重大项目而将考评的重点放在难度小、容易计量的一些公共服务项目上。事实上,由于三年滚动财政规划绩效评价涉及面广,因此,更需要从专业角度评价预算执行的科学性和准确性。目前在预算绩效理念还未深入人心、跨年度绩效评价指标体系尚不完善的情况下,如何能为三年滚动财政规划的实施提供技术

支持还有待考量。

四、进一步完善跨年度预算平衡机制的措施

实行跨年度预算平衡机制是我国深化预算制度改革，提高财政政策前瞻性、可持续性的一项重要举措。同时，这也是不同利益主体之间的博弈，要考虑细致周全，不能一蹴而就。在实施跨年度预算平衡机制的过程中，应充分借鉴发达国家的成功经验，并考虑我国国情和改革的艰巨性、复杂性，坚持预算公开透明，将继承发展和改革创新并举，加强全社会对预算的监督力度，强化三年滚动财政规划对年度预算的约束力。

（一）统筹考虑年度预算平衡与跨年度预算平衡的关系

建立跨年度预算平衡机制并不是否定年度预算平衡，只是不强求预算平衡状态是年度的、以收定支的、静态的平衡，而是要实现跨年度的、以支定收的、动态的中期平衡。跨年度预算平衡并不能取代年度预算平衡（李燕，2015）。目前，大多数国家议会审批的仍然是年度预算而不是中期预算，跨年度预算平衡是对年度预算平衡的拓展和升华，并对年度预算起一定的约束作用。二者之间的关系非常密切，年度预算必须在中期财政框架下编制，是跨年度预算平衡的基础和起点，而跨年度预算平衡是在年度预算基础上进行的时间上的延伸。在跨年度预算平衡机制下，年度内可能会出现预算收不抵支的情况。在预算收入大于支出时，不必要求当年全部安排支出，这样可以防止年底突击花钱现象的发生，将结余结转到下年使用，或冲减财政赤字；在预算收入不足以弥补当年预算支出时，也不必要求削减当年支出，可以分三年对预算赤字进行弥补，防止税务部门征收"过头税"或出现财政"空转"现象。在实践中，年度平衡与跨年度平衡之间应建立一种灵活的预算平衡机制。在三年滚动财政规划中，除了第一个年度二者必须保持一致外，后两年所有的财政收支都是预计数，随着时间的滚动和宏观政策的变化进行调整。在实施跨年度预算平衡机制时，应明晰政府各部门的权责，让各职能部门充分认识到跨年度预算平衡机制的重要性并达成共识、形成合力。考虑到编制三年滚动财政规划是一项全新的工作，急需从中央层面尽早总结经验教训，不仅应建立示范指导模式，还要不断地完善编制的程序和方法，加强政策指导和技术支持，以保证各地跨年度预算平衡机制的顺利实施。

（二）准确预测三年财政收支是成功的关键

跨年度预算平衡机制成功与否，在很大程度上取决于对财政收支的预测能力。三年滚动财政规划实施的核心是财政收支预测，而提高财政收支预测的准确性，必须要明确政府与市场的边界，明晰政府的职能，并理顺中央与

地方间的财政关系。对于三年财政收支的测算，应立足于宏观经济发展趋势和历年经验分析，通过采用宏观经济计量模型来对财政收支趋势进行科学预测，检验预测的准确性。各级财政部门应牵头编制三年滚动财政规划，并对未来三年重大财政收支变动情况进行预测，对三年规划期内重大财税改革、重大政策出台及经济结构调整进行分析，研究目标实现的运行机制和绩效评价办法，强化财政规划对政府收支行为的约束性。

目前，一些发达国家测算中期预算收支的方法有很多，常用的预测方法包括经验判断法、回归分析法、时间序列法与结构性宏观经济模型，或者是几种方法的组合等。实践证明，对三年财政收支的预测，应遵循简单易行的原则，即运用的计量预测模型不要太复杂，简单回归法与经验判断法相结合的方法比较有优势，比复杂的时间序列法或者高深的宏观计量方程都要实用，也符合我国国情。在预测三年财政收支时，应采取静态和动态相结合的方式，既要根据历史数据对未来几年收支进行预测，又要不断更新统计数据以进行实时的滚动收支预测。应该看到，随着大数据时代的到来及多种财政统计软件的运用，财政、税务部门对财政收支数据的统计变得非常便利，可以及时获得月度、季度及年度的财政收支数据，这就为利用计量模型测算三年财政收支提供了重要依据。同时，也必须认识到，加强财政收支预测基础性工作非常重要。由于财税部门能否在规定时间提供全面、真实的收支信息是落实三年滚动财政规划的关键所在，因此，提高财政、税务等部门预测人员的技术水平迫在眉睫。在大数据技术得到逐步应用的背景下，财政、税务部门要加强预测人员的预测知识培训和预测软件使用的培训，只有提高预测人员软件编程能力及快速处理数据的能力，才能保证财政收支预测的质量和效率。

（三）政府决策方式与跨年度预算平衡机制的有机结合

目前实施跨年度预算平衡机制，不仅要结合国民经济与社会发展五年规划，还要与国家宏观调控政策相衔接。要尽可能将政府五年宏观规划的目标明确和具体化，这样才能对中期财政规划的编制进行有针对性的政策指导。我国实施跨年度预算平衡机制，不仅是一项制度变革，而且是提升国家治理能力和水平的重要途径。众所周知，国家治理的核心是提升政府风险预见能力和防控水平，而实施跨年度预算平衡机制，正是提升政府决策能力的重要基础，也是规避和防范财政运行风险的重要手段（廖家勤和宁扬，2014）。因此，要尽快将政府决策方式与跨年度预算平衡机制有机结合，增强政府中长期宏观规划的引领作用。另外，实行跨年度预算平衡机制，还要解决与部门、行业规划存在相脱节的问题。三年滚动财政规划的编制是以各部门、行业未来规划为前提的，如果不清楚各部门、行业未来几年的工作重点，那么就无法确定未来三年财政资金的配置方向，也不可能编制出科学的三年财政规划。但 2015 年在编制三年滚动财政规划时，各行业、各部门"十三五"规划还没有制定完成。在此背景下，先行编制的三年滚动财政规划必然会出现与实际不符的情况，一些政府部门由于编制依据不足而出现编报预算应付、消极的心理，这就无法实现三年滚动财政规划的科学性和前瞻性。因此，建议在编制三年滚动财政规划之前，应由各行业、部门的领导牵头，先行编制各行业、部门的发展规划，在此基础上再编制三年滚动财政规划，从而使中期财政规划真正实现与各行业、部门发展规划相衔接，使其更加符合当地客观实际，真正为促进各行业、部门发展提供充足的资金保障，从而有效发挥财政资金的使用效益。

（四）绩效问责与三年滚动财政规划有机融合

绩效问责与评估机制作为政府绩效的重要组成部分，是三年滚动财政规划实施的重要保障，直接反映跨年度预算平衡机制的运行效率。目前，很多财政支出项目都是跨年度的，而一些年度项目的效果有可能在以后年度显现。因此，需要有中期绩效来衡量其效果。绩效问责的实质是防范和化解财政运行风险，三年滚动财政规划对财政资金统筹使用具有一定约束和保证作用。财政部门要对各部门提交的三年财政规划及分年度测算的支出需求进行审核，原则上没有列入三年滚动财政规划的项目一般不得列入年度预算；要对可能出现的财政风险进行评估，建立风险预警和应急处置机制。财政资金在预算全过程中要贯穿绩效理念，要强化财政资金使用主体的责任意识，要对各级政府官员形成"用钱必问效、无效必问责"的倒逼机制。三年滚动财政规划在编制和执行中，要坚持绩效问责和日常监督相结合，建立"以花钱结果为导向"的全过程资金监督机制，不负众望地花好纳税人的每一分钱。在编制三年滚动财政规划时，要求明确申报绩效目标，要对三年内重大项目进行量化并科学论证，要强化部门的支出责任意识，强化行政问责机制，加强预算绩效监督和结果问责。"责任重于泰山"，要将绩效评价结果直接纳入对项目负责人的经济责任审计范围，建立第三方预算评价监控机制，定期实施绩效评价报告质量评审。加快预算绩效管理信息系统的研发，搭建预算绩效管理信息数据交换平台。对于在三年滚动财政规划执行过程中，出现重大决策失误或造成财政资金严重损失的，要进行责任追究，根据国家财经法规有关规定，视情节轻重程度给予责任人行政处分或追究其刑事责任。跨年度预算平衡机制顺利实施的前提是建立稳定的财经秩序。近年来，财政资金在使用中不合规、不合法，预算考核绩效差等现象不断出现，严重扰乱了正常的财经秩序。为进一步规范政府收支行为，必须推行绩效问责机制，建立"预算编制有目标、执行过程有监控、决算环节有评价、绩效结果有反馈"的全过程预算绩效管理机制。这是提高政府公信力的必然要求，也是落实三年滚动财政规划的重要保障。

五、结语

推行跨年度预算平衡机制，是完善国家治理现代化的深刻变革，是全面深化财税体制改革的重中之重，也是强化政府预算科学管理的重要措施。但应该看到，建立跨年度预算平衡机制是一项政策性、敏感性和技术性都很强的改革，关系到中央与地方及各部门之间的利益博弈，应按照循序渐进的原则，有计划、有步骤地向前推进。可以借鉴发达国家的成功做法，通过建立高水平的宏观经济预测协调委员会，为跨年度预算平衡机制提供技术支持和专业指导，并建立中长期重大事项科学论证机制，以提高财政政策的前瞻性、有效性和可持续性。

注：本文发表于 2016 年 9 月《当代财经》（CSSCI）。

第 2 篇　中期预算框架下预算绩效改革：逻辑起点与路径选择

李红霞　　周全林

摘　要：党的十九大报告明确提出了全面实施预算绩效管理的目标。预算绩效改革是预算管理制度上的一场重大变革，它作为深化中期预算改革的"标配"，是建立现代财政制度的重要组成部分。目前，中期预算框架下的预算绩效改革仍处于探索阶段，预算制度保障体系还不够健全，科学规范的绩效评价指标体系还未真正建立，预算绩效评价范围还有待扩大，绩效评价的结果应用还不够广泛，预算绩效与政府治理衔接还缺乏共容性等。这些问题若不及时解决，将会影响全面深化预算改革的进程。因此，探索中期预算框架下预算绩效改革的路径，可将预算管理模式由支出控制型转向绩效导向型，从而完成从"政府管钱袋子"到"管好政府钱袋子"的重大转变。

关键词：中期预算；预算绩效改革；预算绩效管理；现代财政制度

一、问题的提出

党的十九大报告对我国预算管理制度提出了明确的改革目标，要求"建立全面规范透明、标准科学、约束有力的预算制度，全面实施绩效管理"。2018 年 9 月，中共中央、国务院发布的《关于全面实施预算绩效管理的意见》（中发〔2018〕34 号）提出，要全方位、全过程、全覆盖地实施预算绩效管理，以提升财政资金配置效率。全面实施预算绩效管理，不仅是贯彻落实党的十九大报告提出的"建立现代财政制度"的必然要求，也是推进国家治理体系和治理能力现代化建设的重要举措。2018 年全国一般公共预算支出已超过 20 万亿元，财政支出规模相当可观。但目前预算绩效仍存在诸多问题，如绩效目标设立还不够清晰、绩效实施的广度及深度不足、绩效结果的约束效应不够明显等，还没有实现将财政资金"好钢用到刀刃"上，仍缺乏对政府提供公共服务履职过程的约束和监督。近年来，在中期预算框架下，全面实施预算绩效管理已经取得初步成效。但同时也应看到，预算绩效管理仍面临很多新问题与新挑战，预算绩效提高财政资源配置效率的功能还未充分体现，需要采取切实可行的措施，以全面提升预算绩效管理水平。

从中期预算和预算绩效之间的关系及相互制衡作用看，近些年，国内外学者对此进行了广泛而深入的研究和探讨，主要体现在：一些学者认为中期预算与预算绩效之间相互制衡、缺一不可，但二者关注的侧重点不同。白彦锋（2009）认为，中期预算框架是以 3~5 年作为一个期间的滚动预算框架。孙琳和楼京晶（2016）认为，中期预算框架的侧重点主要表现在预算的约束力上，强调从时间和空间维度体现预算管理的广度及深度，最终使财政政策目标在中期框架下得以顺利实现。马克·罗宾逊（Marc Robinson，2002）则认为，预算绩效开始实施的重点，是试图谋求在预算与绩效二者之间建立起一种因果关系，这是一种既相互制衡又相互协调的互补联系。王海涛（2014）认为，预算绩效的评价中以周期"年"为主的预算考核居多，而以中期（3~5 年）为主的绩效评价技术难度比较大。中期框架下预算实施目标与预算绩效目标的设定是一致的。王雍君（2008）认为，中期预算作为政府宏观调控的重要工具，其关键性的目标包括财政纪律、技术效率及配置效率等。白彦锋和叶菲（2013）认为，中期预算在追求关键性财政政策目标实现过程中，要建立起科学有效的资源配置优化机制，这不仅需要在收支结构、赤字数额及债务规模等宏观层面建立起严格规范的财税制度，还要在部门及单位预算资源配置等中观层面要建立起合理有效的资金分配机制，以进一步提高财政资金的使用效率。世界银行（2013）报告指出，中期预算框架下的技术效率，其要旨是将预算从以前的"投入型预算"转换成"产出型预算"，即从以往重视资金投入转成更重视成果的产出。相类似地，马骏（2005）认为，预算绩效阐述的是如何将财政投入与产出成果结合起来，绩效更强调的是对"结果"负责，而不仅仅满足于资金投入的合法合规，这样才能保证中期预算与国家长远战略规划之间相互衔接。一些学者认为，中期预算与预算绩效的实施具有共同的技术基础。李燕、白彦锋、王淑杰（2009）认为，中期预算实施的技术基础是对未来的财政收支进行估测。张宇蕊（2004）认为，西方发达国家实施中期预算的经验表明，中期预算的技术方法作为一种"中性"管理手段，不仅是政府绩效评估的重要前提，也是中期预算终极目标得以实现的可靠保证。帕克（Park，2008）认为，中期预算的技术基础更需要客观的数据支持和完善的权责发生制会计体系及大数据平台的运用。单和沈（Shan & Shen，2007）发现，多年实践证明，各个预算主体之间的联系会随着中期预算技术手段的不断完善而更加紧密，同时，中期预算的技术基础能够进一步提高政府行政效率，能促使更多的公开、可靠的信息产生，以此作为政府制定预算决策的重要依据，也可以改进政府财政支出的优先排序。还有一些学者从中期预算与预算绩效结合的角度出发，认为二者结合会进一步增强政府综合治理效应。王雍君（2008）认为，20 世纪 80 年代以来，中期预算汲取了在中期规划基础上建立预算系统的科学理念，不仅如此，还将中期预算与绩效紧密结合，运用到政府治理能力及水平的评估中。在绩效评价实证模型分析中，阿曼·鲁斯马纳（Oman Rusmana，2012）与穆罕默德·伊梅尔（Mohammed Yimer，2015）通过对一些发展中国家的相关改革分析发现，中期预算与预算绩效的实施有很高的相关性，而且二者的协调配合能显著地提高各级政府的绩效水平。白彦锋（2016）认为，将绩效理念嵌入到中期预算中，实施预算全过程闭合绩效管理，能进一步加强对预算过程的控制，从而提高预算资金使用效率。王宏武（2015）在对以澳大利亚等为代表的发达国家的中期预算嵌入绩效理念的研究中发现，预算绩效应与中期预算的实施过程相衔接，并给予各级政府及部门预算管理一定的自主性，以使中期预算的终极目标与预算资源配置、绩效指标评估紧密结合。

相比国外学者对中期预算和预算绩效的研究，国内学者无论在理论研究深度上，还是在实证分析方面都处于较薄弱环节，这与我国中期预算实施正处于改革的初始阶段，目前正处于实践探索中，一些改革实践案例及经验数据的获取比较困难有关。本文拟在以往国内外学者研究成果的基础上，紧密结合新时代背景下中期预算面临的新使命、新挑战，深入剖析现阶段中期预算与预算绩效脱节的深层次原因，并指出预算绩效实施中存在执行力低、约束力弱的症结所在。针对中期预算框架下绩效评价体系薄弱的问题，笔者创新性地提出构建多层次预算绩效评价体系，从独特视角提出绩效共性指标和个性指标有效结合的途径，并确定核心预算绩效指标及其操作模式，最后针对中期预算与预算绩效的脱节提出了前瞻性建议。

二、中期预算嵌入绩效理念的逻辑起点

20 世纪 50 年代，美国第一届胡佛委员会开创了预算绩效改革的先河，但预算绩效推行的成效并不尽如人意。到 20 世纪 70 年代，随着新公共管理运动的兴起，预算绩效评价手段才开始在国外公共管理实践中得到极大重视，一些发达国家为应对财政失衡、债务危机等困扰，相继在推行中期预算的同时进行预算绩效改革的探索。到 20 世纪 90 年代，在继承以往预算绩效改革的基础上，以美国、新西兰和澳大利亚等为代表的 OECD 国家纷纷推行了以"结果"为导向的"新预算绩效"——主张政府必须依据中长期战略目标编制中期预算，并以绩效评价为约束手段，在分析成本效益基础上规定政府支出控制目标。预算绩效的实施不仅是各国政府预算管理方式的改变，也成为促进政府更加高效透明、合法有序进行国家治理的重要工具。美国堪萨斯大学著名学者何达基说："每个国家发展到一定程度，都必须要建立适合本国国

情的预算绩效制度，因为让纳税人的钱花得更合法、更有效是各国政府都必须做的事。"在多年实践中，许多发达国家也确实通过将绩效理念嵌入中期预算的改革，提高了财政资金的使用效率。一些新兴经济体和经济转型国家，通过中期预算框架下的预算绩效改革，减少了财政困难，规避了债务风险，提高了预算管理效率。可以说，预算绩效管理是一个对人民负责任的政府进行国家治理必备的重要利器，是对政府行为进行有效约束及其履职能力综合考核的"试金石"。美国著名预算学者凯顿教授（2006）曾说过："预算时代"的重要任务就是让公共预算成为约束政府财政收支行为的依据，以克服政府随意支取财政资金、挥霍公共收入的弊病。

近几年，随着我国中期预算改革不断向纵深发展，预算绩效已成为全社会关注的热点问题，2018 年，李克强总理在政府工作报告中提出，要进一步落实全面预算绩效管理工作，进一步完善预算绩效报告制度。绩效理念已经渗透到政府预算管理的各个环节中，从预算的编制、审批、执行到决算等，整个预算流程都贯穿着绩效评价的应用。传统年度预算平衡机制的最大弊端是不能合理、系统地用一个中期绩效目标来考核预算的执行结果，预算绩效的考核出现短期化、碎片化问题，对跨年度资金项目的绩效无法进行有效衡量，如大型公共工程建设，需要经过几年的积淀才能显现其完整的绩效，而年度预算绩效考核主要针对当年工程项目完成情况进行评价，没有设计与跨年度资金项目相适应的绩效指标体系，因此，年度预算平衡机制下的预算绩效总体上质量不高。近几年，我国开始实施中期预算改革，财政收支平衡从年度平衡延长到中期（3 年）动态的平衡，这就为中期预算框架下预算绩效改革提供了重要前提条件。中期预算要求确定 3~5 年的中期绩效目标，通过对财政政策进行前瞻性和可持续性的预测，提前认知财政资金运行中可能存在的潜在风险，有利于更科学地开展预算绩效评价。

当然，我们也应看到，中期预算框架下的预算绩效作为一种制度性改革，还要与一个国家的政治体制、经济发展阶段等密切结合，在借鉴西方发达国家预算绩效改革先进经验时，预算绩效涉及的诸如财权与事权的划分、绩效理念、权力问责机制等与西方国家都会有所不同。因此，现阶段预算绩效的设计与推行必须符合我国国情，就像美国堪萨斯大学著名教授何达基所说，"预算绩效应从体制的差异和改革目标的难易程度，来研究发展中国家的预算绩效问题"。预算绩效目标设计得是否科学合理，不仅会影响中期预算改革的步伐，还会影响到国家治理体系和治理能力的现代化水平。如果一个国家的预算绩效改革目标设定得过高，而现行的制度保障体系无法予以有力支撑，则预算绩效改革的结果往往就会流于形式。基于目前我国的中期预算改革正在推进中，财政制度及法律保障体系尚待完善，因此，现阶段，我国还不适宜推行复杂的、高标准的预算绩效改革模式。

三、中期预算框架下预算绩效改革面临的羁绊与问题

经过多年改革探索，我国预算绩效改革取得了一些初步成效，也形成了一整套预算绩效评估指标体系，但现阶段，预算绩效改革在推进过程中还面临一些阻力和问题，主要体现在以下几个方面。

（一）预算绩效与政府治理衔接缺乏共容性

我国预算绩效改革从 2003 年中央提出要"建立预算绩效评价体系"开始推行，经过十多年的改革与完善，各级政府对预算绩效理念已广泛认同。但随着预算绩效改革的深入，对如何建立起预算绩效与中期预算之间强有力的联系，如何将绩效理念融入政府治理体系的认识还不够深入。从 OECD 国家的经验来看，预算绩效与中期预算强有力的衔接需要具备几个基本条件，如预算公开透明、预算法治化、具备预算信息分析处理能力、严守财经纪律以及提供支持环境等。从目前来看，我国尚未完全具备这些基础条件，实现真正意义的预算绩效与中期预算的衔接仍任重而道远。同时，预算绩效作为现代政府治理体系的核心内容与基础，与现代政府治理存在共容性及协同性关系，直接决定着政府治理能力的现代化水平。就像艾伦·希克（Allen Schick，1990）所指出的，"毫不夸张地说，一个国家的治理能力及水平很大程度上取决于它的预算能力"。现代预算绩效强调的是以"结果"为导向，关注的侧重点已从"产出"转为更关注成果及影响，这就使预算资金的分配不仅与公共需求密切相连，同时也与政治家的偏好、政府受托责任紧密结合。

实践证明，以"结果"为导向的绩效理念在政府治理层面尚未落实到位，预算绩效与政府治理之间还缺乏共容性，仍然存在一些难以解决的问题。例如，2017 年、2018 年，我国先后有辽宁、内蒙古等地区公开承认"政府账本"有"水分"。财政数据出现造假行为，不但会影响中央对地方政府经济形势的判断，直接影响转移支付数额及民生支出的保障能力，还会直接影响到政府的公信力和权威。其实，这仅是在推行预算绩效改革过程中遇到的诸多问题中的一种，之所以会出现这种情况，其深层次的原因在于，一些政府官员并未将预算绩效理念与政府履职紧密结合，在借鉴国外预算绩效改革成功经验时，一些地方政府只过多侧重预算绩效之"形"，而未深刻领会预算绩效之"神"，西方预算绩效引入我国仍存在"水土不服"的现象。

（二）预算绩效制度保障体系不够健全

2015 年新《预算法》虽然以法律形式明确规定了"勤俭节约、讲求绩

效"的相关要求，为中期预算框架下预算绩效改革提供了法律依据。但由于目前新《预算法实施条例》尚未出台，《预算监督条例》及《政府审计条例》还未全面修订完善，预算绩效的一些具体指导性、操作性规程还不明晰，制度安排与执行落地之间还存在一定差距，如何在中期预算框架下落实预算绩效改革在法律体系中仍处于探索阶段。另外，我国各级人民代表大会理应是监督预算绩效执行的权力机关，但在现有财政监督制度下，由于预算信息还不够全面，人民代表大会主要侧重于对总预算及重大项目预算执行进行审议、监督，而对具体到部门单位的预算执行尚难以监督到位。目前，预算绩效虽然纳入了各级政府中期预算分年度目标责任考核，但绩效结果应用及问责机制还存在缺陷，与打造高效负责任政府目标还有一段距离，预算绩效推进工作也由于法律制度建设支撑不足而面临较大的改革阻力。

我国现阶段与发达国家预算绩效保障体系相比还存在较大差距，西方国家非常重视预算绩效法律制度建设。例如，美国、澳大利亚等发达国家的财政部门在预算绩效中发挥了重要监督作用，而且这些国家基本都在财政部门内部安排了专门的预算绩效评估机构。我国尚未真正将政府工作人员道德纳入立法范畴，而从国际范围来看，不少国家早就将政府工作人员的道德规范纳入了绩效考核立法轨道，美国还成立了国家绩效评审委员会（NPR），并制定了《政府绩效与成果法案》、《行政官员道德纲要》及《政府道德法》；澳大利亚出台了《预算诚实宪章》和《财政管理及问责法案》；日本颁布了《国家公共事业道德法》；加拿大颁发了《公务员利益冲突与离职后行为法》；意大利出台了《国家公务员道德法典》；等等。这些都为预算绩效制度的建立提供了强有力的法律支持。预算绩效作为一种技术性工具本应没有国别差异，但我国现阶段由于预算绩效施行的法律法规体系还不够健全，预算绩效过多侧重于形式上的照搬，在支出领域还存在自由裁量权行使过度现象，"形象工程"至今仍屡禁不止，这些都是缺乏依法行政在预算绩效改革中的突出表现。

（三）预算绩效评价范围有待扩大

2018 年 9 月，国务院颁发的关于《全面实施预算绩效管理意见》明确要求，力争用 3~5 年的时间建成全覆盖的预算绩效管理体系。目前，中央和大多数省本级一般公共预算中的项目支出已实施了绩效评估，但地方层面的市、县及乡三级还尚未全面实行，约 80% 的一般公共预算支出则发生在市、县、乡三级预算上，这就使预算绩效很难发挥其约束有力的功效。此外，目前预算绩效内容还不够宽泛，模式还比较单一，绩效评价过于注重项目的自身评价，而忽视了外部因素对预算绩效评价结果的影响。预算绩效管理的范围没有真正做到"横向到边，纵向到底"，还不能确保预算绩效管理延伸到公共部门的各个角落，没有真正做到"双联动、多层次、全覆盖"。

现代预算绩效管理要求将绩效覆盖到全口径预算中的各类政府性资金，即用全过程绩效来推动全口径预算的规范管理，但当前我国全口径预算绩效评价的覆盖面更多侧重于一般公共预算资金的绩效考核，对政府性基金、国有资本经营预算和社会保险基金"三本预算"的绩效考核还没有真正纳入进来。这"三本预算"支出占全部政府预算支出的比重已达40%左右，而且都是关系政府宏观调控和民生保障的投入，这些支出未纳入绩效管理，在一定程度上会影响资金使用的安全性与使用效率。

（四）预算绩效标准评价体系尚未健全

在中期预算框架下如何设计科学规范的预算绩效标准评价体系？目前这方面的建设还比较薄弱。为设计一套有利于共性考核的绩效指标考核体系，财政部早在2013年就颁布了一套衡量预算绩效的共性考核工具，包括针对政府预算、部门整体支出以及项目支出等三个层级的预算指标评价体系。这套共性预算绩效指标体系从财政资金的投入、运用、产出及效果四个环节进行绩效考核，尤其社会关注的热点，如民生支出占比、预决算公开透明度、负债率、财政收入规模等都在考核范围之内。预算绩效指标评价体系分为共性和个性两种，共性指标作为各级财政部门和预算部门开展绩效评价工作时的参考，同时允许地方自行设计个性绩效评价指标。但实践中发现，真正设计体现项目效果的个性指标，在标准确定上还存在一定难度，导致评价内容不够全面，难以满足不同层面和不同性质的绩效评价需求。

实践证明，目前预算绩效评估指标体系还存在一些不足：一是评价指标体系相对宏观、细化不够、刚性较差、可操作性不强，并未从工作完成的数量、进度、效率及质量等方面明确设定定量化标准；二是绩效评价指标缺乏科学的论证，数据支撑依据不足，没按阶段性效果和实施步骤设定阶段性目标；三是缺乏科学的分门别类支出项目指标评价体系，如对固定资产、无形资产、流动资产等投资项目缺乏具体的评价指标体系，在绩效评价过程中缺乏统一的衡量标准，无法合理评估项目的近期及长期效益，绩效考核易受人为因素影响；四是预算绩效组织程序、评价方法缺乏统一口径。因此，构建完善的预算绩效评价体系是政府部门当务之急。

（五）预算绩效评价结果应用有待加强

从发达国家多年实践来看，预算绩效评价结果的应用仍是一个世界性难题，它受各国行政管理体制、预算决策机制等多种因素影响。虽然我国正在努力推进预算绩效改革，但目前并未做到将预算绩效评估结果作为下一年编制预算的重要依据，这就在一定程度上影响了财政支出结构的调整及财政资源的优化配置。现阶段，各级政府预算编制还主要采用按政府部门职能来安排预算的模式，预算绩效评价结果并没有真正做到与预算挂钩，很大程度上还采用"基数法"拨款方式。下一年预算拨款额大小并不取决于获得了多少绩效，也不依照绩效优劣来进行拨款，这就使得用绩效评估结果来考核政府受托责任缺少落实的依据。我国目前预算绩效评价主要采取内部评价和外部评价两种，这两种绩效评价方式或多或少地存在一些问题。内部绩效评价主要采取预算部门、单位自评的方式，由于这种方式缺少独立性，易受领导层面等人为因素干扰，还未能做到规范化、制度化和常态化，绩效内部评价一般总结经验多、查找问题少，而且自评分数一般较高，不利于部门、单位对实际工作中存在的问题进行及时纠错。外部绩效评价主要是由社会中介机构负责，而对社会中介执业质量的抽查结果显示。其执业水平存在参差不齐现象，有些社会中介所掌握的财政法律法规不系统、不全面，导致绩效评审发现问题的能力受到限制。此外，现阶段预算绩效评价相关激励机制还不够健全，预算单位在预算绩效管理中的积极性未能得到充分发挥，还没有从"要我有绩效"向"我要有绩效"的方向转换。绩效评价结果的客观性、真实性得不到评价对象的认同，绩效评估也由于缺少公众的参与很难被社会公众接受。

四、中期预算框架下预算绩效改革的路径

近年来，我国预算绩效改革取得不少突破，2017 年，财政部首次组织中央部门对预算执行结果进行绩效自评，所有中央部门项目的支出绩效目标已实现全覆盖，这在当前我国预算绩效改革路径上迈出了坚实一步，说明我国预算绩效改革正在提速推进。但也应看到，中期预算框架下预算绩效改革仍处于探索阶段，还需要从以下几个方面完善预算绩效管理改革。

（一）树立中期预算全程绩效的理念

中共中央、国务院发布的《关于全面实施预算绩效管理意见》（中发〔2018〕34 号）中提出：要将绩效理念贯穿到预算全过程，包括预算编制、预算执行、决算及预算监督等环节，实行预算绩效的事前、事中及事后闭环系统管理。各级政府及各部门要大力倡导预算绩效的管理理念，加强绩效管理组织领导，建立起上下协调配合、部门间联动、层层狠抓落实的工作机制。进一步充实预算绩效管理机构的人员力量，加大预算绩效宣传培训力度，指导预算部门及单位提高绩效管理水平。各地区、各部门要明确全面实施预算绩效的时间表和路线图，要在补短板、强弱项、抓重点和提质量上下功夫，要将预算绩效责任分解落实到基层预算单位，明确到具体责任人，每个项目的负责人要对绩效结果负责，针对重大项目的责任人要实行预算绩效终身问责制，让财政资金的每一分钱都花得安全、用得高效。通过强化对部门、单位的考核力度，提高其对预算绩效的重视程度，树立起"花钱必问效，无效必问责"的绩效管理理念，在全社会培育约束有力的绩效管理文化，促进全社会形成"讲绩效、比绩效、用绩效"的良好氛围。由于绩效文化需要相当长时间去培育，在预算绩效改革推进的过程中，必须建立有效的奖惩机制，让绩效评估由以前的下级被动应付、盲目接受转变为自觉行动。建立预算绩效激励约束机制要落实好财政问责制，需要构建有效的绩效责任框架，确保预算绩效延伸到基层单位和财政资金使用的终端。树立预算绩效理念要与中期预算改革有机衔接，中期预算改革已为预算绩效设定了一个中期规划的框架，通过应用中期预算框架可以实现跨年度绩效考核收支执行情况的预期，通过支出限额将财政资金优先安排到效率较高的民生项目上。从西方国家成功经验看，凡是那些预算绩效实施比较成功的国家，绩效责任的落实都非常到位。

（二）完善预算绩效指标评价体系

目前，随着中期预算改革的不断深入，中期预算绩效指标评价体系也在不断完善，预算绩效指标体系设计得是否科学、规范，直接会影响到预算绩效评价的质量。财政部要进一步健全和完善定性与定量相结合的预算绩效共性绩效指标体系，构建分行业、分领域及分层次的核心预算绩效指标体系，绩效指标要体现规范合理、细化量化、可测可比、动态调整及共建共享等原则。此外，中期预算绩效评价体系还要结合近几年各地改革实践，参照不同地区具体绩效评价对象确定各地个性化指标，如财政支出自给率、财政供养率、财政支出拉动系数类指标和财政支出贡献类指标等。共性指标和个性指标有机结合，一同推动绩效指标和评价标准的科学化、规范化，进一步夯实预算绩效的管理基础。预算绩效指标体系应与基本公共服务标准、项目支出标准相匹配，重点从社会效益、经济效益、环境效益、可持续性及公众满意度等绩效目标来考核实效。

具体来说，财政部要会同有关部门进一步围绕项目的投入、管理、产出及效果等几方面设计出绩效评价方案，并建立包括数量、质量、成本、效益、服务对象满意度、可持续影响等若干维度的绩效评价指标体系。接下来，财政部门还应不断创新绩效评估方法，立足多视角和多元化数据，辅之以大数据、云计算等信息化技术作为有力的支撑，通过运用成本效益分析法、因素分析法及社会公众评判法等评价方法，结合各部门、各行业特点，科学确定其各评价指标的权重。同一行业、同一部门逐步建立统一标准的绩效评价标准，增强部门之间同一类评估对象评价标准的一致性及可比性，切实提高绩效评价的质量和可信度。为了降低预算绩效的评价成本，提高绩效评价质量，需要搭建一个各类数据可综合应用的信息平台，财政机构、主管部门、第三方评价机构及评审专家等都可以在这个平台上按规定程序操作，这个以绩效为核心的平台开发及运作需要与现有部门预算信息系统、软件相兼容，还要根据预算项目的特点随时补充新信息。

（三）扩大预算绩效评估范围

2018年11月初，财政部在《关于全面实施预算绩效管理意见》中指出：到2020年底之前，中央部门及省一级要构建全覆盖、全方位的预算绩效管理体系；到2022年底之前，市县一级要基本建成全覆盖的预算绩效评估体系。这就是说，要逐步实现对政府预算、部门预算、单位预算及项目预算的绩效管理，将政府收支预算全部纳入预算绩效管理。随着我国全面实施预算绩效管理，预算绩效目标的执行监控范围也要求逐步扩大，不仅包括一般公共预算，还要将国有资本经营预算、政府性基金预算及社会保障预算全部纳入绩效管理的范围，并加强"四本预算"之间的衔接。各级政府要加强预算绩效资金管理，在"四本预算"绩效评价考核时，对收入方面要重点关注收入结构、征收标准、征收效率及优惠政策的实施结果，支出方面要重点关注支出结构、支出投向及支出使用效益等，特别对重大政策和重大项目的实施效果更要严格审查评估，要积极开展对政府与社会资本合作的项目，以及政府债务、政府采购、政府购买服务等项目的绩效评估。随着预算绩效改革的不断深入，预算绩效改革要坚持"全面推进、重点突出"原则，要逐步提升预算绩效管理层级，逐年扩大预算绩效范围，从绩效改革一开始的项目绩效评估开始，提高到对各部门整体支出进行绩效评估，随后再提高一个层次，对地方政府的支出绩效进行整体评估，最终实现对所有财政资金的全覆盖。

（四）重视预算绩效结果的应用

预算绩效评价结果的应用是最终落脚点，也是深化预算绩效改革的必然要求。应尽快建立预算绩效评价结果与预算安排挂钩机制，将绩效评价结果作为下一年预算编制及调整支出结构的重要依据，防止"拍脑袋定决策"现象，从预算编制的源头提高科学性及精准性。对绩效评价好的项目要给予优先保障，对绩效评价一般的项目要督促其限期整改，对重复交叉的项目要进行调整，而对低效、无效的项目一律削减资金或取消。对长期沉淀在部门单位账上的资金一律收回，由财政部门统筹安排到急需支持的民生领域。要不断健全预算绩效评价结果反馈制度，各级财政部门要及时推进预算绩效信息的公开机制，重要预算绩效的评估结果要与预决算草案同时报送人大并同步向社会公开，自觉搭建公众参与预算绩效管理的渠道和平台，主动接受人大代表和社会各界的监督。各级政府还要将绩效评估结果纳入政府绩效及干部业绩考核体系，建立绩效考核结果通报制度及激励约束机制，充分调动各级政府官员履职尽职的积极性，从而推动财政资金的聚力增效，进一步提升政府提供公共服务的质量。实施全面预算绩效管理是政府治理的一场深刻变革，重视预算绩效结果的应用能有效提升政府的履职能力和公信力，为全面建成小康社会打下坚实的基础。

（五）加强预算绩效法律制度建设

我国目前预算绩效改革还处于初步阶段，因此，要完善预算绩效改革。一是尽快出台《预算法实施条例》。对预算绩效制度的相关内容进一步明确和细化，同时还应及时修订《预算监督条例》《政府审计条例》等，增加预算绩效改革的制度保障。二是提高预算透明度。上海财经大学公共政策研究中心公布的《2017年中国预算透明度报告》显示，从2009年到2017年9年间，省级财政透明度的平均分从2009年的21.71分提高到2017年的48.28分，平均分仍处于不及格水平，说明目前的预算还不能做到公开透明，提高预算透明度是预算绩效改革迫切需要解决的问题。三是提高预算信息分析能力。应进一步提高支出部门和财政机构预算信息收集及分析能力，对一定规模以上项目预算的绩效评价，要强化跟踪问效机制，加强部门的财经纪律观念。四是进一步完善预算权力结构机制。加强预算绩效改革与行政体制改革及政府职能转变等的衔接力度，由于预算既是经济问题又是一个政治问题，仅进行技术导向的预算改革并不完全符合我国国情，预算绩效改革的深入开展还要求理顺现有的预算权力结构，如政府、人大、党委及社会公众在预算过程中的角色关系，力争做到各司其职，既不"越位"，也不"缺位"。

五、结语

中国特色社会主义进入新时代，预算绩效改革将面临长期的、艰巨的任务。预算绩效改革既要全面推进，又要突出重点，预算绩效不仅要涵盖预算的编制、执行、决算及监督等全过程，而且要延伸至整个政府治理过程。预算绩效改革应与中期预算改革良性互动，进一步推进建立公开透明的现代财政制度。预算绩效也要与行政体制改革、项目支出标准体系改革、政府收支分类改革、权责发生制政府财务报告制度改革等有机衔接，切实提高各项改革的系统性和协同性，再辅之以大数据、信息化等现代技术的强力支撑，不断提升预算绩效管理的科学规范化程度，从而有效提升政府治理能力和水平。

注：本文发表于2019年1月《当代财经》（CSSCI）。

第3篇　预算绩效与政府治理：契合性与协同性视角

李红霞　刘天琦

摘　要：目前，预算绩效改革已成为政府治理深刻变革的突破口，是进一步推进国家治理体系和治理能力现代化的必然要求。我国实施预算绩效改革已逾十年，但仍处于不断探索和完善中，预算绩效与政府治理之间的协同联系尚未真正建立起来。党的十九大报告明确指出，要建立规范透明且约束有力的预算制度，全面实施预算的绩效管理。因此，将预算绩效管理引入政府治理过程，是推动政府效能提升，增强政府公信力，建设责任政府、服务型政府的有力举措。随着国家的"钱袋子"越来越重，如何确保纳税人"每一分钱"都能花出实效，如何将绩效理念深度融入政府治理全过程，如何建立起预算绩效与政府治理协同共容机制，如何完成从"政府管钱袋子"回归到"管好政府钱袋子"的重大转变，就成为现阶段亟待解决的重要课题。

关键词：绩效；政府治理；协同机制

一、引言及文献综述

2018年9月，国务院在《全面实施预算绩效管理的意见》中明确提出，全面实施预算绩效改革是进一步推进国家治理能力现代化的必然要求，力争在未来3~5年内基本建成全过程、全方位、全覆盖及科学规范的预算绩效管理体系。这标志着我国预算绩效管理与政府治理"联手"，预算绩效管理步入规范、统一、协同改革的新阶段。预算绩效管理是建设责任政府、服务政府的有效工具，也是防范和化解重大公共风险的必要手段。预算绩效管理改革与政府治理协同推进，是实现人民追求美好生活的现实需要，也是国家长治久安的一项重大工程。

对于预算绩效相关研究，国外研究成果很多。早在1949年，美国的行政管理和预算局（OMB）就提出预算绩效的含义：预测拟定耗费的财政资金数额是否达到了预期效果。威纳夫比和梅可斯（Willoughby & Melkers，1998）认为，预算绩效是对政府机构使命、实现目标进行规划。米卡特里恩和布兰姆（Miekatrien & Bram，2007）认为，预算绩效是以绩效为导向的预算管理制度，可以提升政府组织效率。对于预算绩效评价方法，朱利斯（Julnes，

2001）等把绩效评价分为成本收益、结果评价和过程评价三种方式。哈特里和哈利（Hatry & Harry，1999）提出政府绩效维度模型，主要包括质量、灵活性、资源利用、效益等。卡普兰和诺顿（Kaplan & Norton，1996）设计的平衡计分卡，用以设计政府绩效考评平衡计分卡框架，对政府履职进行绩效评价。占武克·帕克（Nowook Park，2008）认为，预算绩效的技术需要大量的数据支持及权责发生制的运用。经济合作与发展组织（OECD，2008）提出，各国在编制中期预算时都应加入绩效信息，并对预算执行结果进行评价。对于预算绩效结果应用的研究，弗里斯科等（Frisco et al，2008）认为，预算绩效的评价信息很少被用于决定预算的立法及应用。本尼多和巴斯蒂达（Benito & Bastida，2009）指出，国会考虑可能会被削弱预算分配的主动权，而主观不愿意支持应用绩效结果信息。有学者孔（Kong，2005）通过调查美国的地方政府预算绩效后发现，70%以上的地方政府认为预算绩效的实施提高了政府服务效率。莫尔和霍（Mohr & Ho，2015）认为，绩效导向的预算管理很大程度上提升了政府整体的工作效率。拉戈纳（Lagona，2007）认为，预算绩效会影响各级政府的消费行为。辛奎尼和格罗斯（Cinquini & Grossi，2018）认为，西方预算绩效不仅包括事前预测及过程监控，还包括事后评价和结果的应用等环节。

近几年，国内学者也对预算绩效有进一步研究。刘尚希（2019）认为，传统绩效强调当前资金产生的结果，而现代绩效是基于对未来的分析判断而预期的某种结果。白景明（2018）认为，预算绩效是以绩效管理为核心对财政资金的分配、使用及效益实施管理。马蔡琛（2019）认为，预算绩效信息的公开，应从绩效评价的结果公开开始，逐步推向全过程的绩效信息公开。李燕（2017）认为，在打造"阳光财政"进程中，预算绩效发挥了其优越性及科学性。高志立（2015）提出，预算绩效要以绩效信息为主线贯穿预算全过程。王雍君（2018）提出，要让绩效评价与预算的全过程能够实现无缝衔接。贾康等（2013）提出，绩效管理是时代进步和民主进程中，满足公众对政府提供高质量公共服务的一种必然诉求。张馨、袁星侯（2005）提出，在预算绩效这个大系统中，绩效评价只是其中的一个子系统。范柏乃（2012）认为，我国应在绩效激励机制方面不断加以完善，并建立起科学的预算绩效指标评价体系。孙克竞（2011）提出，预算绩效管理改革是进一步深化部门及单位预算改革的一个很重要的制度创新。邓毅（2011）提出，地方层面的预算绩效改革尤为重要，应将其作为深化预算绩效改革的突破口。王雍君（2008）认为，预算绩效与预算全过程结合能够呈现出政府综合治理效应。马国贤（2012）认为，预算绩效评价是对支出效率进行评价的制度，绩效评价的目的是确定政府花钱是否值得、有效。

相比国外对预算绩效的研究，国内学者在预算绩效与政府治理协同关系、构建多层次预算绩效评价指标体系等方面研究还比较薄弱。本文在现有国内外研究成果基础上，从预算绩效与政府治理协同推进的内在机理、面临的困境入手，深入分析现阶段预算绩效与政府治理脱节的症结所在，提出了明确责任主体权责、协调不同维度绩效评价体系、完善政府绩效管理的法治化建设等措施，以推进预算绩效管理改革与政府治理协同发展。

二、预算绩效与政府治理协同推进的内在机理

预算绩效理念在我国古而有之，从尧舜时期的"三载考绩""五载一巡守"，到西周的"上计制度"，都是对当时财政收支活动及官府的政绩进行管理监督的重要方式。《论语》提出，官府的官员要做到"修己以安百姓"，即官员要修养自己才能使老百姓们安乐；《孟子》强调要"以德行仁者王"，即君王要以良好的道德修为来治理一个国家；《礼记·中庸》坚持"君子笃恭而天下平"，倡导君王通过道德的力量来使天下太平；韩非子十分重视对官吏的严格监控，提出"以法为主""治吏不治民"的主张。到了唐朝采用实绩晋升，通过对官吏考核来检验其任职期间的治政业绩，唐太宗提出"人君所受于天，不可私而失信"，在当时产生了巨大的功效。为了保证政府绩效监督顺利推行，我国历代都设立了专门机构以行使绩效评估职能，通过"按察虚实真伪、相辅为用"，初步形成了绩效与治理相结合的分级考核制度。

从西方国家预算绩效理论演进的历程来看，大体经历了从投入预算到预算绩效的跨越。预算绩效的演进始终围绕着立法权如何约束政府理财行为，如何让纳税人的每一分钱都花得更加有效等理念不断推进。公共预算专家凯顿（1978）将预算模式分为三个时期，即"前预算时期"、"预算时期"和"超预算时期"。中世纪后期至19世纪初期，进入"前预算时代"，这个时期对外部社会主张公共责任，对政府内部则强调集中的行政控制，尽管这种预算模式当时汲取了大量的财政收入，但此时的预算支出效率却非常低下。进入19世纪以后，政府预算改革逐渐进入"预算时期"，西方国家开始建立"控制取向"的预算管理模式，通过在政府内部建立权力性预算机构实现集中的行政控制，并通过该机构对各部门实施有效的外部控制，这种预算管理模式强调所有的政府收支都必须纳入预算管理，而且要求所有预算提案一经议会通过必须严格执行，并受预算程序的约束。这个时期预算模式强调的是投入控制而不是支出效率，属于"基数加增长"的传统预算模式。这种预算模式的重点是投入而不是产出，预算增量是在政治家之间讨价还价基础上确定

的，根本无法保证资源的有效配置。到了 20 世纪 70 年代，全球经济出现了滞胀和财政收支矛盾的加剧，19 世纪一直强调的行政控制不断弱化，政府支出也出现了不可预测性、预算的非弹性及"零碎化"，凯顿将这一时期称为"超预算时期"。此时，西方国家不仅面临经济危机，还面临着政府信任的塌陷和管理危机，政府公共服务的低效率，引发了社会公众的强烈不满。为了摆脱政府治理的低效和财政困境，提高资源配置效率，寻找一个高效、新型的绩效管理模式就成为政府及社会公众的共同需求，从而进一步推进了预算绩效改革。美国、英国作为预算绩效改革的先行者，实施了"重塑政府"的新公共管理运动，也产生了"新公共管理理论"，公共管理理论主张政府公共部门要采用私人部门的竞争机制来提升政府行政管理效率及公共服务质量，全力建立以"结果"为导向的预算绩效管理模式。此后，又有一些发达国家如澳大利亚、新西兰及加拿大等国也先后实施了预算绩效改革，对政府治理过程进行绩效监督，丰富了预算绩效管理内容，进一步发展了预算绩效理论。从发达国家预算绩效的多年改革经验看，凡是那些政府治理成效显著的国家，预算绩效责任的落实都非常到位。

尼斯坎南（1971 年）提出官僚预算最大化理论，他认为官僚作为理性"经纪人"，都倾向于追求预算支出总规模最大化，以此达到官僚们自身权力及利益的最大化。在"经济人"利益驱动下，掌有权力的官员为了使自身利益及政绩最大化，往往会有扩张支出的内在冲动，无形中导致预算支出规模快速增长，债务风险难以控制。孟德斯鸠曾说过：有权力的人都容易滥用权力，一直到限制权力的地方为止。针对这种情况，就需要通过制定法律法规来约束政府行为，防止出现官僚利益最大化倾向，避免无效财政支出的膨胀。美国著名的经济学家弗里德曼曾说过：当花自己的钱为别人办事时，最有效率；而当花别人的钱为别人办事时，效率最低，也最不负责。在公共财政活动中，对政府官员而言，就是弗里德曼所说的典型的效率最差的情形，即"花别人的钱，给别人办事"。因此，在财政收支活动中必须要加强对政府行为的约束及绩效监督，要通过规范的制度安排建立有效的激励问责机制。建立预算绩效机制可以实现低成本与高效率的最佳组合，应通过绩效评价机制确保政府治理目标如期实现，建立绩效问责机制来强化政府的责任追究，提高政府的公信力。

可以说，预算绩效与政府治理之间存在天然的协同关系，政府在履行公共责任过程中，承担着发现公共利益并组织实现公共利益既定目标的责任，要求政府以最节约的资金耗费实现产出成果最大化的效果。实施科学的预算绩效管理既是提升国家治理体系和能力现代化的治本之策，也是考验一个负责任政府能否保障公共资金实现高效配置的"试金石"。卡尼（Kearney，1999）提出"绩效之基"（performance foundation）的理念，他认为提升政府治理能力和水平，必须从打牢"绩效之基"开始。从政府职责履行到公共利益确认及实现的过程，都是在预算绩效的监督下进行的，政府不同时期的政策目标、活动范围和方向，整个过程都受公共预算的约束。从这个意义上说，预算绩效是嵌入政府治理体系的一种约束机制，也是衡量责任政府履职效果的重要标尺。美国著名学者何达基提出："当一个国家发展到一定阶段，必须要建立符合国情的预算绩效制度，因为如何让纳税人的钱花得更有效，是各国政府都必须做的事。"从党的十八大报告提出的"推进政府绩效管理"到党的十九大报告提出的"全面实施绩效管理"，都是对政府如何将"花钱"与办事、权力与责任、服务与需要有机融合的政策回应。尤其党的十九大提出"以人民为中心"的发展理念，意味着中国进入新时代，政府绩效的基本定位要以"人民群众需求"为出发点，并以"人民群众满意"为终结点。

从当下主流观点对预算绩效定义来看，预算绩效是指在现有预算管理框架下，将绩效理念及方法融入预算编制、执行、决算及监督等各个环节，主要强调财政资金的产出与效率。现有的预算绩效主要侧重于评价当前财政资金所产生的绩效结果，是政府部门履职的当下情形与过去相比而产生的一种结果，但与未来的预期没什么关联，即没有考虑利益相关者对未来所预期的某种结果的实现。而"真正的绩效应当是指向未来绩效目标的，是根据政府与公众共同对未来预期进行判断而实现的结果"。这种带有未来预期判断的预算绩效与当下绩效的本质区别在于，更加注重对未来公共风险的分析与预测，并在此基础上规划和设置未来可预期的绩效目标。这是一种站在未来立场上设计的预算目标，与当下从过去立场设定的绩效目标有着本质区别，真正的预算绩效目标并不是当下的成本效益分析，而是为了防范化解未来公共风险而设置的预期目标。了解预算绩效真正的内涵之后，今后无论是政府层面的绩效，还是部门或单位层面的预算绩效都不应只是追求当下的某种结果，而是要将目光放远到未来如何防范可能发生的不确定性风险上。中央颁布的《全面实施预算绩效管理意见》（〔2018〕34 号）也表明，预算绩效管理已从部门层面推动上升到国家治理层面，从注重事后评价到绩效目标与过程评价相结合，从财政资金绩效拓展到国家政策层面的绩效，从项目绩效拓展到各级政府的整体绩效，并在管理机制上完成从"由政府看管钱袋子"到"管好政府的钱袋子"的重大转变。

三、预算绩效与政府治理协同机制面临的困境

预算绩效作为政府绩效管理体系十分重要的组成部分，通过实施预算绩

效的全覆盖，必将使政府治理方式发生深刻变革。随着我国预算绩效管理十多年的改革探索，已经基本形成了全面预算绩效的管理体系，预算绩效的范围和层次也在不断拓展。但与此同时，预算绩效与政府治理协同推进方面仍然面临一些困境和问题，主要表现如下。

（一）预算绩效与行政绩效缺乏相互支撑

预算绩效作为政府治理体系的核心内容，是政府治理能力提升的重要手段，应与现代政府治理模式之间建立一种共容协同机制。预算绩效全面实施决定着政府治理能力和水平的提升。现阶段，从全国来看，我国全面实施预算绩效管理分为几个层次，其中：权威领导层是党中央、国务院；执行层是核心行政部门（财政部门、发展和改革委员会等）和具体使用财政资金的职能部门及单位；监督层包括政府审计部门、各级人民代表大会等；问责层包括组织部门、纪检部门和监察机关等；此外，还有人民政协、专业团体、社会公众等其他相关主体。

经过多年的改革实践探索，各级政府推进的绩效评价模式主要有两种，即行政绩效和预算绩效模式。第一种是行政绩效评价，包括上级政府对下一级政府的绩效考核及政府机构本身的行政绩效评估，具体程序是中央先从人事部开始评估，后转到中纪委的国家监察委员会，再转到中央机构编委会办公室。此外，行政绩效评价还包括组织部门推行的对党政领导班子及党员干部进行考核的评估体系。第二种是由财政部主推的全面预算绩效评价机制，即在预算编制、执行、决算及监督等各环节，实行全覆盖的预算绩效"闭合"管理体系。同时，全方位预算绩效管理还包括各部门及单位自行开展的内部绩效评价等。总体来说，这两种绩效评价模式既相互独立又存在部分交叉重叠。从近几年实践探索来看，各级各类绩效管理都一定程度上存在执行力弱、约束力低、被人为分割、缺少相互支撑等问题。艾伦·希克（Allen Schick，1990）曾提出："一个国家的治理能力及水平如何，在很大程度上要取决于这个国家有怎样的预算能力。"而预算能力很大程度又取决于制度的"约束力"，它是政府治理能力和水平提升的根基，舍此，则国家治理体系与治理能力现代化无从论起。但实践证明，现阶段预算绩效与政府治理能力之间仍缺乏相互支撑的协同关系，以"结果"为导向的科学绩效理念在政府治理过程中还没有贯彻到位，一些地方存在的政绩造假、政府账本掺水、绩效扭曲等问题已成为当前预算绩效改革面临的重大挑战。长期以来，预算绩效目标常常受人为因素影响，甚至成为某些领导"拍脑袋"主观决策的产物，在程序上缺乏科学性、合理性的论证，其原因主要是各级政府并未将绩效理念与政府履职责任联系在一起，我们在借鉴西方预算绩效成功做法及经验时，只过多注重技术操作层面的引入，仅模仿西方预算绩效之"形"，但未深刻领悟预算绩效之"神"。随着全面深化改革的不断深入，我国政府绩效目标已转化为满足人民对美好生活的向往，这给政府治理增添了新的内容和考验。然而，各级政府至今仍存在对"绩效管理"责任意识认识不清的问题，将绩效管理与社会问题的管理混为一谈，将"维稳""不发生乱子"等作为绩效管理目标，这些都是预算绩效与政府治理脱节的表现。

（二）预算绩效与政府治理责任主体缺乏联动

现阶段，我国预算绩效主要以财政部门单兵推进为主导，还未能与其他政府机构形成共谋合力。这主要表现在：一是财政部门资源配置权力分散。目前，预算资金分配可以说是"五龙治水"，除了财政部门具有预算资金分配权以外，发展和改革委员会、科技部等也掌管预算资金的二次分配权。例如，由发展和改革委员会审批的政府投资项目，至今大多仍游离于全过程的预算绩效监督之外。二是各级人大与财政部门等还未形成合力。各级人大作为立法部门对预算全过程缺乏实质性审查，对预算绩效与政府治理监督参与程度有限，并未形成对预算绩效全方位监督和强有力支持。三是我国绩效审计主体缺乏独立性，审计部门监督弱化。审计署隶属于国务院，各级审计机构人事任免及经费分配都受制于同级政府部门，在这种体制下，审计部门的监督缺乏独立性、有效性及权威性，仍然属于一种内部监督。虽然政府审计工作已由传统的合规性审计向以"结果"为导向的绩效审计延伸，但这在一定程度上形成了与财政部门职能的交叉重叠，容易造成重复绩效评价及资源浪费。四是绩效评估问责和社会监督机制缺失。现在绩效评估的主体要以官方为主，如组织部门、纪检、监察机关等，但受制于预算信息公开不充分、共享信息平台不健全，官方绩效问责主体作用发挥不够充分，行政问责内容及程序的细化还缺乏法律法规的支撑。另外，其他相关评估主体参与度低。如政协机构、专业团队、社会公众的参与度普遍较低，还缺乏社会外界的广泛监督。五是预算部门及单位的绩效责任主体意识未完全确立。由于这种方式源于部门及单位的自评，属于内部监督，缺少客观独立性，易受人为因素干扰，无法做到科学化、制度化和常态化，所以部门、单位缺乏开展预算绩效管理的内在动力和积极性，不利于对实际存在的问题进行改进及纠错。

（三）不同维度的绩效评价体系与政府治理衔接不紧密

进入新时代，政府治理方式面临的新要求是要做到"合规与绩效"，预算绩效的关键环节就是对政府履职"合规与绩效"进行评估，来强化现代政府的责任和效率，以全面提升政府治理能力和水平。目前，社会公众对政府廉洁、合规、高效的要求愈加强烈，建立科学规范的预算绩效评价体系的呼声越来越高。至今,我国还没有建立起多层次、高水平的预算绩效评价体系,虽然财政部早在几年前就已经出台有关预算绩效评价共性指标的框架,并允许地方政府根据实际情况设计个性化的绩效评价体系,但当前的预算绩效评价体系仍缺乏权威性与规范性,绩效评价指标体系仍存在质量参差不齐等突出问题。这主要表现在:一是针对中期预算改革目标设计出科学的跨年度预算绩效评价体系的力量还比较薄弱。现有的预算绩效评价体系,还没能系统地对跨年度项目资金的使用绩效进行有效衡量。例如,大型的公共工程项目,仅按照当年完成的情况进行绩效评价还不够完整,可能需要几年的跟踪评价才能显现其完整的绩效成果,而目前还没有设计出与跨年度项目相匹配的中期绩效评价体系。二是当前个性绩效指标的设计还远没有达到科学规范的要求,一些个性绩效评价指标并没有赋予其科学合理的权重分值,实际操作中缺乏客观性,有的只是简单照搬其他地区的指标体系,与本地区、本部门的客观实际严重脱节。三是预算绩效指标普遍存在重定性指标、轻定量指标的缺陷。由于定量指标必须以数据为依据,而绩效数据信息采集工作量大又需要耗费较大成本,因此定量绩效指标的历史经验数据往往积累不足。一些公共部门将工作重点放在定性指标上,对绩效目标及过程偏重于宏观上笼统的定性描述,以期争取更多的预算资金。四是预算绩效评价指标没有达到预算各环节的全覆盖。为了从资金拨付的源头防控财政资源配置的低效率,事前绩效评估非常重要,但现在主要侧重于对事后绩效指标体系的设计,还没有完全做到将绩效管理关口前移,真正建立起重大项目事前绩效评估的科学机制。在事中绩效评估时,还没有建立起预算和绩效的"双监控"绩效评价机制,财政部门及各级政府共同对绩效目标实行"双监控"的力量还比较薄弱。五是没有建立起多层次的绩效评价体系。我国目前预算绩效评价主要包括内部评价和外部评价。内部绩效评价由于易受人为因素干扰,无法做到规范化及制度化。外部绩效评价主要是由社会中介机构负责,实践证明,社会中介机构的执业水平、执业质量参差不齐,在绩效评审中发现问题的能力会受到限制。因此,建立规范的预算绩效内外相结合的科学绩效评价体系迫在眉睫。

(四)预算绩效与政府治理法律约束机制乏力

预算绩效的核心要义是"绩与效"的组合,要求政府履职既要出成绩,又要讲求效率,即"把有限资金用在刀刃上",必须有完善的法律法规制度保障体系。虽然,我国新《预算法》已于2015年正式实施,但至今仍迟迟没有颁布具体的实施条例,使新《预算法》施行缺乏具体的可操作性指导,就好比这部法律还没有长出"锋利的牙齿",无法将新《预算法》落实到位。由于我国尚未出台规范的反映预算绩效的专门法律法规,再加上《预算监督条例》及《政府审计条例实施细则》等还未及时修订，无法在执行层面形成权威性约束，现有顶层性指导主要是财政部发布的规范性文件，预算绩效管理工作还缺乏相应的法律支撑，使得协调地方及部门之间关系的难度加大，也影响了预算绩效改革向纵深开展。我国的预算绩效制度保障体系与西方国家相比还存在一定差距，西方发达国家高度重视预算绩效法律制度建设，例如，美国制定了《政府绩效与成果法》《政府官员行为道德法》等，澳大利亚政府出台了《政府预算诚实宪章》《财政资金管理及追责法》，意大利政府出台了《国家公务员道德法》，加拿大出台了《国家公务员利益冲突与离职行为法》等，都为西方国家预算绩效制度的有效实施提供了有力的法律支持。

预算绩效评价作为一种技术性手段本应没有国界差别，但我国现阶段由于受多种因素影响，有关预算绩效相关法律法规建设还不够完善，在预算领域仍然存在自由裁量权过大问题。长期以来，一些地方政府受畸形的官员政绩观影响，各地盲目建设、重复建设及"短平快"政绩工程建设普遍存在，财政资金"高投入，低产出"的状况始终得不到改善。这不仅无法给当地民众带来切实的经济利益和幸福感，反而可能给当地的经济社会发展留下诸多隐患。一些公共资源的决策者、管理者和使用者还没有树立起正确的理财观、政绩观。随着预算绩效管理改革的不断深入，我国各地推行预算绩效管理的进程出现不均衡态势，缺乏多层级政府之间协同联动机制。从纵向看，中央及省一级预算绩效管理工作开展较早且能平稳推进，而省以下基层政府进展相对缓慢，区县及乡镇一级政府已成为全过程预算绩效管理的"短板"。全国还未建立统一的预算绩效指标体系及标准数据库，没有实现同类地区、同类部门和项目之间的横向比较，预算绩效需要的信息共享及大数据分析还缺乏基础平台。目前，预算绩效评估与官员政绩考核之间还没有实现良性互动，预算绩效主体责任的认定和追究机制还不完善，预算绩效评估报告中很少针对政府履职存在的问题提出改进意见和建议，即使提出也往往流于形式，没有硬性要求一定执行落地。由于绩效管理体系中还缺乏法律约束力，绩效评价的结果应用就会带来管理成本提高、官员士气受损、短视行为，甚至引起恶性竞争等，但这些问题的出现其实并不在于绩效评价本身，而在于相关政策制度执行过程中重视不够、力度不大，且缺乏配套措施，这就导致对未达到绩效目标责任人的问责机制很难落实。

四、进一步完善预算绩效与政府治理协同推进的设想

进入新时代，预算绩效改革将面临更为长期、严峻的挑战。全面实施预算绩效管理既要重点突出，又要稳步推进，预算绩效不仅要涵盖预算的编制、

执行、决算及监督等全过程，还要延伸至整个政府治理过程。

（一）再造绩效管理全流程，提升政府治理水平

一个对人民负责的政府必须要保障公共资源具有高水平配置效率和使用效率，在承载公共利益的公共产品确认之后，能否以最节约的资金耗费实现预期目标，既是衡量责任政府、服务政府的重要标尺，也是提升政府治理能力需要解决的核心问题。现阶段，"行政主导"仍是预算绩效管理的主角，这种绩效管理模式的优势在于能够快速推进预算绩效的全覆盖，而且具有长期动态管理的适应性，但是由于相关绩效主体功能定位不够清晰且交叉重叠，外部监督及问责机制存在缺失，也会带来绩效管理风险增加及可持续发展难题。因此，迫切需要明确相关责任主体权责，再造绩效管理全流程，建立起全面实施预算绩效管理与政府治理的协同推进机制。将推进预算绩效管理作为实现国家治理现代化的治本之策，需要以绩效与合规为基本载体来实现，政府能够存在的合法性就在于它是一个廉洁政府、责任政府和高效政府，而政府的廉洁高效必须依托以绩效为导向的先进预算管理制度。

一般来说，预算绩效目标的实现大体可运用内部控制及外部监督两种方式。现阶段，我国预算绩效主要侧重于实现预算编制环节的精细化、规范化，重视预算执行过程的控制及监督，而且绩效评价结果主要用于督促部门单位下年度的整改，总体看来带有显著的内部控制特征。而建设人民满意的责任政府、服务政府，不仅要将绩效融入预算全过程，还要从政府治理的角度，从制度上约束政府收支行为，强化责任追究机制。因此，实施预算绩效管理要跳出仅限于财政领域的狭窄圈子，要充分利用更多责任主体协同机制，来强调政府绩效责任的明确和落实。推进全面预算绩效改革，既囊括了"管好钱袋子、花好纳税人钱"的科学理财要求，又涵盖了实现国家治理体系及治理能力现代化的政治要求；既包括提高资金使用效率的预算管理机制，又是一种覆盖政府治理全局的综合性行政管理模式。这就要求，一方面，通过预算绩效信息的规范性、全面性来实现绩效监督问责；另一方面，通过提升预算透明度使利益相关者拥有知情权和监督权，并通过多方利益相关者的参与，促进政府履职尽责及治理能力的提高。

（二）明确多责任主体权责，实现绩效与政府治理协同共进

目前，我国实行多责任主体绩效评价体系，党委、人大、各级政府、财政部门、审计部门及第三方评价机构等绩效评价主体同时并存。实践表明，现阶段绩效评价核心机构与职能机构之间的协同治理机制仍不够清晰，各级党委、政府绩效评价主体的影响力相对较大。在现有政治体制和权力职责分工框架下，应尽可能地调动各级党委、人大、财政、审计等各方力量，建立

相互配合、制约的协同推进机制。具体体现在：一是党委要起到全局引领作用。明确在党委领导下组织预算绩效管理工作，各级党委为全面实施预算绩效管理起到"保驾护航"的作用。二是各级政府及各部门、单位是预算绩效执行的责任主体。作为申请预算、使用财政资金的履职主体，应承担起预算绩效第一责任人的职责，及时回应财政部门、审计机构及人民代表大会等各方权威主体对绩效信息的需求。三是财政部门要起到组织协调作用。财政部门应明确相关各方的职责分工，力争为实现各职能机构预算绩效联动机制提供可靠的保障。同时，财政部门还要制定长期持续的预算绩效标准和技术指导，运用大数据、云计算等技术建立绩效评价指标数据库和标准体系。财政部门通过对经济发展和财政收支预测，事先估算特定政策可能潜在的财政风险，增强财政政策的可持续性。四是发展和改革委员会等核心行政部门的职责范围应尽快界定清晰。发展和改革委员会应淡化微观管理及对财政资金项目的审批职能，而更多聚焦在对宏观政策出台的预测及政策规划上，以及对财政风险的评估上。预算绩效改革应取消特权部门对预算资金的"二次分配权"，避免部分财政资金因制度羁绊而游离于预算绩效框架之外。应尽快实现将公共资金分配权归口到财政部门，坚持财政"一个口子"对外，编制统一的预算绩效管理制度。五是加强人大及政府审计实质性监督权。加强人大对政府履职的监督，形成立法机构对预算全过程绩效监督的倒逼机制。新《预算法》明确规定，各级人民代表大会依法具有预算审批、监督预算执行的权力。人民代表大会作为预算绩效管理的外部监督主体，拥有对政府及相关部门提出质询及问责的权力。此外，政府审计部门应依法独立行使预算的审计监督权，除了对整体预算执行及收支情况进行审计外，还应重视对以绩效"结果"导向为依据编制的综合财务报告进行审计，并对绩效信息的准确性、可靠性进行验证及复核，最终出具独立性审计报告。同时，政府审计部门还要负责落实绩效"问责到人"制度，并对重大项目责任人拥有绩效终身问责追究的权力，这样才能实现预算绩效与政府治理协同机制的推进。

（三）协调不同维度绩效评价体系，实现绩效信息共享

现阶段，我国各级政府不同维度的政府绩效评价分头推进，互不支撑，影响了预算绩效评价的质量。因此，财政部门应不断创新绩效评估方法，立足多元化数据相互支撑，辅之以互联网、大数据等技术手段实现信息共享，将官员的"德能勤绩廉"业绩考核反映到政府绩效整体评价中来，同时也将部门预算绩效评价结果纳入领导干部的政绩考核体系。预算绩效评价强调政府在提供公共服务过程中实现效益最大化，提升社会公众的福祉及满意度。政府作为权力拥有者及公共服务供给者的统一体，一方面要强调"责任导

向"，即政府有维护社会安全稳定和提供优质服务的责任；另一方面要强调"服务导向"，即强调政府施政要以"人民利益"为起始点，以"人民满意"为终结点。历史经验表明，仅追求政绩目标实现却不推行绩效评价的政府是"失控的政府"，这样会直接导致公共服务的缺失及公共利益的损失。当前预算绩效评价体系只是搭建了一个初步的框架，尚未完成系统化、科学化和现代化的顶层设计，绩效指标设计还不够细化，很多基础性工作需要补充完善。从中央到地方各层级政府的绩效评价指标设计得过于笼统，地方由于缺少科学指导及全国性的统一规范，绩效评价指标设置随意性强，绩效评价内容与政府职责相脱节现象比较普遍。

绩效评价体系设置的初衷，是引导公共部门以满足公众的公共需要为导向，党的十九大报告提出了"以人民为中心"的新时代发展理念，预算绩效管理的价值定位也转变为"以人民为中心"的工作导向。从预算绩效执行过程来看，我国预算绩效评价出现了一些偏差，主要源于多级政府之间的多层委托代理关系，上级政府始终处于权力主导地位，并且一直拥有绩效评价的政策制定权与奖惩权。因此，预算绩效改革的核心就是要"从上至下"达成多层级政府治理相容协同机制，尽快促成绩效信息在多元责任主体中的共享与运用。在多层级政府治理体系中，政府扮演着"发动者""推动者"的角色，多层政府治理条件下的绩效评估过程，就是不同责任主体之间协商、博弈、共容的过程，要在兼顾各方责任主体利益的情况下，有效降低预算绩效评价的执行偏差与结果偏差，最终实现预算绩效与政府治理效能的最佳整合。从长期来看，要将政府行政效率考核结果与部门整体绩效评价相联系，树立各级政府整体责任意识，建立预算绩效各相关主体间协同推进的权威制度安排。

（四）实现预算绩效与政府治理的法治化推进

法律法规体系建设是预算绩效管理得以有效实施的重要前提，全面实施预算绩效管理是涉及全国人民的重大系统工程，如果没有强制性、约束性的法律法规作为准绳，将难以保障预算绩效改革的顺利实施。目前，我国全方位的预算绩效改革刚刚起步，而现有规章制度的法律层次还比较低，使得协调部门之间关系的难度加大，也阻碍了预算绩效改革的深度开展，因此，需要进一步完善与预算绩效管理相适应的法律体系。通过制定一系列法律法规给政府行为"定规矩"，将权力关到制度的"笼子"里，使政府最终真正成为人民满意的责任政府。因此，要完善预算绩效及政府治理法制化建设，一是要尽快颁布《预算法实施条例》，真正落实《预算法》，使预算绩效管理有法可依，增强预算绩效实施过程的权威性、规范性。二是及时修订《预算监督条例》及《政府审计条例实施细则》等。进一步完善预算监督及政府审计方面的规章制度，是强化对各级政府行为约束力，防治腐败行为的重要制度保障。马克斯·韦伯曾说过，每一个权威机构都要建立合法性的信任，如果没有这种合法性的信任，任何权力机构都不能达到自己想达到的目标。三是国家应尽快将《政府信息公开条例》提升到《政府信息公开法》层面。"阳光是最好的防腐剂"，提升预算透明度是打造责任政府的关键环节。预算不公开透明的政府是公众"看不见的政府"，而对一个"看不见的政府"来说，它怎么可能是一个对人民负责任的政府呢？我国一直没有将《政府信息公开条例》上升到法律的层面，这既不利于建设廉洁、高效的服务型政府，公众的知情权、监督权也在很大程度上被削弱了。因此，尽快出台《政府信息公开法》对于减少官员腐败，使政府赢得公众信任可谓意义重大。总之，规范预算绩效管理的法律法规要有令必行，不仅需要明确执法主体承担的法律责任，还必须明确追究执法主体不作为的法律责任。

五、结语

全面实施预算绩效管理作为政府治理方式变革的重大突破口，要与政治体制改革形成良性互动，更加明确预算绩效相关责任主体的权责，进一步完善各级各类预算绩效评价体系，加快基础配套措施改革，全面建立预算绩效管理与政府协同推进机制。预算绩效改革应与打造责任政府、服务政府同步进行，预算绩效将与行政体制改革、政府绩效评价改革、政府收支分类改革、政府综合财务报告制度改革等有机衔接，切实提高各职能机构之间的协同性与制约性，通过大数据、云计算等现代技术手段的强力支撑，进一步提升预算绩效管理的科学规范化水平，进而有效推进国家治理体系和治理能力现代化。

注：本文发表于 2019 年 6 月《中央财经大学学报》（CSSCI）。

第4篇　中期财政规划改革的难点与路径探析

李红霞　刘天琦

摘　要：当前，中国经济正面临国内外环境错综复杂的严峻考验，财政的可持续发展也面临诸多挑战，财政收入增速下降与财政支出刚性增长之间的矛盾进一步凸显。而且，随着财税体制改革的不断深入，传统的年度预算已经暴露出诸多弊端，不仅不能熨平经济波动，反而增加了财政运行风险。在此背景下，我国引入三年中期财政规划管理，实行跨年度预算平衡机制。这是我国预算管理制度的一项重大改革，可以增强财政政策的前瞻性和可持续性，对指导政府科学理财可谓意义重大。2015年1月，国务院印发《关于实行中期财政规划管理的意见》，明确规定在全国推进中期财政规划改革，并要求各级政府编制2016—2018年三年财政规划。那么，如何看待已经启动的中期财政规划改革？中期财政规划改革当前面临着怎样的问题与挑战？如何让中期财政规划更好地为政府花钱保驾护航？这些将是本篇论文讨论的重点。

关键词：中期财政规划；跨年度财政平衡；改革

一、中期财政规划是财政可持续发展的必然选择

目前，中国开始启动中期财政规划管理，实施跨年度预算平衡机制，这是深化预算管理制度改革的重要举措，也是实现财政长远可持续发展的必然要求。近年来，随着国家治理体系和治理能力现代化的提升，政府预算管理法制化、规范化水平也显著提高。但同时也应该看到，随着财税体制改革的不断深入，传统的年度预算已经暴露出诸多弊端，不仅不能熨平经济波动，反而加剧了财政运行风险。而且，近年来中国经济正面临国内外环境错综复杂的严峻考验，财政的可持续发展也面临诸多挑战，此背景催生了中期财政规划的改革，使政府决策看得更长远，充分发挥财政国家治理和重要支柱作用。

（一）经济增速下滑，财政收支矛盾加剧

当前中国经济已经进入中低速增长阶段，财政收入增速出现明显回落。近几年，财政收入增长幅度从2007年的最高峰32.4%，下降到2015年历史最低增速8.4%。中国经济在转向"新常态"进程中，财政收入增速放缓与支

出刚性增长之间的矛盾日益加剧，尤其一些重大项目还需要跨年度安排，这对政府管理"钱袋子"的水平提出了更高要求。而长期以来财政支出政策"碎片化"问题一直没能得到妥善解决，尤其是太多的专项资金违规严重，缺乏科学精细的预算编制和预算控制，使用中存在主观性和随意性，尽管财政资金的总体规模很大，但各种专项资金切块严重，导致财政资金无法得到统筹使用。财政资金"碎片化"最终会加剧财政收支矛盾，一方面，每年末财政性存款几万亿元存量资金"沉睡"在账上；另一方面，财政赤字却在不断扩大，一些急需资金投入的民生领域却存在"囊中羞涩"的现实。要有效解决财政收支矛盾突出的问题，就要实施中期财政规划，在财政收支安排上形成透明有序的规则和机制，对重大收支项目不能"一年一定"，而是要制定三年滚动预算，"未雨绸缪"，做长远打算，强化中期财政规划对年度预算的制约作用。通过实施中期财政规划，给政府花钱立规矩、定标准，可以缓解财政收入增速放缓与支出刚性增长之间的矛盾，增强财政政策的前瞻性和可持续性。

（二）收入分配秩序混乱，加剧财政运行风险

随着宏观经济下行，财政收入增幅放缓，地方财政困难日趋严重，一些收入降幅较大、收支矛盾突出的地区，为了弥补资金缺口，仍然存在征收"过头税"现象。虽然2015年一些地方政府开展了对"过头税"自查工作，但仍然屡禁不止，这样做的结果会导致对经济形势误判，扭曲经济运行。长期以来，预算管理注重年度收支平衡，各级政府主要是以收入任务指标作为考核政府绩效的重要依据，税务部门的绩效考核也是以完成税收任务指标为主。这导致在经济下行时，财税部门为完成税收任务征收"过头税"，无形中加重了企业负担，令很多企业苦不堪言；而当经济过热时，又会出现压库现象，该收的收不上来，使经济"热上加热"，出现"顺周期"问题。不仅如此，地方政府为了完成当年预算收入任务，还以"财政空转"虚增财政收入，即将已入国库的财政收入，以财政补贴等形式拨给纳税人，然后通过纳税人将收到的财政拨款再次入库，如此反复循环，形成财政虚收虚支。这些做法，不仅影响了税收的严肃性，而且给政府预算编制带来巨大困扰，加剧了财政透支风险。实施中期财政规划，建立跨年度预算平衡机制，可以一定程度上起到标本兼治的作用。实施三年滚动财政规划，将以前注重年度预算收支平衡的审核转向支出政策的拓展上，收入预算从下达硬性税收任务转向对收入的预期，强调依法征税、依法纳税，明令禁止不能提前征税。而且地方政府政绩考核不再把地区生产总值增长和财政收入作为重要依据，这将有利于杜绝"过头税"现象的发生，更好地提升财政政策"逆周期"调控的效果，可

以进一步增强预算编制的科学性和前瞻性，强化政府问责机制，维护财政经济运行良好秩序。

（三）原有财政规划不能承担与中长期宏观政策衔接的重任

中国宏观经济发展目标通常是通过制定五年国民经济与社会发展规划予以体现的，这使得每个公民都能更好地了解未来五年国家的宏观经济发展战略。然而，中国虽有五年国民经济发展规划，但缺少相应的中期财政规划予以支持。长期以来，为配合发展和改革委员会的国民经济和社会发展规划，财政部一直也在编制财政发展五年规划，例如，"十二五"时期，财政部参照国家"十二五"规划，编制了《国家财政"十二五"规划纲要》。但在实际运行过程中，每五年编制的财政规划与国民经济和社会发展规划是相脱节的，原来的五年财政规划一经确定下来一般不再做调整，并不能起到灵活调控经济运行的目的。从时间上来看，原有中期财政规划的"中期"与国民经济和社会发展规划的"五年"不能很好地衔接，存在"两张皮"现象。从内容上来看，目前启动实施的三年中期财政规划需要更加具体化、精细化，而原有的五年财政规划多表现为内容笼统和粗糙，与深化财税改革的要求差距很大。目前实施逐年滚动的中期财政规划，不仅要结合国民经济与社会发展五年规划，还要与国家宏观调控政策相衔接。在实施中期财政规划过程中，不再强调以收定支的年度预算平衡，而是追求中期多年度的预算平衡，通过对三年财政收支预测逐年更新，确保中期财政规划符合实际情况，有效地提高了财政预算的统筹能力。

（四）预算透明度低，政府收支行为约束乏力

上海财经大学预算透明度课题组公布的《2015中国预算透明度报告》显示，2015年31个省份预算透明度的平均得分为36.04分，无一省份达到及格分，预算透明度仍处于"低水平状态"。国际预算促进会（IBP）长期致力于各国政府预算信息的公开和透明工作，近几年IBP对全球各经济体的预算调查评比结果显示，中国预算透明度指数（OBI）一直在低分徘徊，2012年OBI得分只有11分。政府预算信息不公开透明不利于公民对政府的监督和问责，也不利于推进现代民主政治的发展，"预算不公开的政府是看不见的政府，而看不见的政府不可能是负责的政府"。"阳光是最好的防腐剂"，不透明的预算必然导致过度讨价还价和"暗箱操作"，无法使预算成为强有力的宏观政策工具。中期财政规划要求预算具有综合性和透明性，将预算收支全面、动态地置于公众的监督问责之下，将财政资金的来龙去脉逐一向公民交代清楚，这样才能更好地体现民情民意，避免因少数人专断造成财政政策执行中可能发生的失误，保障财政资金运行的安全性及有效性，提高财政资金的使用效率。

在国际货币基金组织（IMF）的《财政透明度良好做法守则》和经济合作与发展组织（OECD）的《预算透明度最佳做法》中，都要求各国政府在编制本国预算时，除要编制本年度预算外，还要至少对后两年的重要预算收支进行预测。这说明，仅编制年度预算无法对政府全部收支信息和受托责任提供全面准确的说明，应将财政收支放在多年期视角上进行编制。

二、我国中期财政规划实施现状与面临的难点问题

（一）我国中期财政规划实施的现状

目前，世界上已有超过 2/3 的国家实施了中期财政规划管理，而我国正处于实践探索阶段，2015 年国务院决定在全国范围内，开始实行三年滚动预算的编制，这标志着深化财税改革又迈出了新的步伐。现阶段世界银行与中期财政规划对应的概念是"中期支出框架"，共分为三个层次：第一层次称为中期财政框架（最低层次）；第二层次称为中期预算框架（中期预算）；第三层次称为中期绩效框架（最高层次）。第一层次中期财政框架主要是指政府根据宏观经济调控政策自上而下地制定财政中期目标，重点进行中期财政收支的预测。而第二层次中期预算框架是在中期财政框架的基础上，设定中期总支出上限，尤其要对中期内财政支出项目进行成本估计。这个层次的中期财政规划不只是停留在收支预测层面，还要确定预算支出控制限额，对政府行为具有较强的约束力。第三层次的中期绩效框架是中期财政规划的理想状态，也作为中期财政规划的最高层次，关注焦点从投入向产出转移，强调对支出绩效进行衡量和评价。

我国目前实施的中期财政规划，更接近于第一层次的中期财政框架，是在 2016—2018 年框架下，按照三年滚动方式编制的，第一年财政收支规划约束对应年度预算，后两年收支规划向后逐年滚动更新。由于中期绩效框架作为最高层次，必须具有非常苛刻的实施条件才能实现，而我国目前的财政管理水平、信息化手段等都还达不到要求。比较而言，第一层次的中期财政规划更能切合我国实际，本着改革从易到难、循序渐进的原则，我国首先启动第一层次的中期财政规划改革，待条件成熟再过渡到中期预算层次。正如《国务院关于实行中期财政规划管理的意见》中指出的，中期财政规划只是作为中期预算的过渡形态，最终要过渡到真正的中期预算。根据新《预算法》的规定，我国目前形成由一般公共预算、国有资本经营预算、政府性基金预算和社会保险基金预算组成的全口径预算体系。由于目前我国政府预算改革尚未完成，若"四本预算"都按中期财政规划要求编制，则难度很大，而其中一般公共预算覆盖的财政收支规模大，在预算体系中占据着主体地位，因

此，实施中期财政规划改革应先从一般公共预算开始，待条件成熟后再扩展到政府性基金预算和其他预算，这样才能保证政府财力的集中使用与有效监督。此外，中期财政规划本着"先中央后地方"逐步推广，应先从中央部门开始，借鉴先期试点地区的经验，然后在全国范围内逐步推开，分步骤、有序地将省及以下部门和单位纳入滚动预算管理范畴。

（二）我国中期财政规划实施面临的困难与问题

实行中期财政规划管理是发达国家预算制度的一个共同特征，目前中国启动实施中期财政规划管理，是经济发展新常态下深化财税体制改革的重要举措。但也应该看到，任何一项改革都不是一蹴而就的，中期财政规划管理也需要一个循序渐进的完善过程，在改革中也会遇到一些问题与挑战，主要体现在以下几个方面。

1. 中期财政收支预测困难。目前，我国经济增长速度正处于从高速转到中高速的一个转换期，由于受国内外错综复杂因素的影响，经济增长速度的预测只能局限在一个区间内，而准确的经济增速预测又是准确测算中期财政收入的基础，同时还要考虑未来经济结构的调整给财政收入带来的影响。而且我国连年度预算编制都尚不科学准确，预决算偏离度较大，准确测算三年滚动预算的难度就更大了。中期财政规划发挥作用的关键就在于能把预测的收支项目具体化、量化和精确化，但目前还远远做不到这一点。从收入方面来说，由于我国税收改革的时间表和路线图还不明晰，营改增以后重要税种的改革调整还不明朗，这给财政收入中占比最大的税收收入的准确预测增加了难度。而作为地方主要收入来源的非税收入具有灵活性、不稳定性等特征，对各地非税收入的准确预测则更加困难。再从支出方面来说，目前，政府间事权与财权划分还不够明确，中期财政支出规划需要预测国家经济改革对财政资金的需求，在此基础上确定未来几年财政支出的规模和增长速度，这一点也很难做到，因为这要求对每一项国家重大改革及重大项目逐一准确测算其资金需求，再加上各级政府对经济结构的调整及对项目轻重缓急的判断，都会影响到中期财政支出预测的规模和质量。

2. 大规模专项转移支付是中期财政规划的羁绊。近几年，专项转移支付比重居高不下，使有限的财政资金被瓜分和肢解，给中期财政规划实施增加了障碍。专项转移支付的种类繁多、数额庞大，资金分配中存在"暗箱操作"和一定的非规范性。专项转移支付资金很多都要靠地方政府去争取，存在"跑部钱进"现象，缺乏科学的预测和决策，给地方财政资金分配带来很大的不确定性。专项转移支付一定程度上存在着透明度低、效率不高以及使用中缺乏有效的监督等问题，会使中期财政规划的实施大打折扣。另外，当前中央和地方职责仍存在交叉重叠，共同管理的事项较多，很多应该由中央负责的事权下放给地方，中央该管的事情委托给地方去办，然后再通过专项转移支付将资金划拨给地方，客观上造成了事权不清，支出责任不明，行政效率低下。再加上地方政府为了提升自身政绩而争夺更多财政资源的行为冲动，在一定程度上都是对财政管理职能的肢解。专项转移支付的固化和短期化，使中期财政规划灵活调节的财政资金作用很有限，必然会限制中期财政规划作用的发挥。为进一步规范专项转移支付制度，新《预算法》也明确规定要缩小专项转移支付的比例，逐步提高一般性转移支付的比例（达 60% 以上），这样才能确保中期财政规划实施的统一性和有效性。

3. 财政资金的滚动效应难以体现。根据目前设计的三年中期财政规划编制要求，所谓三年滚动财政规划的关键体现在"滚动"一词上，它是指第一年预算完成后，再将第四年的财政规划递补上来，与前两年形成一个新的三年滚动财政规划。但在实际收支运行中，真正的资金滚动应当采用什么方式，通过什么途径来实现滚动效应并没有具体的政策指导。如果三年后仍然存在赤字，无法实现收支平衡怎么办？也没有具体予以明示。新《预算法》只规定了当年财政结余可以结转下年使用，但如果项目当年完成并实现了资金结余，那这部分结余可否支持当年其他项目预算资金的不足？如果不批准用于其他项目而将结余收回统筹使用，那势必重回老路，引导各部门、各单位在项目执行中突击花钱，造成财政资金的大量浪费。

不仅如此，国务院发布的中期财政规划意见要求，凡是涉及财政资金支持的部门、行业规划，都要与中期财政规划相衔接。各部门和单位编制 2016—2018 年三年中期财政规划，应该与各行业发展规划紧密衔接，如果不清楚各行业各部门在未来 3~5 年要干什么，那又如何准确测算未来三年的财政收支计划呢？国家层面的"十三五"规划刚刚出台，各行业的"十三五"规划在 2016 年初有的还未制定完成，在此背景下要求先行编制各部门和单位的三年滚动财政规划有些不现实。这就使得一些部门和单位由于编制依据不足而"拍脑门"编预算，即使编成三年中期滚动预算，也与各行业发展的整体规划是"两张皮"，避免不了在预算执行中追加预算的可能性，这又如何做到三年滚动财政规划的科学性和前瞻性呢？

4. 绩效评价薄弱，影响中期财政规划的有效性。中期财政规划不仅提出具有约束力的三年预算总量框架，还提出了政府及各部门未来几年内预算的编制与执行需要遵守的支出限额，这就要求各级政府必须在预算限额内提出全面、完整的产出目标，并实行全过程绩效评价管理，才能保证中期财政规划实施的规范性和准确性。但长期以来，我国预算绩效的理念尚未真正树立，重预算、轻决算，重过程、轻结果的现象还相当普遍，绩效评价结论应用效力下降。近年来，我国在预算绩效评价方面已经进行了大量的探索，也取得了一些成效，但目前面临的关键问题是明确设定中长期的绩效目标的很少，一般政府或部门都将其视同宏观战略目标，常用本地区、部门的总体规划目标取而代之，导致实施方案不科学、收支管控措施不严密、资金安排不合理，很难对年度及中期评审做出科学合理的判断，使中期财政规划的准确性受到严重影响。

由于财政资金使用一般不以追求经济效益为目的，而社会效益又不像经济效益那样可以通过经济指标来量化和度量，评价者往往会避重就轻，将评价的重点放在难度小、易于开展的一些公共服务项目上。事实上，由于绩效评价涉及面广，评价对象也要求更加宽泛，需要从专业角度考察项目执行的科学性和准确性，而目前在绩效评价管理制度尚未建立、绩效评价指标体系尚不完善的情况下，如何能为中期财政规划的准确实施提供技术支持还有待考察。

5. 现行政府综合财务报告不能为中期财政规划提供制度保障。权责发生制的政府综合财务报告作为财政制度的重要组成部分，将为中期财政规划管理提供制度保障，而我国现行的政府财务报告还不能担当起反映政府受托责任业绩报告的重任。虽然 2015 年财政部制定了《权责发生制政府综合财务报告制度改革方案》的时间表和路线图，但目前只是建立起政府综合财务报告制度改革的框架体系。2016—2017 年开展政府综合财务报告编制试点工作，编制的准确性、科学性和可靠性都还不得而知。我国也曾于 2014 年在全国推行政府资产负债表试编工作，但资产负债表试编结果也仅供财政系统内部掌握，不对外披露。这是由于我国当前还没有建立起完善的权责发生制政府会计体系，不能将政府财务报表中的相关数据勾稽关系进行真实的确认。现行的政府财务报告还主要以收付实现制为基础进行编制，存在着政府的资产、负债情况反映不够全面完整，无法做到客观真实地确认每个会计期间的财政收支情况，财政总预算会计报告和行政事业单位报告自成体系、互相割裂等问题。除了预算收支决算报告以外，与政府财务信息相关的信息显得碎片化、分散化，编制的政府财务报告显得单薄无力，无法真实反映政府提供公共服务的规模和质量，不能充分反映财政资金营运绩效。我国现行政府财务报告还无法在政府与社会公众之间架起一座信息沟通桥梁，不能发挥其对中期财政规划的长效约束效应，也就不能将政府的财权关在预算的"笼子"里，而政府的权力一旦不受约束，就可能像脱缰的野马，导致公共利益受到损害。因此，实施中期财政规划的同时必须加快权责发生制的政府综合财务报告制度改革的步伐。

三、深化中期财政规划改革的政策建议

实行中期财政规划管理，编制三年滚动预算，是我国深化财税体制改革，提高财政政策前瞻性、有效性和可持续性的一项重要举措，同时也是一项复杂的系统工程，应充分考虑中期财政规划改革的艰巨性和复杂性。在中期财政规划改革过程中，要充分借鉴发达国家的成功经验，坚持继承发展和制度创新，坚持公开透明，便于社会公众的监督，强化中期财政规划对政府收支的约束力。

（一）准确的收支预测是中期财政规划实施的关键

作为一项财政政策和管理工具的中期财政规划，其成败在很大程度上取决于政府财政收支的预测能力。中期财政规划编制的中心环节都是围绕收支预测展开的，而宏观经济状况的预测又是对财政收支进行科学预测的前提。现阶段，可以先由财政部牵头运用宏观经济模型对经济进行一个总体预测，并将经济预测值反馈给税务部门，税务部门再将这些宏观经济变量预测值输入税收收入预测模型，使得财政部门与税务部门预测口径一致。

目前世界各国测算中期财政收支的方法很多，大多数国家都采用过经验判断法、简单回归方法、复杂时间序列与结构性宏观经济模型等，或是采用上述几种方法的组合。国外一些专家研究发现，简单回归方程与经验判断的结合，比其他时间序列或者复杂的计量方程要准确，笔者认为，这两种方法的结合也比较符合中国目前的国情。随着计算机和各种统计软件的广泛运用，各级财税部门财政收支数据的统计变得便利，可以及时获得财政收支月度、季度和年度数据，这为运用计量模型准确预测未来三年的财政收支提供了重要依据。但同时也应看到，财政部门能否在规定时间提供全面、真实的财政收支信息是做好中期财政收支预测的关键环节，这就要求加强对财政部门预测人员的预测知识和方法的培训，在大数据技术得到越来越多应用的背景下，提高财政收支预测人员软件编程能力和灵活处理数据能力，使得准确预测收支变成可能。从国际上看，中期财政规划的核心是支出限额控制，解决了财政支出的限额控制问题，中期财政规划才能落地生根。中期财政支出预测应本着实事求是的原则确定预测目标，使预算支出总量更加可信，并应依靠应急储备金来应对可能的收入不足和合理的超支问题。中期财政规划要确定中期财政支出限额，需要测算为达到中期财政政策目标所需的财政支出数，有必要建立动态的财政支出体系和财政支出限额机制，来增强政府预算的约束力。

（二）建立中长期重大项目的科学论证机制

建立中长期重大项目论证机制是推进中期财政规划科学化和制度化的重要举措，针对一些重大项目支出政策不能一年一变，重大项目的实施要有连续性和长远考虑。实施中长期发展规划，不仅要明确财政可持续发展的中长期目标，更要优先考虑重点领域和重点项目的投资，在此基础上估算规划期的总资金需求。近年来，中央在教育、农业、社会保障、医疗卫生、扶贫、就业、环境保护及自然灾害救济等重大项目上安排了大量资金，并实行专款专用，这对强化重大项目资金管理和决策管理提出了更高的要求。有关部门应会同财政部门建立中长期重大事项科学论证机制，通过实行中期财政规划管理，使重大项目论证更加科学规范，减少项目支出的碎片化和随机性。中期财政规划管理强化了对年度预算的约束性，增强了财政政策的前瞻性和可持续性。十八届三中全会提出"清理规范重点支出同财政收支增幅或生产总值挂钩事项"，避免了财政支出结构的固化僵化，增强了政府统筹安排财力的能力。下一阶段随着中期财政规划改革的不断深入，还要进一步清理、整合、规范专项转移支付中的重大项目，逐步取消竞争性领域的专项拨款，大力压缩专项转移支付规模，提高一般性转移支付比例，进行专项转移支付资金竞争性分配改革，建立起"多中选好，好中选优"的重大项目优选机制，增强对中长期重大事项的宏观控制。

（三）实行跨年度弥补预算赤字的机制

为确保财政政策的可持续性，要建立跨年度预算平衡机制。在中期财政规划下，预算收支平衡状态并不强求年度的、短期的、静态的平衡，而是一种跨年度的、长期的、动态的平衡，这是科学合理预测收支、准确预测经济形势的前提。由于现有的三年滚动财政规划设计的滚动机制在于预算编制年度的滚动，而如何对财政资金的滚动方式、路径以及激励机制进行规范尚没有经验可循。其实，新《预算法》已明确规定，各级政府设置预算稳定调节基金的目的就是弥补以后年度预算资金的不足。实施中期财政规划，建立跨年度预算平衡机制，就是从法律上切断超收和结余资金随意转化为其他支出的可能性，增强对年度预算的约束力。各级政府在预算执行中有超收的，只能用于冲减赤字或补充预算稳定调节基金；各级政府上一年预算的结余资金，也要按照国务院财政部门的规定办理，而不能自行安排到其他资金项目上。这些规定为实行中期财政规划管理，编制三年滚动预算，强化对年度预算的约束预留了空间。

同时，为解决实施中期财政规划与行业规划存在"两张皮"的问题，建议在中期财政规划编制之前，由各部门、单位领导牵头，先行一步科学编制行业发展规划，从总体上明确各行业的发展方向和目标定位，合理确定本部门年度工作任务，及时提供部门基础信息和相关行业数据，为中期财政规划编制提供良好支撑。在此基础上，由各部门、单位财务部门负责，与所有业务部门密切配合编制三年滚动财政规划，从而使三年财政规划真正实现与行业发展规划的有效对接，更加符合部门、单位的客观实际，并真正为促进行业发展提供有力的资金保障，也为财政部门统筹安排财政资金提供依据，从而有效发挥财政资金的使用效益。

（四）实施财政资金问责机制和绩效评价

绩效问责与评估机制作为政府绩效的重要组成部分，是中期财政规划实施的重要保障，直接反映中期财政规划的运行效率。中期财政规划对部门财政资金统筹使用具有约束和保障作用：未列入中期财政规划的项目，原则上不得列入年度预算；对中期规划期内可能出现的财政运行风险进行风险评估，建立债务风险预警和应急处置机制。财政资金花的是纳税人的钱，应本着"花钱必问效，无效必问责"的机制。中期财政规划的编制要坚持问责机制和绩效管理，使财政资金在中期财政规划的编制、执行和监督全过程都植入"绩效"理念。建立预算评审机制，将预算评审实质性嵌入中期财政规划管理流程，推进绩效考核结果与部门单位预算编制挂钩，完善财政资金绩效问责和激励机制。"责任重于泰山"，要将重大项目量化、具体化，强化行政问责机制，将绩效评价结果纳入对单位负责人经济责任审计的范围。只有财政资金绩效问责追究到位，才能对部门和单位领导形成触动和震慑。在预算编制、执行中，对由于决策失误造成财政资金重大损失的实行责任追究，对违反财经法律法规的，视情节轻重给予行政处分或追究刑事责任。中期财政规划实现的前提是建立稳定的财经秩序，而近年来，财政管理中仍然存在着财政资金使用不合法、不合规、考核绩效差等诸多问题，严重扰乱了财政经济秩序。为了进一步规范财政收支行为，必须推行行政问责和财政绩效考评机制，这是提高政府执行力和公信力的必然要求，也是落实中期财政规划的重要保障。

（五）尽快推进权责发生制政府综合财务报告的改革

权责发生制政府综合财务报告是反映各级政府整体财务状况和财政中长期可持续性的报告，能从广度上和深度上充分反映政府财务信息和受托责任。权责发生制政府综合财务报告有助于信息使用者客观地评价报告主体的运营业绩和现金流量情况，评价报告主体遵循中期财政规划的情况，从而提高中期财政收支的透明度。权责发生制政府综合财务报告可以对政府提供的公共服务进行量化分析，有利于客观评价政府执政能力，改进政府公共服务供给的质量，强化政府的受托责任。政府综合财务报告不只包括政府的收支，还包括政府的资产负债等多方面内容，这对促进预算的进一步公开透明具有推动作用。政府综合财务报告制度是构建中期财政规划执行的一种长效约束机制，通过提供政府资产负债、收入费用表等多方面的政府财务信息，体现政府预算执行结果和财政运行中的风险，发挥对财政收支的有效约束和规范管理，有利于政府提高防范财政风险的能力。

总之，中期财政规划管理是一项政策性、敏感性和技术性都很强的改革，不仅涉及面广，还关系到不同利益主体之间的博弈。中期财政规划改革应按照循序渐进的原则，要有计划有步骤地向前推进。编制中期财政规划，应把握统筹当前与长远利益、坚持问题导向、实施滚动调整和强化约束机制四项原则，以提高财政政策的前瞻性、有效性和可持续性。

注：本文发表于 2016 年 6 月《中央财经大学学报》（CSSCI）。

第 5 篇　中期预算构建中的难点问题与破解思路

李红霞　杨妍坤

摘　要：目前，中期预算改革已成为社会关注的热点问题，世界上已有 2/3 的国家实施了中期预算模式，并在实践中取得了显著成效。但同时也应看到，中期预算改革仍处于不断探索和完善中，有些国家将中期预算视为顶层设计，而有些国家却称其为"史上最不靠谱的预算"，俄罗斯甚至于 2015 年中止了已实施 11 年的中期预算，引起理论界对中期预算可持续性的质疑。我国中期预算尚处于构建中，2015 年国务院颁布《关于实行中期财政规划管理意见》，并在全国启动编制三年滚动预算。两年多的实践表明，过渡期的中期预算仍然存在预测不准、约束力低、执行力弱等问题。本文将从中期预算的定位及战略理念出发，深入分析我国中期预算构建中存在的难点及问题，提出进一步完善中期预算改革的思路。

关键词：中期预算；问题；可持续

一、中期预算的定位及战略理念

中期预算思想可追溯到 20 世纪 40 年代，美国著名经济学家阿尔文·汉森提出了周期预算平衡理论，即一个经济周期内，经济繁荣时收大于支的盈余正好能弥补经济衰退时收小于支的赤字，但由于这种理论的前提条件是经济周期处于"正弦波动"的对称状态，因此在实践中具有一定的局限性。1978 年，凯顿（Caiden）发展了周期预算平衡理论，创新性地提出预算管理模式可分为三种类型，即前预算时期（prebudgeting）、预算时期（budgeting）及超预算时期（super budgeting）。第一种类型"前预算时期"以最大限度地筹集财政收入为目的，具有非常低的可靠性、责任度和行政效率；第二种类型"预算时期"与第一种相比不仅收入汲取能力强，而且责任程度及对行政部门的约束力都高，更重要的是它将政治上的可靠性和有效性引入政府预算中来，奠定了现代政府预算的基本架构。20 世纪 70 年代，西方国家普遍陷入经济停滞与通货膨胀并存的"滞胀"危机，财政赤字居高不下，从此，以第三种类型"超预算时期"为典型代表的中期预算模式逐渐进入公众的视野。"超预算时期"通过将政府预算置于一个前后连贯的、有预见性和约束力的中期框架中，突破了年度预算时间上的僵化性，从未来较长时期考虑将眼前利益和未来利益有效结合起来。在中期预算长期实践中，一些权威的国际组织和机构也都明确提出了编制中期预算的要求。如欧盟非常重视基于中期框架下的多年度预算的作用，在《稳定与增长公约》（1997）中明确规定，每个成员国每年都要编制中期财政计划并提交到欧盟委员会，以保证实现欧盟各成员国财政赤字和政府债务水平的趋同化标准，这也体现了中期预算对财政收支总量的控制和约束性作用。国际货币基金组织（IMF，2007）在《财政透明度手册》中提出，各国应公布完整的、滚动的中期预算框架（3~5年）。世界银行（1998）则要求各成员国编制跨年度预算规划，即建立一个连接政策、计划及预算制定的中期财政支出框架（medium－term expenditure framework，MTEF）。

与此同时，各国还纷纷展开了对于中期预算实践的探索，目前，世界上已有2/3的国家实施了中期预算模式，并在实践中取得了显著成效，如法国通过中期预算降低了赤字率和公共债务率，日本于2015年准备将中期预算从三年期延长到五年期。但同时也应看到，中期预算仍处于不断探索和完善中，有些国家将中期预算视为顶层设计，而有些国家却称其为"史上最不靠谱预算"，俄罗斯甚至于2015年中止了已实施11年的中期预算。我国中期预算尚处于过渡阶段，2015年国务院颁布《实行中期财政规划管理意见》，并在全国启动编制三年滚动规划，而两年多的实践表明，过渡期的中期预算仍然存在预测不准、执行力弱等问题，中期预算改革还需要不断地深化并加以完善。

现阶段，国内理论界对于中期预算含义的表述比较多，比较典型的有中期财政规划、中期预算框架、中期滚动预算等。从总体上看，不同的表述本质上差异并不大，但是其侧重点略有不同，如中期财政规划主要侧重于规划的指导性、前瞻性及可持续性；中期预算框架的重点则是放在对财政支出的控制和约束上，即强调在支出的上限内进行跨年度预算调整及安排；而中期滚动预算则强调预算的连续性、动态性和协调性。大多数学者认为我国中期预算没经立法机构审批，所以称为中期财政规划更为准确，但也有学者认为多数国家法律并没规定立法机关要正式审批中期预算，因此中期预算只是相对年度预算而言的，对3~5年政府收支进行安排的一种预算模式。其实，中期预算名称在各国表述也各不相同，如美国称为"中长期预算展望"，英国称为"财政与经济5年计划"，而法国则称为"稳定计划"。因此，大多数国家的中期预算并不具有严格的法律效力，主要是作为政府部门实现收支内部控制、进行自我约束的财政工具。世界各国典型的中期预算报告形式，是将年度预算嵌入其中并以报告年度为基年滚动编制的3~5年预算计划，一般将经立法机构审批通过并付诸实施的预算年度确定为中期预算的第一年，而后续几个预算年度则称为"纯计划年"，各国政府对 3~5 年期间的财政收支进行安排，并将支出的资金来源及用途做全面细化的安排和审核。由于我国中期预算改革正处于过渡期，其编制的科学性、规范性及执行力等与国外相比都还有一定距离。随着我国财政预算改革的不断深入，我国的中期预算构建模式将会更加健全。

二、中期预算改革中的难点及问题分析

深化中期预算改革是一项复杂的系统工程，尽管我国 2015 年实施的新《预算法》明确规定建立跨年度预算平衡机制，已为中期预算改革提供了法律保障，但由于我国预算管理制度改革还相对滞后，全面推进这项改革仍面临不少的困难和问题。其中，主要的难点及问题体现以下几方面。

（一）中期预算与政府综合规划难以衔接

构建中的中期预算作为跨年度预算体系的组成部分，要求对三年财政收支数据进行准确预测，这样既能实现政府宏观政策目标与跨年度预算的联结，也强化了政府预算支出的刚性约束，避免了政府行为的无限扩张。中期预算改革的顺利实施必须要与其他规划相衔接，才能更好地发挥前瞻性、指导性作用，但现实是三年滚动预算与其他规划仍存在"两张皮"现象，这样就制约了中期预算改革的进程。目前我国主要由发展和改革委员会负责制定五年的经济发展规划，而由财政部门负责编制三年滚动预算，两者之间无论在规划目标及时间方面都不能达到很好的衔接。为了配合政府五年经济与社会发展规划，财政部门也相应制定了财政五年发展规划，但财政五年规划属于静态规划，不能动态反映经济指标的变动情况，不仅存在可操作性不强问题，总量约束机制也比较薄弱。

除此之外，2015 年开始编制的三年滚动预算与财政五年发展规划在时间上也不匹配，财政五年发展规划主要侧重于同五年经济与社会发展规划的衔接，而三年滚动预算则侧重于对未来三年支出动态的、滚动的硬性约束。因此，我国实施的三年滚动预算与前面的"两个五年规划"，都不能做到在规划目标及内容上的紧密衔接。不仅如此，三年滚动预算与其他规划之间不但存在时间错配及内容层次上的不衔接，而且存在三年滚动预算的"三年"周期与地方政府"五年"换届周期也不能衔接，一些地方政府换届后出现"新官不理旧账，一届领导一个规划"的现象，使原本混乱不清的利益博弈关系变得更加复杂，这些都不利于中期预算改革的顺利进行。

（二）政府纵向治理模式对中期预算编制形成困扰

我国当前已进入全面深化改革的攻坚期，中央出台了一系列调结构、促

改革、减税降费的改革举措，也取得了显著成效，但还有一些深层次的矛盾和问题没有得到根本解决。现阶段，我国政府间纵向治理的基本模式是"中央出政策由地方遵照执行"，这样虽有利于"全国一盘棋"和保证政令畅通，但也给地方三年滚动预算的编制带来了很大不确定性。原本编制中期预算的初衷是对未来几年收支安排做到"早知道"及长远打算，但前提条件应是中央政策保持相对稳定，如果中央政策变动频繁，就会加大地方编制中期预算的难度，使地方出现"压力型"预算调整，一些地方政府及部门曾多次反映，中央政策调整随机性大，使得三年滚动预算难以准确预期，如河南省2016年预算较规划竟调整80%以上，地方中期预算编制"空心化"问题严重。

近年来，中央宏观调控的短期政策比较多，诸如提高社会保障待遇标准、调整公务员工资、减税降费、扩大基础设施投资、增加教育及医疗卫生投入等，每一项改革措施都或多或少对财政有减收增支的影响，地方政府根本无法事先预期未来收支的变化，导致地方编制中期财政规划出现阻力大、执行效率低等问题，地方中期预算的编制难以保证科学性及前瞻性。由于在纵向治理体制调节范围内，地方政府既没有收入的决定权，也没有支出的决策权，一定程度上影响了地方发展经济的能力。为了弥补地方财政收支缺口，促进本地经济快速发展，地方政府不得不另辟蹊径去扩大其自主权，出现了大量的土地财政、收费财政和债务财政，导致地方政府职能异位和错位，出现财政秩序紊乱和债务风险居高不下等问题。2015年12月，财政部在《关于地方债务实行限额管理实施意见》中明确指出，对地方存量和新增的债务要实行限额管理，但每年下达给地方债券限额的依据和标准还无清晰的规定，这样就给地方债务统筹安排增加了一个不确定性因素，也增加了地方编制中期预算的难度，不利于地方经济的可持续发展。

（三）"多龙治水"加大对中期预算执行阻力

现阶段，我国尚未实现统一的预算资金分配权，没有建立真正意义上的核心预算机构，虽然预算外资金已被取消，但预算分配"切块"问题仍然以各种形式存在，利益博弈的结果是形成了难以撼动的既得利益和权力布局。如有些政府性基金的设立，一定程度上反映了预算权在集中过程中遇到障碍而妥协形成的产物，基金的背后意味着各部门拥有的一定权力和利益。财政资金分配存在的"多龙治水""四马分肥"的现象，严重影响了预算管理的统一性和有效性，使某些预算资金分配职责相互交叉重叠，导致各部门责任模糊不清。如：当前财政机关、发展和改革委员会等都享有预算分配权和一定的决策权，基本建设支出既有财政部门安排的一小部分，也有发展和改革委员会安排的一大部分，而国务院并没有对二者之间的具体职责进行明确的分工，在中期预算执行过程中，就会发生财政部门的资金已经到位但发展和改革委员会可能还没批或批复延迟问题；还会出现发展和改革委员会已经批复某基建项目，但财政部门可能没有足够的预算资金支持等问题，只能倒逼地方政府举借债务。

现阶段预算资金安排上的政出多门，造成政府行政效率低下和财政资金使用的碎片化。预算资金分配权的割裂，不仅会给中期预算的实施带来严重的负面影响，还会弱化财政在国家治理中的核心地位。当然，改变当前预算资金使用分散混乱的情况，需要对各预算部门职责进行重新准确的定位，然而这个过程涉及权力分配格局的调整和多利益主体之间的博弈，不可避免会遇到来自各方的阻力。在市场与政府之间的关系没有厘清的情况下，突破这些阻力的难度极大，但这又是构建中期预算必须解决的问题，必须引起足够重视。

（四）转移支付不确定性构成对中期预算新的干扰

由于政府间财权与事权不匹配，地方政府对中央转移支付依赖性较大，"跑部钱进"等暗箱操作也时有发生，增加了各级政府间的博弈机会与谈判成本。转移支付不确定因素多，上缴下拨的预算资金流量过大，不利于地方从长远考虑统筹安排支出；加上转移支付结构不尽合理，临时性专项转移支付项目繁多，也影响了中期预算编制的准确性。比如在一定的分税制体制安排下，如果上级财政或相应主管部门没有明确规定专项转移支付的数额是稳定的还是随机的，是每年连续的还是只属于一次性的，那么下级政府就无法准确预期转移支付的数量及投资方向，也会影响到地方可用预算资金的自主程度，尤其在专项转移支付的比重较高的地区，若在没有上级确定的政策指引下，盲目将这些内容纳入中期预算，必然影响其科学性和准确度，会加剧中期预算的短视性和随意性。

现阶段中央与地方的事权和支出责任并未明确划分，地方政府对于其应该承担的职能范围认识并不清晰，地方政府事权大于财权，收支缺口需要中央或上级政府转移支付弥补，但如果上一级政府没有明确这笔转移支付的中期安排，那么下一级政府在编制中期预算时就难以落实跨年转移支付数额。因此，不同层级政府中期预算之间的衔接也是一大难题，直接影响到基层政府中期预算的具体编制和有效实施。

（五）项目库规范化低会削弱中期预算权威性

根据中期预算的改革要求，各地纷纷建立了中期预算滚动项目库，并实行逐年滚动管理，这对于建立项目支出与政策之间的有效衔接，确保预算支出符合中期预算的总体要求意义重大。然而在实践中，预算项目库仍然存在适用性不强、有效性不足等问题，难以适应中期预算改革的需要。近年来，财政项目建设的专项资金比例大幅增长，在这些专项资金分配和使用过程中存在重复申报项目资金、虚假申报骗取专项资金、审批环节人为影响大、随意性强等问题，严重影响到预算资金的使用安全和绩效。由于支出部门具有较大的自由裁量权，在预算执行中，尽管对项目支出建立了项目滚动库进行管理，但受到部门利益驱使及技术水平等因素的制约，当项目库新支出项目录入时，对其评审论证的程序并没有严格把关，导致项目库的项目存在大量虚报、乱报的现象，造成预算资金使用效益低下等问题。支出部门工作人员由于职责所限，无法站在战略角度对紧急项目进行优先排列，仍存在"当年只研究当年的支出事项"，项目支出的确定没有转向"当年研究下年支出事项"，预算评审也没有由"当年评审当年执行"向"提前一个年度评审"转变，滚动项目库管理大多停留在形式上，导致了资金支出进度偏慢和年底突击花钱现象发生。如何处理好项目库管理与中期预算目标之间的关系，实现二者的更好融合，也是政府面临的一个难题。

三、进一步推进中期预算改革的思路

中期预算改革是在科学预测未来几年宏观经济形势的基础上，合理预测财政收支规模，实行逐年滚动预算，实现跨年度预算平衡机制的管理模式，有利于增强财政政策的前瞻性及可持续性。随着全面深化改革的不断推进，中期预算改革还需要从以下几个方面加以完善。

（一）中期预算与政府综合规划有效衔接

政府综合规划是中期预算编制的重要依据。一方面，中期预算必须要与政府的综合规划相衔接，政府综合规划编制涉及重要财政收支事项的，都应该与各级财政部门进行充分沟通，否则就会出现三年滚动预算与政府综合规划脱节的现象，结果要么导致政府综合规划无法执行下去，要么必然形成政府综合规划对中期滚动预算的倒逼，使中期滚动预算对支出约束的难度增加；另一方面，中期滚动预算不仅要与政府综合规划相衔接，还要与部门的专业规划紧密衔接，这就要求各部门不断完善、细化部门专业规划，使其更加科学合理并具有前瞻性；同时，当各部门编制专业规划涉及一些财政支出事项时，必须要与财政部门进行沟通并征得财政部门认可，才能纳入专业规划中进行安排，这样，再将部门中期财政规划决策与之密切衔接，才能有利于收支之间的匹配和中期滚动预算统筹安排。

借鉴国外发达国家的中期预算模式，我国可以设立专门的预算规划与政策委员会，并保持其相对独立性，相关工作人员可在财政部门、发展和改革委员会中吸纳并引进专家学者。预算规划与政策委员会的责任主要包括：一是编制五年经济发展规划、财政五年规划及具体政策目标安排；二是进行三年滚动预算及各年度预算编制程序的统筹安排；三是对各部门预算编制进行规范指导与说明等。财政部门应联合政府决策部门、税务部门等对收支进行预测，并由财政机构形成收入预测报告，结合支出上限确定原则，确保中期支出限额尽可能准确并具有约束性。各部门编制本部门预算后要同时提交给财政部门及预算规划与政策委员会进行审查，审查通过后即可形成本级政府总预算草案，提交本级财政经济委员会和人民代表大会审批。预算编制部门、审批机构及监督部门等各机构间的权责划分、优势互补及相互制衡，可以削弱各部门与财政机构之间的利益博弈风险，可使三年滚动预算编制过程具有规范性及科学性。

（二）统一预算分配权，消除"多龙治水"的顽疾

完善中期预算改革，统一预算分配权是问题的关键，长期以来我国存在财权分散割裂问题，严重肢解了预算的统一性，使得各部门都把注意力放在了如何分钱上，将汲取财政资金看成是一种权力，而不是一种责任。政府部门职能交叉问题是政府机构的"顽症"，也是社会公众十分关注的焦点。首先要厘清政府与市场的边界，使政府职能由"越位、缺位"尽快做到"归位"，在此基础上还要对各预算部门职责进行重新定位，尽快改变当前预算资金使用碎片化的情况，最大程度实现财政资金的统筹安排。

要做到统一预算分配权，消除"多龙治水"顽疾，主要应该做到以下几点：一是理顺预算权力结构，在国家治理层次，要明确人民代表大会与行政部门之间的权力划分，要强化人民代表大会对政府预算的审批和监督，提高预算分配决策的层次，加大人民代表大会的协调力和作用，防止以法律方式割裂和否定人民代表大会自身的完整预算权。二是统筹政府部门之间预算权力的划分，要加快政府机构改革，合理配置政府各部门职能，建立部门之间的协调配合机制，促进部门之间相互协调，形成工作合力。坚持一个事项原则上由一个部门负责，确实需要多个部门共同管理的事项，也要分清主次关系，明确牵头部门并建立各部门之间的协调配合机制。三是尽量减少设立专项资金，对于新出台的财政政策，一般不得规定以收定支、专款专用。从法律上取消重点支出与财政收支增幅或 GDP 挂钩机制，但这肯定会触动各地方及各部门的既得利益，然而这些问题是中期预算改革中不能回避的问题，各级政府不能对此拖延或置之不理。应彻底取消部门二次分配权，真正做到财政资金的统筹分配和使用，最终实现预算的完整性和规范性。

（三）自主性强的财政资金优先纳入中期预算

中期预算是三年内的财政收支的统筹安排，其前提条件是地方要区分开

自主性强和自主性弱的资金。自主性强的资金是可以通过中期预算进行自主安排和自我约束的资金，如果中期预算主体对三年内的可用财政资金自主性比较弱，地方政府不能进行自主安排或对可用资金自身并不能做主，就不能对这些资金的使用有一个稳定、可靠的预期，那么地方政府就难以统筹安排中期预算，中期预算的前瞻性、指导性就必然受到影响。因此，在考虑实施中期预算时，可以将纳入的内容和范围分步骤进行安排，考虑将自主性强、稳定可靠的资金，如一般公共预算、政府性基金预算的资金及一般转移支付等优先纳入中期预算；而那些自主性不强的财政资金，如一些不确定性大的专项转移支付，可以暂时不纳入中期预算，而是给出一个相对变通的办法进行估算。当随着改革条件逐步成熟和完善，减少了专项资金及其专款专用时，再将自主性不强的资金分步纳入中期预算，以实现中期预算的统一性和完整性。

对于中期预算中的重大项目一般要由政府部门进行决策，研究运行机制和评价办法，而对于政府决策之外的项目，部门可有一定的自主决策权。对重大项目，仅依靠政府部门自身的监督已不能达到约束政府行为的目的，必须自觉接受人民代表大会、审计部门和社会各界的监督，以保障政府重大决策及规划的规范性和连续性。对部门层面的项目决策要提出硬约束要求，提高财政预算的统筹能力，各部门规划中涉及财政资金支持的，要与三年滚动预算相衔接，并配合相应的管理和监督制度，形成激励约束机制，以强化部门项目决策的约束力。通过中期预算的统筹安排，强化预算执行和利益博弈的相容机制，完善各级政府、部门与财政、审计等部门之间的协调和治理关系，促进财政资金跨年度统筹安排，进一步提升政府部门管理层面的治理水平。

（四）做好项目库管理及支出优先性排序

2016年9月，财政部颁布关于《进一步做实中央部门预算项目库意见》，提出进一步完善项目支出预算管理新模式。中期预算采取的滚动编制方式，被视为有效控制政府支出膨胀和实现资源合理配置的重要工具。中期预算涉及三年的预算收支数据，以充分体现各项收入来源和各支出的成本信息，避免了征收"过头税"和政府支出的无限制扩张，这样，既体现了政府政策目标与预算之间的联结，也强化了中期预算的刚性和执行力。中期预算要坚持"雪中送炭"原则，把握好预算支出安排的优先次序，优先保障基本民生投入。支出项目要在政府总体政策目标指引下进行优先排序，当有新的重大项目支出需求产生时，必须将财政资源优先配置到最为迫切保障的支出项目上，并要相应削减或取消效率低下的支出项目，这样才能体现财政支出的"有保有压"，实现稀缺资源的优化配置。这也要求各部门在制定支出项目的优先排序时，都要服从和服务于政府的总体政策目标。中期预算实施过程中，还要积极推进"参与式预算"改革，要注意吸收社会组织、公众等多方参与预算的决策、咨询和听证，进一步推进政府决策的科学性、规范性。

中期预算中的财政支出一般包括人员经费、共用经费和项目经费，其中人员经费和共用经费属于"人吃马喂"的财政基本开支部分，对这部分资金的控制机制目前相对完善，而项目经费由于存在一定的不确定性，其管理机制仍然有待完善。项目经费管理和项目库建设是中期预算需要关注的重点内容，项目立项环节要有完善的决策程序，一般情况下，项目在立项后即进入项目库管理，各部门项目库汇集到财政部门就形成财政项目库。因此，各级政府年度预算的项目安排必须来自财政项目库，否则就不能进入年度预算，而财政项目库的项目要来自部门项目库数据，否则财政部门也不予认可，这样就会形成一套完整的项目库管理机制，可以提升中期预算的准确性和约束力。各级政府必须在发展战略规划中明确本级政府的总体目标及所属部门的支出项目排序，各支出部门都要在本级政府总规划指引下编制中期预算，再按优先次序列出各支出项目的申请拨款额。这样既可以有效避免各部门随意增减支出项目的拨款额，滥用和浪费财政资金，又可以从整体上有效防止支出的持续膨胀，提高财政资金的使用效率。

（五）健全中期预算绩效评估机制

实施中期预算的绩效评估，是整个中期预算运行中关键的环节，也是实现中期预算目标的重要基础。中期预算引入结果为导向的绩效评价体系，实现有限资源在不同地区、不同支出部门的优化配置，从而使政府提供的公共服务能够满足公共需求，以达到社会福利最大化。我国中期预算改革要先以控制支出约束为主，在预算编制上确定绩效目标，并设计科学、量化、具体的绩效指标体系，循序渐进地推进"绩效问责"机制，做到"花钱必问效、无效必问责"。各级政府在中期预算编制中要将支出项目与绩效指标挂钩，并与上年度资金使用绩效报告连接起来，各级政府在明确自身的公共受托责任的前提下，可以赋予其对一些支出项目的自由裁量权以利于有效地配置资源，这种绩效激励机制建立在可靠的控制制度基础上，使中期预算既具有约束力又不缺乏灵活性。在很多情况下，一些跨年度财政投资项目在短期内无法反映和评判其绩效，必须置于中期预算框架下通过整合中长期财政收支信息对跨期项目进行绩效评估，可以避免短期评价的盲目性。各政府部门的申请预算拨款要以结果为导向，要列出详细并与所申请预算拨款相对应的量化性的绩效指标。各支出部门在提出预算拨款申请时，要准确预测未来两年的各项指标预期值。如果在预算执行年度结束时没有达到预期值，则将影响到该支出部门下一预算年度所申请的拨款额，也就是说，各支出部门要对预算拨款额的使用效果负责，通过绩效问责形成对各支出部门的责任约束机制。中期预算绩效目标是通过跨期财政资源配置实现对支出的总量控制，以防范财政风险，最终实现财政的可持续发展。

总之，中期预算改革是一个复杂的系统工程，应做到重点突出、分步推进，不能一蹴而就。中期预算改革要经过几个重要环节，如中期宏观经济形势与财政收支的准确预测、中期规划与决策之间的衔接、中期执行与遵从的协调、中期绩效与激励机制相容等。通过一系列改革措施，最终使中期预算由过渡期向成熟期转变，从而实现财政的可持续发展。

注：本文发表于 2017 年 5 月《经济研究参考》（核心期刊）。

第6篇　依法治国与建设现代预算制度路径探析

李红霞　陈晓秋

摘　要：党的十八届四中全会将依法治国提升到前所未有的高度，法律是治国之重器，也是国家治理体系和治理能力的重要依托。依法理财是依法治国的重要组成部分，建立与经济发展相适应的现代预算制度，对于优化资源配置、促进社会公平正义、实现国家长治久安具有重要意义。新《预算法》已于2015年1月1日起正式实施，这既是我国法律制度建设的一项重要成果，也是建设现代预算制度具有里程碑意义的标志。一个国家的治理能力在很大程度上取决于预算能力，预算制度是现代国家治理体系的重中之重，"悠悠万事，预算唯大"，预算制度关系到13亿人的民生福祉，可谓牵一发而动全身。本文将从依法治国是建设现代预算制度的支撑入手，深入分析现代预算制度建设面临的问题和挑战，并从战略层面提出进一步完善现代预算制度的实践路径。

关键词：预算制度；治理；完善

一、依法治国是建设现代预算制度的支撑

公共预算是国家治理的经济基础和配置资源的重要工具，预算资金的分配过程，体现着公共资源的配置结构和政府履行其职能的过程，同时也决定着国家政权活动的范围和方向。楼继伟指出："全面公开透明的预算制度，是保证公共产品有效供给的重要制度安排，预算是公众向政府表达利益偏好，并通过预算建立监督和制约政府收支行为的最佳指导。"党的十八届四中全会提出依法治国，促进国家治理体系现代化，是中国国家治理史的一次重要转折，依法理财是依法治国的重要组成部分，也是现代预算制度改革的支撑。预算天然具有治理的职能，在现代社会，预算制度的首要功能就在于管住政府的财权，督促政府在提供公共产品和公共服务中积极作为，以实现全体公民共同利益的最大化。

建立现代预算制度，要求预算收支始终处于一种优化状态，尽量消除预算资金分配活动中的人为因素，强调以法治的、科学的预算制度来解决问题，使公共资源在时间和空间上得到合理配置，同时包容和发挥各利益主体的潜

力，在预算资金分配和使用中形成最大的公平与可持续性。预算制度是国家财政最基本的制度，预算安排是否科学、规范，反映出一个国家治理能力和水平的高低。预算制度是现代国家治理体系的重中之重，"悠悠万事，预算唯大"，它关系到 13 亿人的民生福祉，可谓牵一发而动全身。预算改革的每一步都可能是艰难的，因为它不仅要冲破已有利益固化的藩篱，还要涉及中央与地方以及部门之间的利益调整。"预算一小步，民生一大步"，现代预算制度改革的不断完善，必将推进我国国家治理体系和治理能力现代化的实现。

二、建设现代预算制度面临的问题与挑战

建设与经济发展相适应的现代预算制度，对于优化政府资源配置，促进社会公平正义，实现国家的长治久安具有十分重要的意义。当前国家治理面临着诸多挑战，也严重制约现代预算制度改革的实践进程，需要通过依法治国打破阻碍深化改革的藩篱。目前，困扰我国国家治理现代化和预算制度改革的难题主要体现在以下几个方面。

（一）不同利益主体之间的预算博弈更加激烈

公共预算资源配置的过程就是不同利益主体博弈的过程，各利益主体因彼此目标取向不同，在争夺公共资源时会展开激烈的竞争和博弈。现阶段"中国已经进入了利益博弈的时代"，不同利益主体多元博弈突出表现在政府与纳税人之间、中央与地方之间、不同层级的政府之间、不同部门之间以及预算资金的控制者与消费者之间等的博弈。在推进全面深化改革的进程中，会面临一些令人纠结的问题，如在经济稳定与发展的规模水平上，究竟需要保持多大规模的政府？政府收入占国内或地区生产总值的比重多少才是适度的？国家、企业和个人之间的"蛋糕"如何划分？中央和地方集权和分权的程度如何拿捏？地区之间基本公共服务均等化目标如何实现？部门之间利益如何权衡？诸如此类的问题还没得到圆满解决。最终矛盾将聚焦在深化改革与贫富差距过大上，在全面深化改革的同时，还面临着社会贫富差距越来越大的现实。经济体制改革的初衷是让全体国民一起分享改革的胜利成果，但这一目标没有达到，反而使社会贫富差距越来越大，由此引发一连串的社会问题和矛盾冲突，削弱了政府的凝聚力和执政基础。我们面对这些"绕不过、躲不开"的改革阻力应如何做出抉择呢？改革已经"开弓没有回头箭"，我们必须勇于直面改革的风险考验，才能化危为机、化险为夷。

（二）预算资金分配过程中存在权力寻租泛化现象

政府在执政过程中，一些公共部门官员财权过于集中，往往陷入权力寻租追求自身利益的困局。哈佛大学学者施莱佛指出："官员腐败带来的好处，

使其得到追求更大腐败的激励，从而意味着更大腐败的发生，权力寻租意味着无休止的设租与寻租。"一般来说，人性是有弱点的，如贪婪、自私、膨胀等，集中体现在人有善和恶两个方面。在公共资金进行分配过程中，难免会有官员自私的动机和行为出现，如果不通过预算制度对官员权力进行约束，人性恶的一面就会暴露得更多一些。布坎南说："政府官员是理性经济人，也在追求自身的最大化利益。"政府官员以权谋私、腐败堕落严重损害了党和政府的形象，降低了群众对党和政府的信任，任其发展将会导致政府陷入"塔西佗陷阱"，而政府一旦失去公信力，陷入"塔西佗陷阱"①，就会迅速扩展到社会各阶层的利益冲突中，会导致社会秩序出现混乱，社会诚信体系崩塌，政府的执政基础大大削弱，甚至处于执政危机的状态，这时政府想再重新塑造政府诚信将会变得异常艰难。

（三）预算资源配置过程中政府角色定位迷失

目前，要做到政府"有权不再任性"，让"任性"的政府变成"理性"的政府，为纳税人提供满意的公共服务，关键要厘清政府和市场的边界，但现阶段政府在角色定位上仍存在迷失问题。在市场经济下，政府职能仍陷入缺位、越位并存的状态，尽管政府力图走出这种尴尬的角色困局，但仍未完全摆脱政府既当运动员，又当裁判员甚至是教练员的角色误区，导致政府提供基本公共服务时出现责任缺失，甚至在某些公共领域出现了"真空"地带。有一句话"让上帝的归上帝，让恺撒的归恺撒"，非常形象地描绘出政府和市场的关系定位。政府权力之所以能够"任性"，在于长期以来，政府一直是一个比较强势的政府，在预算资金分配中还没有完全做到以公共利益为核心，以纳税人的意愿和期待来决定施政目标，政府在执政过程中仍然存在人治大于法治的现象。如成品油消费税的"三连涨"、公共服务收费的随意、官员财产公示遭冷遇、房车的限购等一定程度上体现出政府权力的任性。今后如果不明确政府的权力边界，便无法真正做到"简政放权"，强势政府只会导致政府"致命的自负"，最终可能离真正的公共需求越来越远。

三、现代预算制度建设的路径选择

"毫不夸张地说，一个国家的治理能力在很大程度上取决于它的预算能力。"在现代国家治理体系框架中，通过现代预算管理制度，可以形成对政府收支规模和国家治理活动成本的有效控制。习近平总书记指出"要把权力关进制度的笼子里"，而预算制度就是限制政府财权的"笼子"。站在全面深化

① 塔西佗陷阱：指当政府部门失去公信力时，无论说真话还是说假话，做好事还是做坏事，都会被认为是说假话，做坏事。

改革角度来看，可谓"不识庐山真面目，只缘身在此山中"，而建设现代预算管理制度是深化财税改革的基础和突破口，也是落实新《预算法》的排头兵。

（一）让预算在阳光下运行

党的十八届三中全会提出了建立"全面规范、公开透明预算"，实际就是让政府的权力在"阳光下"运行，"预算不公开的政府是看不见的政府，看不见的政府不可能是负责任的政府"，强调预算公开透明，就是让"看不见"的政府变成"看得见"的政府。而预算公开透明应以足够的预算信息为基础，没有足够的预算信息就谈不上预算公开。上海财经大学蒋洪教授率队对全国31个省级政府的预算透明度状况做了连续六年的跟踪调查和评估，结果表明，各地政府预算透明度得分并没有太大提高，各省平均得分只从2009年的21.71分提高到2014年的32.68分。蒋洪教授总结为一句话："好的省份畏缩不前，差的省份不思进取。"这看似是一句玩笑话，却体现出一个学者对我国政府预算公开的忧虑和无奈。

要让政府预算在"阳光"下运行，真正做到预算公开透明，现阶段必须从一些关键环节抓起。首先，预算编制要规范、细化、通俗易懂。2015年的预算编制比以前有了很大进步，四本全口径预算都已包括，而且按功能分类细化到了项，按经济分类细化到了款，还增加了对转移支付资金分配的详细说明。但是，2015年却出现了预算案反对票数最高的情况。人们不解的是在新《预算法》刚刚施行，而且也做到按新《预算法》要求公开预算的情况下，为什么人大代表还不满意？主要原因是人大代表在很短的时间内，无法看懂预算的来龙去脉和数字之间的勾稽关系，投反对票和弃权票也表达了内心的不满。这样看来，政府预算仅仅做到公开还不够，关键是让公众看得懂，要明明白白晒政府"账本"。比较而言，香港预算公开透明程度很高，它将政府及各部门所有收支很详细地列出，小到"一张公务用纸""一张桌椅的维修"，都有详细收支情况，还配有图表和插图便于公众理解。不仅如此，香港预算还要接受公众的质询，这种公开透明的预算让香港政府官员不能腐、不敢腐、不想腐。其次，应尽快建立专门预算委员会。增选一批具有专业性和职业性背景的人大代表，使人大代表能充分代表民意，做到敢用权、用好权，最后谨慎地、正确地行使好投票权。目前我国人大代表的人数近3 000人，但真正能看得懂预算，真正代表纳税人意愿的人大代表并不多见，而且人大代表基本都是兼职的，人民代表大会一散就回到各单位忙于本职工作，不像国外专职议员对预算那么上心。下一步应该尽快调整人大代表结构，增加一些专职人大代表，同时精简人大代表队伍，人大代表人数多不一定就有代表性，相反一些不称职的人大代表不仅不起作用反而会劳民伤财。最后，建议恢复财政部部长在人民代表大会上读预算报告的程序。我国从 2005 年开始，财政部部长就不在人民代表大会上读预算报告了，主要原因是预算报告已经发给人大代表了，而且也是为了节省大会时间。其实这种观点是不对的，是对预算的一种降格处理，结果会让一些人大代表不那么关注预算了，也不利于预算的公开透明。政府预算直接关系到 13 亿人的切身利益，是国家最大的事，这个环节绝对不能少。财政部部长在上面念预算报告，人大代表会一边听，一边思考，一边给预算草案挑毛病找问题，自然而然就增加了对预算的关注度，也保证了预算应有的重要地位。

（二）税收法定走向预算法定

古语讲"水能载舟，亦能覆舟"，现在也有一种说法叫"税能载舟，税也能覆舟"，"税能载舟"的核心问题是对纳税人权利的保护。税收法定原则也称为"帝王法则"，它的源头被公认为 1215 年的英国《大宪章》，自此之后，保护纳税人权益的理念不断深入人心。在落实税收法定的基础上，我国新《预算法》的实施，也预示着税收法定正逐渐走向预算法定的轨道。现代预算制度是法治国家的基本要求，由税收法定向预算法定转型，是西方现代法治国家的普遍经验。预算法定是预算民主的产物，体现的是人民主权理念。预算法定的核心内涵在于全部预算收支必须在法律规定的范围内进行，强调的是一旦预算经过立法机关审批通过，预算就具有法定效力。在执行预算法定的同时，应该秉持"主权在民"的民主理念，即在预算资金的整个分配过程中公民应具有预算的知情权、参与权和监督权，使预算真正做到"取之于民、用之于民"。如果没有预算民主和预算法定，政府的预算收支不遵守法定程序，纳税人的权利也就无法得以保障和实现。

新《预算法》规定："经人民代表大会批准的预算，非经法定程序，不得调整。"这是预算立法核心内容的体现。坚持预算法定原则，符合我国宪法尊重和保障纳税人基本权利的精神，符合建设法治中国的发展趋势。在强调税收法定、预算法定的基础上，接下来还应该要求收费法定。目前，在政府收入中，税收收入占到约 60%，还有约 40%属于非税收入，而国外发达国家一般税收占到 90%左右，而收费占到 10%左右。现在一些政府性基金、行政事业收费很多都是以红头文件来确定的，一些红头文件是在行政法规、规章之外，各级政府或政府部门发布的具有普遍约束力的决定或命令。红头文件欠缺统一的规范和标准，一定程度上带有各级政府收费的主观性和随意性，如果只是管住了税收而没有管住收费，很可能使公民和企业的税负依旧很重。其实不管是税还是费，只要是向老百姓的口袋拿钱都要有法可依，任何部门都不能法外授权。因此，要清理不合理的收费，要通过"费改税"来减少收费,同时应通过制定全国统一的《行政收费法》,对各级政府收费权限进行限制。

(三)绩效与问责是现代预算制度的保障

现代预算制度是国家治理能力现代化的基础和重要标志,传统的预算理念是一种投入预算理念,认为政府预算只是一个资源配置过程,预算收支执行过程只要是合规合法,就圆满完成了预算任务,对预算资金使用结果不够重视。而现代预算制度本着"花钱必问效,无效必问责"的理念,认为政府预算不仅是一个投入过程,更强调预算投入产生的结果。实施绩效与问责的预算管理,是建立现代预算制度的保障。构建预算绩效与问责制度是建设责任政府、提高预算资金使用效益的需要,也是保护人民民主权利、落实预算法定的要求。现阶段,我国预算绩效管理还缺乏一套规范统一的绩效指标体系,在实践中,各级政府预算违规的情况经常发生,如预算编报不完整、不真实,存在多报和虚报现象,严重影响了预算资金使用效益;预算在执行中约束力不强,预算资金拨付不及时,年度结余资金过多,年底突击花钱现象仍然普遍;专项资金项目设置重复交叉,存在部门多头管理、多头申报、套取财政资金等问题。我国自掀起"审计风暴"以来,一些公共部门陷入"屡犯屡审、屡审屡犯"的怪圈,由于长期忽视预算绩效考核,预算刚性逐渐消失。

其中的一个重要原因就是对那些不按规定使用预算资金的部门和单位,只要个人没发生贪污受贿、公款挪用等经济问题,就不进行责任追究。人们可以看到因贪赃枉法、腐败堕落而受到问责的官员,但还很少看到因为滥用政府预算资金而受到惩罚的官员。一些地方官员热衷于"政绩工程""形象工程",滥发地方债,造成了巨额预算资金损失浪费;一些政府部门在所谓"合法"的外衣下,存在决策失误、重复建设、预算资金使用效益低下等问题,造成的一个个巨大的"黑洞"正悄悄吞噬着预算资金和国有资产。2015年实施的新《预算法》明确规定:"对违反预算法规定的主管人员和直接责任人应依法给予降级、撤职、开除的处分,若构成犯罪的,将依法追究刑事责任。"新《预算法》将财政资金有效地纳入法律监管,对违反预算法规定的行为,不仅要追究直接责任者的行政责任,还与刑事责任挂钩,这就维护了预算法的尊严,对违规违纪的官员也是一种威慑。通过建设现代预算制度,要让官员树立正确的理财观,明确浪费预算资金也是一种极大的犯罪;通过启动人大问责制,追究相关责任人责任,给纳税人一个明确的交代。

注:本文发表于2015年34期《经济研究参考》(核心期刊)。

第7篇　政府综合财务报告制度改革路径探析

李红霞　乔　迪

摘　要： 建立权责发生制政府综合财务报告制度是党的十八届三中全会做出的一项重要部署，也是落实新《预算法》的重要举措。从国际上看，编制权责发生制政府综合财务报告，已经成为世界发达国家的共识，也体现了建立现代财政管理制度的必然要求。财政部颁布的《权责发生制政府综合财务报告制度改革方案》，明确了政府综合财务报告制度改革的目标和路线图，力争在 2020 年全面实施权责发生制的政府综合财务报告制度。本文从改革必要性出发，深入分析现行政府财务报告存在的突出问题，通过借鉴发达国家政府财务报告改革的成功经验，提出建立和完善具有中国特色的权责发生制政府综合财务报告的改革路径。

关键词： 权责发生制；政府财务报告；改革路径

一、政府综合财务报告制度改革的必然选择

政府综合财务报告是以政府财务信息为主要载体，综合反映政府财务状况、收支运行情况和财政中长期可持续发展的报告，也是反映政府受托责任履行状况的重要依据。建立权责发生制政府综合财务报告制度是党的十八届三中全会做出的一项重要部署，也是落实新《预算法》的重要举措。近期，财政部对《权责发生制政府综合财务报告制度改革方案》进行了详细解读，明确了政府综合财务报告制度改革的目标和路线图。2015 年改革的重点是建立健全政府综合财务报告制度的框架体系，预计 2016 年至 2017 年开展政府综合财务报告编制试点，到 2020 年全面开展政府综合财务报告编制工作。

20 世纪 80 年代以来，随着新公共管理运动的不断发展，世界各国纷纷开始进行政府权责发生制财务制度的改革。尤其自 20 世纪 90 年代以来，以 OECD 国家为代表，在政府预算编制和政府会计核算中引入权责发生制并取得了明显的效果。从委托-代理理论和契约经济学理论看，政府与纳税人之间存在委托-代理的经济契约关系，政府作为受托方以及社会公共事务的管理者和公共产品的提供者，其受托责任的履行集中体现在财政收支活动上，而政府财务报告反映了政府资金来源和使用方向以及政府运营业绩。第二次世界大

战以后，西方国家政府支配的公共资源呈不断上升趋势，如 20 世纪 90 年代初期，法国、英国公共支出占 GDP 的比重均已达到 50%，美国这一比重也达到 40%，这种趋势在其他发达国家不断蔓延。各国政府开始意识到公共支出的急剧增长和盲目扩张会引发财政赤字甚至财政危机，必须选择一种规范的财务制度来衡量财政支出效率，而传统的政府财务报告已远不能满足信息使用者的潜在需求，无法全面反映政府真实的财务状况，也难以有效地规避和防范财政风险。随着财务报告使用者纳税人、债权人、投资人、政府部门及其他利益相关者对政府财务报告关注度的普遍提高，西方国家政府财务报告制度改革经历了前所未有的高潮时期。OECD 国家率先完成从单纯反映政府预算收支信息并主要向政府内部使用者提供财务报告，转到全面反映政府受托责任和履职状况，以满足全部信息使用者需求为导向的政府财务报告制度的改革。

我国现行的政府财务报告，是以收付实现制为基础编制的，主要反映政府年度预算收支情况和预算的执行结果。国际货币基金组织的《财政透明度手册》的核心内容是，明确要求政府向社会公众提供全面真实的财政信息，不仅包括所有预算收支情况，还要包括政府资产和负债状况、政府公共服务成本消耗等。近年来，我国一些人大代表和专家学者也纷纷建议对我国政府财务报告进行改革。在社会各界呼声日渐高涨的情况下，2014 年 12 月 31 日，国务院批转财政部《权责发生制政府综合财务报告制度改革方案》，要求各级财政部门编制以权责发生制为依据的政府综合财务报告。这项重要举措对于政府提升理财能力，推进国家治理体系和治理能力现代化具有深远的意义。

二、现行政府财务报告制度存在的主要问题

我国现行的政府财务报告制度实际上是政府决算报告制度，主要反映政府财政预算收支情况和预算执行的结果，这对加强政府预算管理和监督发挥了重要作用。但政府财务报告不能全面反映各级政府全部资产、负债及费用状况，无法监督政府降低行政成本、有效防范财政运行风险，对财政长期可持续发展缺乏可靠的信息支撑，不利于政府做出重大经济决策。其突出问题表现在：

（一）政府财务报告体系不完整

我国目前还没有建立规范的政府财务报告体系，政府财务报告内容大多通过政府决算报告制度对外公布，存在很大的局限性。我国目前政府财务报告体系主要由财政总预算会计报告体系、行政事业单位报告体系组成，各组成部分之间自成体系、互相割裂，不能提供完整的政府财务信息。我国现行政府层面财务报告主要包括资产负债表、预算执行情况表、收入支出总表、基本数字表等,这些报表一定程度上反映了政府财务状况和预算资金收支情况,但由于我国政府会计报告体系改革还不完善,是以收付实现制为基础编制的,存在政府资产反映不真实、负债反映不完整,政府财务状况、运营情况等信息披露不充分,政府基金收支、国有资产收益等主要资源的运营情况反映不清晰,政府财务报表总体功能性不强,不能满足相关信息使用者的多种信息需求等问题。

我国政府财务报告体系与西方国家相比差距很大,西方国家政府层面的财务报告除了反映预算执行情况以外,还包括反映政府财务状况和运营业绩的各类报告,主要包括资产负债表、收入支出与基金余额变动表、净资产变动表、现金流量表、项目绩效衡量表及财务报表注释等。其体系完整,不仅能全面反映政府所拥有的公共资源及所承担的债务,还可以充分提示政府的财政风险,为不同信息使用者客观评价政府履行受托责任,进行政治经济决策提供可靠的信息支持。而我国政府当前并未单独提供真正意义上的政府财务报告,无法在政府与社会公众之间架起一座信息沟通桥梁,编制的政府财务报告显得单薄无力,不能如实反映政府公共受托责任,除了预算收支决算报告以外,与政府财务信息相关的信息显得零碎分散,存在诸多漏洞,易被操纵,造成政府财务状况扭曲。

(二)无法清晰完整反映政府资产状况

政府资产是政府提供公共服务的最基本保障,但现实情况表明,对于我国"政府家底"究竟有多少,如何去确认、计量和记录,政府还不能给出一本"明白账"。长期以来,政府部门账户的官方资料仅有公共财政收支表和实物交易资金流量表,这些报表只反映了政府部门资产的流量情况,未体现整体存量状况。以收付实现制为基础编制政府财务报告,无法真实反映政府资产的总量、构成及其增减变动情况,也不利于强化对政府资产的监督管理。

现行预算会计制度,只要求行政事业单位对本单位固定资产进行会计核算,但政府层面总体财务报告并没提供政府固定资产方面的信息。在收付实现制下,政府行政事业单位固定资产长期以来不计提折旧,使得固定资产长期按账面原值反映在资产负债表中,而固定资产净值不予以记录和确认,出现了历史成本与现实价值存在背离,不能真实反映固定资产的实际价值,也无法全面、准确地反映国有资产保值、增值情况等问题。全面真实地对政府资产进行确认核实,是编制和提供政府财务报告的基本前提。为建立规范统一的政府财务报告制度,向社会公众提供相关资产信息,必须清晰了解政府资产状况,摸清政府家底。

（三）无法全面准确反映政府负债

我国长期以来编制政府资产负债表遵循收付实现制原则，只是简单即时记录收入和支出，不能体现真实的资产和负债信息。在收付实现制下的财政支出只体现当期现金实际支付的部分，对当期已发生但尚未用现金支付的政府债务部分并不反映，这样就使得同一会计期间的权责出现不相匹配现象，如本届政府偿还的债务不一定是当期形成的，而可能是以前各届政府举债的结果，但本届政府要承担还款的责任；而本届政府举借的债务又可以转嫁给下届政府，这样会使本届政府规避还款责任，无法建立政府性债务责任追究机制，导致举债的盲目性和随意性，不能客观、公正地考核各届政府的实际工作绩效。另外，政府负债按其是否具有法律约束可分为显性负债和隐性负债。显性负债是由法律规定的，在任何情况下都会发生的政府义务，如公债、应付工资等；而隐性负债是由可能发生某一事件而引发的政府义务，如政府担保、政府部门未决诉讼产生的或有负债、社会保险基金的支出缺口等。由于依据收付实现制，只核算当期实际收到现金的直接负债，不核算当期已经发生但尚未用现金偿付的隐性负债，从而致使政府负债核算范围狭窄，一些本应属于政府债务的隐性负债游离于预算监督之外，容易夸大政府可支配的财政资源，造成虚假的财政平衡，使政府无法确定其应当承担的债务清偿责任，导致政府的负债风险被严重低估，为财政资金安全运行带来巨大隐患。

（四）无法真实反映政府服务成本和业绩

发布政府财务报告的主要目标是提供真实、可靠、及时的财务信息，帮助信息使用者充分了解政府履职消耗了多少公共资源、用在了哪些地方，特别是纳税人非常关注政府公共服务成本方面的信息。而现行政府财务报告不能完整提供关于产出和成果方面的信息，无法体现完整的政府支出成本，因而不能努力做到使政府成本最小化。收付实现制以现金的实际收付为依据，来确认每一会计期间的收支，往往会出现每期所列收入与当前实际实现收入有一定差距，每期所列支出与当前实际费用也相差很大等情况。采用收付实现制确认当期财政收支，严重违背了收入与费用的配比原则，无法准确核算政府及公共部门服务的付出成本。会计期间收入减去支出的结果既不能反映政府或行政事业单位成本控制效果，也不能反映政府及公共部门的绩效，这样的收入支出表根本无法承担反映政府业绩报告的重任。虽然收付实现制在实践中易于操作，便于理解，但它无法真实反映政府提供公共服务的结果和质量，不能充分反映财政资金营运绩效，而且可能误导决策部门做出判断，不利于廉洁高效政府理念的贯彻，也不能体现政府对公民高度负责的态度。

三、政府综合财务报告制度改革的路径

权责发生制政府综合财务报告制度改革是一项复杂的系统工程，一定要立足于本国国情，在充分借鉴国外发达国家成功经验的基础上，构建具有中国特色的政府综合财务报告制度。在政府综合财务报告制度改革过程中，要坚持继承发展，注重制度创新，坚持公开透明，便于社会公众的监督。任何改革都不能一蹴而就，应充分考虑政府综合财务报告制度改革的艰巨性和复杂性，要做好改革的总体规划，稳步有序地向前推进。

（一）全面引入权责发生制作为核算基础

权责发生制能够划清收益性支出和资本性支出的界限，可以在财务报告中客观、真实地反映所有政府资产和负债项目；权责发生制核算基础使得每一个会计期间收入和费用能够进行配比，对政府运行成本能够进行准确核算，有利于客观评价政府执政业绩，改进政府提供公共服务的质量，提高政府的行政效率。此外，权责发生制还能够充分反映每届政府在职期间形成的所有负债，使本届政府难以将自身应承担的当期债务转嫁给下届政府，有利于建立政府债务问责制。同时，也避免了收付实现制下隐性负债"藏而不露"的问题，便于政府加强负债管理，有利于政府提高防范财政风险的能力。

政府综合财务报告制度改革不可能一步到位，我国目前还不具备全面推行权责发生制的条件，要先行试点，由易到难，分步实施。先对目前亟须解决该类问题的政府会计领域采用权责发生制核算。因为政府会计是政府综合财务报告的基础和重要组成部分，所以先对政府会计采用权责发生制核算。要求政府会计科目设置实现预算会计和财务会计双重功能，在建立健全政府会计核算体系的基础上进行全方位推进，最终建立全面反映政府资产负债、收入费用、现金流量等的政府综合财务报告制度。

（二）构建完整的政府财务报告体系

政府财务报告体系不仅包括政府本身，还包括归其负责的各公共部门，即由单位财务报告与政府财务报告两个层次构成。政府层面财务报告编制的主要报表应包括政府决算收支与预算对比表、资产负债表、收入费用表、现金流量表及财务报表附注等。其中，政府决算收支与预算对比表主要反映政府预算执行情况与预算对比的信息，反映政府预算执行结果的偏差程度，考察政府受托责任的履行情况。

政府资产负债表是全面反映政府资产负债状况的报表，是政府综合财务报告的重要组成部分，反映政府所拥有的财政资源和承担的义务，有利于评价政府资金运行效率。收入费用表通过反映政府在报告期发生的收入和费用

配比情况，评价成本控制水平，提供考察政府运营业绩的信息。现金流量表反映当期现金流入的来源和现金使用情况，并反映报告日的现金余额，以及未来期间政府业务范围发生变化时现金流入能力。按照先易后难、循序渐进的原则，改革初期各级政府可以先不要求编制现金流量表，随着改革的不断深入，再将现金流量表等纳入报告范围。另外，政府财务报告还要反映或有事项，以保证政府财务信息的完整性和规范性。政府财务报告体系要增加财务报告附注，财务报告附注不仅用来披露会计政策变化，更重要的是对报表项目进行解释和补充说明，披露甚至比财务报告本身更为重要的财务信息，有利于社会公众对政府履职情况进行监督和评价。

（三）实现对政府资产、负债的动态管理

目前，编制政府资产负债表最大的难题是如何划分应进入表内的资产和负债的范围，由于目前政府和市场的界限并不清晰，政府的"家底是多少"至今仍不清楚，政府负债状况仍不明朗，所以很难对宏观调控进行全面的判断和决策，也不能准确、有效地对财政资源进行合理配置。因此，政府的资产负债清查核实工作非常艰巨，厘清政府资产负债的全貌十分重要。中国社科院发布的《中国政府资产负债表政府综合财务报告 2015》报告显示，截至2013 年底，中国政府负债超过 56 万亿元，中国政府 2013 年资产总额 111.9万亿元。对于这些数据，有不少专家和学者认为，其准确性还有待考证，但毕竟做了一次有益的尝试。其实，财政部早在 2011 年就选择了 11 个省份试编政府资产负债表，2014 年政府资产负债表试编工作在全国普遍推开。但目前财政系统内部编制的资产负债表准确性和可靠性不足，数据质量也不高，原因在于中国目前没有建立完备的权责发生制政府会计体系，无法使资产负债表相关数据间的来龙去脉和勾稽关系得到真实的确认。目前资产负债表试编结果仅供财政系统内部掌握，不对外披露。

下一阶段改革，需要财政部门清查核实代表政府持有的企业出资人权益，有计划、有步骤地清查核实政府机构、事业单位、国有企业的资产，还要包括代表政府管理的储备物资、公共基础设施等。与此同时，财政部门还要清查核实代表政府发行的国债、地方政府债券，举借的国际金融组织和外国政府贷款、其他政府债务以及或有债务等。对于不确定的或有负债部分，可以先以报表附注形式予以披露，待条件成熟后再尝试单独编制一套反映政府或有负债及其风险的报表，详细记录和反映政府或有负债的规模和数量，以保证财政资金运行安全。

（四）建立政府财务报告审计和公开制度

从世界各国来看，政府综合财务报告编制后，应按规定接受政府审计并建立信息公开制度，这是民主政治发展的必然趋势。审计后的政府综合财务报告与审计报告应依法报本级人民代表大会常务委员会备案，并按规定向社会公开。审计后的政府综合财务报告可作为考核各级政府业绩和制定财政中长期规划的重要依据。但考虑到目前我国政府会计准则体系刚刚建立，政府综合财务报告制度框架体系建设还需要一个过程，政府资产负债表还处于试编阶段，政府的资产负债清查核实工作任务也很艰巨，现阶段编制的政府财务报告很难符合政府审计要求。鉴于大多数国家在政府财务报告改革的初期阶段一般先不进行政府审计，所以现阶段可以暂不要求政府综合财务报告接受审计并对外公开。随着改革进一步深入，待各项改革条件慢慢成熟，政府财务报告会接受审计并按规定的时间和程序予以公开。

总之，建立权责发生制的政府综合财务报告制度是一项政策性、敏感性和技术性都很强的改革，不仅涉及面广，而且也关系到不同利益主体之间的博弈。权责发生制政府综合财务报告制度改革应按照循序渐进的原则，有计划、分步骤地向前推进。在建立健全政府会计准则体系基础上，开展政府综合财务报告编制试点工作。与此同时，在不断加快政府财务报告体系建设与改革中，还要借鉴国际经验，建立政府财务报告审计与公开机制，保证政府信息使用者的知情权和监督权，落实与政府财务报告改革相关配套措施，力争在 2020 全面开展权责发生制政府综合财务报告制度的编制。

注：本文发表于 2015 年 9 月《地方财政研究》（核心期刊）。

第8篇 让政府预算在阳光下运行：预算公开透明的思考

李红霞

摘 要：纵观世界市场经济发达国家，在推进政府预算改革进程中，无一不是在加强财政预算监督、推进预算公开透明度中取得成功的。"没有预算的政府是看不见的政府，有了预算不公开，仍然是看不见的政府，而看不见的政府不可能是负责任的政府。"提高政府预算透明度，保证纳税人的知情权，是建立透明、廉洁、高效的政府的内在要求。本文从分析提高政府预算透明度的必要性入手，分析制约政府预算透明度的因素，提出了进一步提高政府预算透明度的有效途径。

关键词：预算公开；参与式预算；监督

一、提高政府预算透明度的必要性分析

纵观世界市场经济发达国家，在推进政府预算改革进程中，无一不是在加强财政预算监督、推进预算公开透明度中取得成功的。《美国"进步时代"的启示》总结道，美国的"没有一个国家比美国更腐败"的状况通过改进预算管理，增加预算透明度得到改善，缓解了社会矛盾。国际货币基金组织在《财政透明度良好做法守则——原则宣言》中指出，"优良政府管理对于实现宏观经济稳定和高质量增长具有重要的意义，而财政透明度又是优良政府管理的一个关键方面"。作为挽救资本主义体制的一剂良药，预算管理改革是政治改革的最佳切入点。而我国长期以来财政预算都是由政府自行编制的，很少听取社会公众的意见，向社会的公开度也很低，使预算行为在社会公众眼里披上了一层神秘感，社会公众对预算的关注度不高。由于预算不公开、不透明，社会公众无从了解政府要为社会提供哪些服务，时间长了社会公众便形成了预算是政府的事情、与自己没有关系的意识。预算的本质是政府拿人民的钱配置资源，用众人之财办众人之事，预算分配的最终意义应来自公民的自主选择，而自主选择的前提就是预算信息的公开透明，这一点毋庸置疑。

2010年是我国中央部门预算公开的第一年，从已经公布的35个部委和国务院直属机构部门预算看，基本都提供的是收支预算总表和部门财政拨款支出预算表，在公开支出的具体项目上，离公众要求尚有不小差距，特别是公

众最为关心的"三公支出"难以公开。当然我们讲预算公开性还是有一些特定的限制条件，比如国家机密、国家安全应排除在公开范围之外，预算公开的一般原则是：公开是一般的、必须的、正常的，不公开是例外的、特殊的。现在的预算公开是有选择性的公开，公开的信息总让人感觉不完整，有一种雾里看花的感觉。其实预算公开背后的道理非常简单，政府所取得并花出去的每一分钱，都来自民众，政府当然也有道德与政治上的责任，把钱是如何收来的又将如何花出去报告给纳税人。在 2010 年两会召开期间，人们对于预算公开的呼声更加强烈。

二、制约政府预算公开透明的原因分析

（一）人大代表的主动监督意识不够强

人民代表大会对于预算草案的审议是预算科学合理的关键步骤，但是近几年来，越来越成为象征性的审议。从 2005 年起，各级两会不再宣读预算报告，只发给代表自己阅读，理由是有的人大代表提出政府预算报告与政府工作报告存在较多的内容重复，为精简会议议程，主张取消口头报告。这样做尽管可以节约会议时间，提升会议效率，但是，按照中国人的传统思维习惯，会给人这样一种印象，预算报告与人民代表大会所审议的其他报告不在同一层次上。这样一来，客观上对增加预算的透明度不利，因为财政部在大会上做预算报告，公众可以通过媒体得知预算的大体情况，现在公众对有关信息了解不够直接，政府预算给人的感觉比以前降格了，可能会给社会带来消极影响。人民代表大会虽然下发了详细的预算报表，为代表的审查创造了一定的条件，但长期形成的观念在短期内难以扭转，在时间短、内容多、技术性比较强的情况下，有些人大代表对政府预算的关注度并不高，投入的精力也有限。因此在各级人大代表中普遍存在一种不正确的观点，认为政府预算是个专业领域，一般人看不懂，没有真正意识到政府预算作为国家的"钱袋子"，与老百姓的利益休戚相关。

（二）政府预算缺乏监督、问责的主体

在对中国省级财政透明度的调研中，上海财经大学公共政策研究中心以我国 31 个省、自治区、直辖市省本级财政决算数据为调查对象，满分设定为 100 分，试图通过政府公开自身如何花钱的程度来评价政府预算透明度。最终结果是 21.71 分和 21.87 分，这是全国 31 个省级政府预算透明度近两年的平均得分。按照我国相关法律规定，人大应该扮演看紧纳税人钱袋子的角色——人大财经委对于预算草案做出的说明，要提供给人大代表看，作为其审议批准预算草案的依据。但是，这样的调查结果说明，预算透明度低，人

大代表难以发挥监督立法的作用。

长期以来，我国财政预算编制比较粗糙，使预算监督难度加大。预算执行过程透明度不高，导致有关部门和人员在资金分配和使用上的自由裁量权过大，大量资金使用游离在预算监督之外，进而导致一些政府官员产生利用资金分配权寻租的腐败行为。多年来，我国虽然在预算制度改革方面向前迈了一大步，部门预算改革和建立国库集中收付制度等都在改革中不断完善，但至今尚未取得根本性的成效，导致"小金库"现象屡禁不止，呈恶性循环之势，为公款行贿等违纪违法行为提供源源不断的资金来源。一些政府官员可以任意控制财政资源，不受监督，有的地方政府在财政资源的配置使用上甚至可以为所欲为。一些官员腐败，滥用纳税人的钱，公费旅游吃喝，追本求源是预算制度不健全的必然结果。预算监督尚有空白，问责机制匮乏，屡审屡犯，是导致预算透明度低的主要原因。

（三）政府预算长期处于保密状态

2010 年 3 月 20 日，财政部在其网站公布经全国人民代表大会审议通过的 2009 年中央财政预算数据。这是财政部首次在全国人民代表大会审议通过预算草案的第一时间将其向社会公开，是一次巨大进步。与此相关的时代背景是，对国家财政收支数据，最初国家要求保密 3 年。1997 年，国家保密局和财政部制定的《经济工作中国家秘密及其密级具体范围的规定》指出，财政年度预、决算草案及其收支款项的年度执行情况，历年财政明细统计资料等属于国家秘密，不得向社会公开。由于过去政府财政预算处于"保密或者半保密"状态下，社会参与和社会监督缺位，预算审议存在走过场现象，一旦决策失误也缺少相应的惩罚制度。这既不利于建设廉洁、有效的服务型政府，公众的知情权、参政权与纠错权也在很大程度上被削弱了。《保密法》是我国当前政府信息公开以及预算公开的一个关键性法律。一旦被认定为"国家秘密"，在法律上就可以不公开，而且泄露了还要追究泄密的法律责任。因此，在法律上如何定义"国家秘密"，如何确定其范围，对信息公开透明而言是非常关键的。

三、提高政府预算透明度的有效途径

（一）建立公开透明的财政预算信息披露制度

老百姓对政府预算很陌生，只有财政部门提供完整的预算信息，披露预算资金的总体安排，才能让百姓了解政府的钱究竟要花在哪里，怎么花才更合理，从而提出自己的参与意见。目前，推动预算透明的法律依据主要是《中华人民共和国政府信息公开条例》（以下简称《条例》）。尽管《条例》

对于推进包括预算信息在内的政府信息的公开、建设服务性政府具有十分重要的作用，但是仅靠《条例》还是不够的，必须抓紧修订《预算法》和《保密法》。《预算法》从 1994 年开始实施到现在，经济体制和社会环境已经发生了很多深层次的变化，《预算法》的很多内容已经明显不适应社会进步和经济发展的客观要求了，迫切需要进行大的修订。在《保密法》的修改中，关于国家秘密的事项应当做出明确规定，预算信息只要不涉及国家安全，不应当再列为国家秘密。另外，要恢复宣读预算草案报告，像政府报告那样，用一上午时间宣读。在 2010 年两会上，越来越多的代表委员也提出预算报告一定要宣读。只有建立公开透明的财政预算信息披露制度，把政府监督和社会监督有效结合起来，才能最大限度地完善政府职能，完善财政资金的使用效率。

（二）加大参与式预算改革步伐

政府预算公开透明的目的是让人们参与预算的监督和管理，政府将涉及公众切身利益的公共项目建设资金交给公众讨论，并由公众决定，使预算编制更加公开、民主、透明。此举提高了资金使用效果，避免了腐败，唤醒了百姓的民主意识和参与意识，为民意的充分表达提供了平台。这样预算的效率也就提高了，钱不乱花了，腐败就会减少。参与式预算能够使政府的支出更公开，决策更透明，政府本身也更负责。它有助于将预算过程向更广大的民众开放，以接受审查，从而减少腐败的机会。只有这样，财政预算才能赢得公众信任，提高公众履行纳税人义务的责任感，也才能真正避免在年底频频出现突击花钱的现象。"阳光是最好的防腐剂"，参与式预算使政府在预算草案编制之初就必须牢记财"取之于民，用之于民"，公众及其代表对财政预算的知情权、表达权，特别是修正权，改变"取之于民"易、"用之于民"难的现状，真正做到"还权于民"，使老百姓能够"以管钱来管权"，更好地体现社会主义民主法治的精神。

（三）细化预算内容是提高预算透明度的重要保证

细化预算内容首先要进一步细化支出科目，将提交人民代表大会审议的预算草案尽量细化而且明了，让人大代表看得懂、看得清预算。预算中详细明确部门在每一阶段的具体职责、财政支出规模和需要达到的目标。其次，要逐步建立以零基预算和预算绩效为主体的预算编制体系，重视资金的实际使用效果，转变重投入轻产出、重数量轻质量、重速度轻效益的观念，尝试建立资金跟踪反馈制度，对预算执行结果展开绩效评估，依照评估结果调整编制后续预算计划。另外，延长目前偏短的预算编制时间，充分听取意见，反复酝酿修改预算草案，以求提高预算编制的科学性和规范性，增强可操作性，摆脱"政府给什么看什么，说什么听什么"的困境，要约束政府部门对超收收入较大的"自由裁量权"。从根本上讲,政府预算透明度取决于一个国家市场发育程度和政治现代化程度。一国市场发育越完善,政治现代化程度越高,政府预算的法定性越强,政府预算透明度就会越高。今后,必须加强财政法制建设,尤其是财政的法治化建设,改进现行已不适应预算管理的运作程序,使之对政府行为具有根本约束力,从而形成公开透明的财政政策环境,最终达到提高预算透明度的目的。

注:本文发表于 2011 年 1 月《财政研究》(权威期刊)。

第9篇 基本公共服务供给不足的原因分析与强化政府财政责任的对策

李红霞

摘 要：享有基本公共服务属于公民的权利，提供基本公共服务是政府的职责。目前中国经济社会发展已从生存型社会步入发展型社会，在这一转型过程中，公众对公共服务的需求明显增加，但社会发展失衡程度也在扩大，中国经济高速增长的背后存在着基本公共服务供给短缺的突出问题。国以民为本，民以生为先，中国民生问题的出现主要源于基本公共服务供给机制的缺位，因此弥补基本公共服务供给不足就成为解决中国民生问题的突破口。基本公共服务供给是政府不可推卸的责任，政府提供基本公共服务的能力和水平，直接关系到民生需求的满足程度。

关键词：市场失灵；基本公共服务；财政责任

政府的财政责任目前仍是一个相对新鲜的词汇，学术界也较少对政府财政责任进行深入的探讨和研究，但对政府责任的研究则比较普遍，研究成果也比较丰硕。政府财政责任是政府责任的一个重要组成部分，是将政府在公共领域应负的责任进一步具体化。政府财政责任规定了政府在公共领域分内应做之事，如果做不好分内应做的事，政府因而要承担一定的问责后果。政府财政责任在价值理念上应当代表国家利益和全社会的公共利益，按照维护全社会公共利益的原则来调整社会资源的合理分配，在市场机制缺损或失灵的情况下弥补市场功能的不足。

一、政府财政责任不到位的现状

近年来，我国政府基本公共服务供给能力得到显著提高，财政用于基本公共服务领域的投资力度也在不断加大。但是政府在提供基本公共服务过程中，由于多种原因没有尽到其应尽的义务和责任，出现基本公共服务供给不足的问题，主要表现如下。

（一）公共教育投入不足

基本公共教育具有强制性、普及性的特点，政府对基本公共教育负有不可推卸的责任。从绝对量上来看，随着国民经济的增长及财政能力的增强，政府财政性教育经费总投入一直在以较快的速度增长。2012年我国教育经费总体上增长很快，财政教育经费占国内生产总值（GDP）的比重也已经达到4%的国际最低标准，但和发达国家相比仍处于较低水平。目前，我国人均教育经费仅为284美元，而全世界年人均教育经费已接近500美元。目前，各级政府在我国义务教育财政投入中的定位不明确，义务教育的投入不仅存在总量不足，还存在政府财政责任缺失问题。我国目前主要依靠基层财政承担义务教育的80%以上的资金投入，这种情况在世界其他国家比较罕见。义务教育属于纯公共服务，国外很多国家中央政府直接承担占据义务教育经费最大比例的支出，一些国家中央政府在财政转移支付之前，在义务教育领域的资金投入比重一般都在53%以上，而我国中央政府对于义务教育的投入还存在着"缺位"的现象。

（二）公共医疗卫生供给不足

医疗卫生总投入主要包含政府预算医疗卫生支出、社会医疗卫生支出以及居民个人医疗卫生支出三个方面。以2011年为例，政府预算卫生支出、社会卫生支出以及居民个人卫生支出占医疗卫生总费用的比例分别为30.4%、34.7%和34.9%，这组数据说明政府在现阶段对医疗卫生投入不足。首先，从政府对公共医疗卫生投入的数据来看，虽然近年来政府对于医疗卫生的投入和比重逐年增加，但是总体投入量规模较小。以2011年为例，政府医疗卫生投入占医疗卫生总费用的比例仅为30.4%，远低于世界其他国家的平均水平，如OECD国家政府医疗卫生公共支出比例平均为72%，英国、日本、北欧国家（丹麦、挪威、瑞典）都在80%以上。美国的这一指标值相对比较低，但也达到了44%。其次，从居民个人医疗卫生投入来分析，个人占比过大也反映出政府目前对医疗卫生投入的不足。虽然我国居民个人医疗卫生支出的比重呈逐年下降的趋势，由2005年的52.51%下降到2011年的34.9%，但是与发达国家水平相比，这一比重仍然偏高。最后，政府对公共医疗卫生资源的投入力度不足，使居民个人医疗卫生的负担沉重，导致城乡居民无法平等地享有各项基本医疗卫生服务。

（三）社会保障城乡分割

从城乡养老保障体系来看，城镇企业职工养老保险制度与农村社会养老保险制度的一个很大区别在于，前者强调风险共担，较多地体现了社会保险原则；后者较多地突出个人的养老责任，以土地保障和家庭保障为主。根据资料显示，截至2011年底，全国城镇居民参加基本养老保险人数为28 392万人，比上年末增长10.44%。城镇居民参加基本养老保险覆盖率为41.1%；而农村参加社会养老保险人数为 13 196 万人，覆盖率仅为 20.1%。这是由于农村社会保障的发展滞后于农民的现实需求，农民的参保率比较低。农村社会养老保障体系在覆盖人口上远落后于城市居民。再从城乡医疗保障体系对比来看，在城市医疗保障体系中，医疗保险的费用是由个人和企业来共同缴纳的，是以社会统筹和个人账户相结合的方式来进行管理的，这种现代化的理念和制度模式使得城市居民的医疗保障水平较高；而农村开展的新型农村合作医疗是在农民自愿参加的基础上，以家庭为单位，由国家、集体和个人三方出资开展的。农民较低的缴费比例极大地提高了农民参保的积极性，但同时也能看到农民享受各项医疗服务的范围和水平与城市居民还有一定差距。城镇医疗保险对住院、门诊、大病、小病都能覆盖，而新型农村合作医疗以大病统筹为主。社保部提供的全国社会保障资金数据显示，城镇职工看病所能报销的医疗费用高于农民。在收入差距本来比较悬殊的情况下，农民报销比例偏低使得农民不能与城市居民一样全方位获得必要的医疗卫生服务，长此以往，城乡居民在医疗保障水平上的差距将继续存在。

（四）公共就业服务形势严峻

《劳动和社会保障事业发展"十一五"规划纲要》指出，中国目前人口多，就业压力大，未来五年甚至更长一个时期，劳动力供大于求的矛盾仍将继续存在，就业形势依然很严峻。人力资源和社会保障部提供的资料显示，"2012 年我国城镇新增加就业人数为 1 266 万人，城镇失业再就业人数是 552 万人，2012 年我国的城镇登记失业率为 4.1%，低于 4.6% 的控制目标"。劳动社会保障部科研所的报告显示：我国在"十二五"期间预计年均新增劳动力的需求总量为 1 800 万人，但是"十二五"期间每年新增的劳动力供给是 2 000 多万人，每年将有 200 多万的富余劳动力出现，就业形势严峻。"十二五"期间，我国人口总数将达到 13.7 亿，中国的劳动力总数将在 2014 年达到历史新高——9.97 亿人，预计"十二五"期间我国劳动力供给将继续增加并保持在高位水平。

二、政府财政责任不到位的原因分析

（一）经济发展水平和财政能力——客观原因

人均 GDP 是衡量一个国家或地区宏观经济运行状况和居民生活水平的主要指标，目前各国更加关注人均 GDP 的增长。国际货币基金组织（IMF）公布的数据显示，2012 年虽然我国 GDP 总量增长较快，但是中国人均 GDP 排名世界第 84 位，人均 GDP 为 6 100 美元。按人均 GDP 计算，中国仍然属于世界上较贫穷的国家之一。人均 GDP 较低，就会影响政府基本公共服务供给的水平和质量。根据世界各国的发展情况，经济发展水平高的发达国家，其财政收入规模一般都高于经济发展水平较低的发展中国家，公共服务的规模和质量也高于发展中国家。政府的财政能力也是决定基本公共服务供给水平重要客观因素之一，我国改革开放以来，财政收入不断壮大，财政实力显著增强，形成了可持续的财政收入稳定增长机制，财政收入规模也不断达到更高水平。财政收入从 1994 年 3 000 亿元，上升到 2012 年的 117 210 亿元，增长了 39.07 倍。随着国家财政收入的迅猛增长，政府基本公共服务的供给能力也在不断提升。但是与世界发达国家相比，我国人均财政收入水平还有很大差距，在世界的排名也处于 100 名以后的位置。根据国际货币基金组织统计口径计算，2010 年美、法、德、日、意、英等国的人均财政收入都在14 000 美元以上，而我国人均财政收入仅为上述国家的 8% 左右，按当年平均汇率折算人均政府财政收入仅为 1 166 美元，与发达国家相距甚远。

（二）政府支出偏好和行政效率——主观原因

国家经济发展水平和政府财政能力可以说是影响政府财政责任缺失的两个客观因素，而政府支出偏好则作为影响基本公共服务供给数量和结构的主观因素。政府的财政支出结构是政府偏好的主要表现形式，尤其体现在基本公共服务与公共投资的比例关系方面。经济转轨时期的条件约束也在相当程度上使得支出结构被锁定和固化，造成政府无力更多关注基本公共服务领域。在这里，政府偏好可以从两个层面来理解。首先是政府主观愿意将财政支出的多大比例投入到基本公共服务领域中去，其次是投入到基本公共服务领域的财政资金在区域之间和城乡之间应该如何分配。在中国，这两个层面的问题与不同时期的国家经济发展战略直接相关。计划经济时期，经济建设费占财政支出的比例最高时可达到 66.64%，而体现公共性支出的科学、教育、文化和卫生占财政支出的比重只有 10% 左右，基本公共服务方面的投入偏好明显不足。而近几年随着公共财政理念深入人心，政府财政支出偏好才转向体现民生的基本公共服务供给上来。

政府基本公共服务供给效率低下也是财政责任缺失的另一个主观原因。当政府部门经济活动行为缺乏外部约束监督时，提供公共服务的过程中就会出现浪费和滥用公共资源的现象，致使财政支出规模过大或效率低下。政府行政效率主要集中表现在国家财力可能条件下，政府行政机构运行产生的行政管理费占财政支出的比重上，一般来说这个比重越高说明政府行政管理效率越低。目前，我国预算收支科目中没有"行政管理费"这个科目，统计部门从 2007 年开始用"一般公共服务支出"来替代"行政管理费"，是反映政府行政成本的主要方式。该科目主要体现政府用于行政事业单位正常运转，支持公共部门履行职能的公共服务支出需要。2011年"一般公共服务支出"为10 987.78亿元，占全国财政支出的10.09%，统计资料显示，世界各国行政管理费用占财政支出中的比例分别为：埃及3.1%，德2.7%，韩国5.1%，英国4.2%，印度6.3%，泰国5.2%，加拿大7.1%，美国9.9%，俄罗斯7.6%。可以看出，国际上多数国家这一比重一般在5%左右，最高也不超过10%，说明目前我国行政管理费仍高于西方国家平均水平。行政效率高低是检验政府基本公共服务供给优劣的综合性指标，也是衡量政府提供基本公共服务是否尽责的重要标志。

（三）民主财政机制弱化——外部原因

财政的民主机制是指财政事务处理要按照民主程序进行。财政的民主化过程是社会成员的公共需要得以充分反映的过程，是公民在公共事务上的意见得到政府回应的过程，也是政府财政行为受到公民监督的过程。从理性经济人的角度分析，政府官员的偏好一般是"政绩最大化"，而纳税人偏好的是民生的满足和福利最大化。在缺乏对财政支出的民主约束和监督的情况下，政府官员的偏好很有可能会偏离纳税人的偏好，基本公共服务在财政支出中就难以得到有效的保障。一个健全的民主机制意味着社会公众应该拥有知情权、参与权、监督权和选择权。但是由于信息的不充分、不对称，公众很难自动实现民主。虽然我国基本法律制度已经对财政民主做了初步制度安排和宪法保障，但纵观我国财政民主制度的发展历程，其民主缺失的程度还是不容忽视的。

（四）绩效考核机制低效——技术原因

一个科学规范的绩效考核体系对约束和监督政府行为具有非常重要的作用，但我国政府绩效评价指标体系在标准设计和评价结果应用等方面还存在诸多缺陷，不能对政府责任缺失提供充分的技术上的问责依据。这主要体现在：一是政府绩效考核制度建设不健全。虽然财政部已经制定出一些绩效评价办法，但与西方发达国家相比，在法律约束力和规范性上还存在很大差距，不同政府绩效评价办法的要求口径不尽相同，造成了各级政府在绩效考核中往往无章可循。二是政府绩效考核指标体系和设计标准不规范。我国政府绩效考核机制存在的突出问题是科学性、规范化程度明显欠缺，政府的绩效评估没有形成制度性安排，大多是处于自发或半自发的状态。而且政府绩效的评价方法多种多样，不同评价方法所得的评价结果也不尽相同，影响了政府绩效评价指标的应用。我国还没有建立完善的基本公共服务绩效评价数据库，积累的各类财政资金绩效数据不够丰富，造成绩效评价的标准对实践指导性不强。三是政府绩效评估体系不合理。政府绩效评估的考核以数量化的经济指标为主，过多地强调经济总量的增长需求，如只要是国内生产总值、财政收入等量化指标保持持续增长，政府绩效评价水平自然就高。而关系到公民切身利益的义务教育、社会保障、就业比例、基本住房等考核公共服务供给质量的指标则往往被忽视。四是对基本公共服务供给绩效评价结果运用得不够。现行基本公共服务供给绩效评价体系对绩效评价结果的约束力不强，责任追究机制也不到位。这种政府绩效评估体系必然导致政府部门将追求政绩放到首位，而忽略了对基本公共服务的有效供给，从而导致政府提供基本公共服务责任的缺失。

三、强化政府财政责任的对策

（一）重新定位基本公共服务供给中的政府财政责任

总体来看，我国基本公共服务的制度框架已经初步形成，但是基本公共服务的规模、质量仍然无法满足人民群众日益增长的需求，人民群众反映比较强烈的问题仍然没有得到圆满解决。这说明基本公共服务需求快速增长与政府基本公共服务的供给水平严重不相契合，客观上需要政府部门加强基本公共服务供给的责任。2012 年 7 月我国首次公布的《国家基本公共服务体系"十二五"规划》，重新确定了政府提供基本公共服务的责任范围，这是我国第一部关于基本公共服务总体性规划。该规划明确了政府提供基本公共服务的财政责任应覆盖八大领域，包括公共教育、社会保险、就业服务、医疗卫生、社会服务、住房保障、公共文化体育、人口计生等。我国未来基本公共服务体系建设的整体目标确定为：2015 年，覆盖城乡居民的基本公共服务体系逐步完善，2020 年，争取基本实现基本公共服务均等化。"十二五"时期是我国全面建设小康社会的关键时期，是深化改革开放、加快转变经济发展方式的攻坚时期。建立健全基本公共服务体系，促进基本公共服务均等化，是构建社会主义和谐社会、维护社会公平正义的迫切需要，对于切实保障人民群众最关心、最直接、最现实的利益，对于加快经济发展方式转变、扩大内需特别是消费需求，都具有十分重要的意义。

（二）明确民生领域的政府财政责任

现代意义上的民生概念有广义和狭义之分。广义上的民生概念是指，凡是同民生有关的，包括直接相关和间接相关的事项都属于民生范围内。而狭义上的民生概念主要是指民众的基本生存和生活状态的保障，以及民众的基本发展机会、基本发展能力和基本权益保护的状况等。在世界发达国家的财政支出统计中，类似基础设施、农业环境保护、能源乃至邮政等开支，都不会列入民生开支里，而是明确列在"经济事务开支"项目下。世界上公认的体现基本民生开支的只包括教育、医疗和社会保障等三大项，按此标准，2012 年我国这三项基本公共服务支出占财政支出的比例为 35%左右，而美国 2010 年这三项支出占公共财政总支出比例却高达 60%以上，并且美国还不属于国际上公认的高福利国家。因此可以清楚看出，我国与发达国家在民生领域投入的差距其实还是很大的。因此，当务之急是加强对财政支出结构的改革，更加注重直接惠民项目的投入，从意识层面将公共服务的职责作为政府的重要职能。

（三）深化财政体制改革，增强各级政府财政责任

2012 年《国家基本公共服务体系"十二五"规划》出台，基本公共服务均等化上升为国家实践，该规划提出的主要目标是，"十二五"时期，覆盖城乡居民的基本公共服务体系将逐步完善。笔者认为，我国实现基本公共服务均等化不是短期能达到的目标，它是与我国经济发展水平、财政能力强弱、政府财政责任等诸多因素密切相关的。在我国，目前各级政府提供公共服务的能力相差很大，如中央政府与地方政府、城市政府和乡村政府、富裕地区和贫穷地区的财力差距比较明显，而且也有认识水平、创新意识、管理能力上的差距，这类差距不是通过增加财力、委任官员就可以在短期内消除的。从基本公共服务的需求方来看，受经济基础、人文环境等因素影响，基本公共服务的消费能力也存在巨大差距。自然条件的影响，以及各地人文环境等多因素的制约，都会造成居民基本公共服务消费能力上的差距。居民的这种消费能力体现的是自主性和能动性，政府提供的基本公共服务最终依赖这种自主性和能动性去消化和吸收，进而转化为居民基本生活的改善。这说明，实现基本公共服务均等化是长期目标，还需要政府长期不懈努力和财政体制创新，近期目标应该是缩小各地基本公共服务供给差距，加强政府财政责任，不断提高政府提供基本公共服务的质量和效率。

（四）完善政府基本公共服务供给的绩效评价体系

为了建立完善的基本公共服务绩效评价体系，首先必须确定各级政府基本公共服务责任划分的框架。一是纠正"重经济指标，轻基本公共服务"的倾向。在政府绩效考核体系中，要强化对基本公共服务项目的评估。绩效评估体系应包括义务教育、公共卫生、基本医疗、养老保险、最低生活保障、社会救助、公共就业服务等基本公共服务方面的内容。基本公共服务评估指标应该以结果为导向，而不是仅仅评估基本公共服务的资金投入是否合规合法、人员数量是否充足、设施投入是否齐全等，避免忽视服务供给的结果和质量。二是以基本公共服务为导向的政绩考核体系不单是一套指标体系，还要包括绩效目标的制定、执行、考评等环节，涉及评估主体、评估方法和沟

通反馈等过程。综合性政绩考核体系必须有相应的制度框架和立法相配套，才能保证其发挥应有的作用。三是政府绩效评估方法应该具有创新性、透明性和公开性，公众和民间社会组织也应参与评估，他们将是政府履行财政职责的监督者。另外，建立政府提供基本公共服务的问责制度，也是政府绩效评价的重要组成部分，一个良好的基本公共服务问责制度可以提高政府决策的质量，提高政府活动良好运作和依法行政的效率，最终保障公众利益的实现。

　　注：本文发表于 2014 年 2 月《财政研究》（权威期刊）。

第 10 篇　我国区域税收空间相关性与增长因素研究

刘　翔　李红霞

摘　要：通过构建空间面板模型，实证分析我国区域税收收入增长的影响因素。研究发现，我国地方税收收入分层明显，分布特征与经济发展水平相符；地方税收收入受到地方政府间策略行为的影响，空间相关性显著，但策略行为的方式在不同税种上存在差别；地方税收收入受到投资、消费、进出口、储蓄、产业结构和总部经济等因素的影响，各因素影响的方向和程度在不同税种间有所不同。为了实现基本公共服务均等化，缩小地区间经济和税收收入的差距，促进区域经济协调发展，需要采取多种措施，主要包括建立健全地方政府间税收合作机制，继续推进"放管服"改革，进一步深化税制改革等。

关键词：区域税收收入；税收收入增长；空间相关性；地方政府间策略行为

一、问题的提出

近年来，我国政府积极推动区域协调发展战略，区域发展的协调性不断增强。党的十九大报告提出，要贯彻新发展理念，建设现代化经济体系，实施区域协调发展战略，建立更加有效的区域协调发展新机制。可见，实施区域协调发展战略仍是当前我国政府的工作重点之一，而建立区域协调发展新机制是其中的关键内容。作为政府主要的收入来源，税收对生产要素流动、资源配置、公共产品提供等具有重要影响，区域经济的协调发展离不开税收收入的保障和税收政策的配合。在新常态背景下，我国经济增长速度放缓，这必然影响到税收收入的增长速度，进而对区域经济产生影响。同时，我国不断推进以减税为重点的税制改革，如 2016 年 5 月 1 日起全面推开"营改增"试点，2018 年 5 月 1 日起调整增值税税率等，这些改革无疑会对政府税收收入带来深远影响。如何在优化税收制度的同时保障税收收入的稳定增长，探讨我国税收增长的影响因素和增长潜力，已成为当前研究的重要课题。

许多学者对我国"税收增长之谜"进行了大量研究，分别从经济增长、税收制度、征管能力与集权程度、产业结构等方面给出了各自的解释。学者普遍认为，我国税收快速增长是多种因素带来的结果。如安体富（2002）认为，税收超常增长的原因是多方面的，包括经济因素、政策性因素、管理因素、税款"虚收"因素等。吕冰洋和郭庆旺（2011）认为，分税制的税收分权契约性质具有强烈的税收激励作用，其促进了征税能力和税收努力的提高，间接税的制度设计放大了纳税人的纳税能力，而人口红利、技术模仿、工业化和城市化等"增长红利"的集中释放也是纳税能力不断提高的源泉。周黎安等（2011）的研究除了证实国内生产总值（GDP）增长对税收增长有较大影响之外，还表明征管努力对税收收入也有重要的贡献。此外，还有许多学者重点研究了某一因素对税收增长的影响。如王剑锋（2008）研究了中央税收征管集权程度的影响，认为中央税收征管集权程度的提高促进了税务部门税收努力的提高，进而带来征管能力的提升和税收收入的增长。方红生和张军（2013）、胡洪曙和郭传义（2014）从中央和地方政府间关系的角度分析了税收增长的原因，前者提出了中央政府"攫取之手"和"援助之手"假说，发现"两只手"治理模式对我国税收持续超 GDP 增长现象具有正向推动作用，后者则发现我国政府间纵向税收竞争对税收增长存在正向影响，且这种影响程度取决于纵向税收竞争的程度。李子联等（2017）从产业结构和收入分配角度进行分析，认为二者都是税收增长的重要影响因素。上述研究从不同角度分析了我国税收增长的因素，为解答我国"税收增长之谜"提供了丰富的证据。另外，现有研究大都是基于全国视角进行分析的，但是，我国区域间的经济和社会发展水平存在较大差异，税收增长的影响因素在区域间存在共性也存在不同，对税收增长的研究有必要在区域层面进行拓展。而且，较少有文献从地方政府间策略行为的角度研究税收增长问题，而国内外大量研究表明地方政府间存在广泛的策略行为或税收竞争行为。

国外学者主要运用空间计量方法对地方政府间税收竞争进行实证检验，分析地方政府间税收策略行为的具体特征。如海因德尔斯等（Heyndels et al，1998）、雷韦利（Revelli，2001）、雅各布斯等（Jacobs et al，2010）沿着凯斯（Case，1993）开创的研究思路，运用空间计量方法对不同地区的税收策略行为进行研究，大部分学者都发现税收竞争反应系数为正值，即存在税收互补策略。另外，也有少量学者得出了不同的结论。如洛克（Rork，2003）发现不同税种的税收竞争反应系数存在差异，既有正值也有负值。近年来，基于国外学者提出的检验方法，国内学者对我国地方政府间税收策略行为进行了许多有益的探索。这些研究结果不尽相同：一是地方政府间存在税收互补策略。如龙小宁等（2014）研究发现，我国县级政府在企业所得税和营业税上都存在显著的正向空间竞争行为。杨龙见和尹恒（2014）基于县级面板数据发现，相邻县存在显著的策略互补性税收竞争。另外，李永友和沈坤荣（2008）基于省际数据的研究发现，省级政府间也存在税收互补策略。二是地方政府间存在税收替代策略。

如沈坤荣和付文林（2006）的检验结果表明，省际税收竞争反应系数为负值，说明省际采取的是差异化竞争策略。三是不同情况下的地方政府间税收竞争策略不同。如郭杰和李涛（2009）、吴俊培和王宝顺（2012）的研究发现，省级地方政府税收策略因税种而变化。陆军和李玉萍（2010）的研究表明，加权方式是影响税收策略性质的重要因素。另外，与基于宏观数据不同，也有学者如钱学锋等（2012）、范子英和田彬彬（2013）基于企业层面的微观数据，验证了我国地方政府间税收策略行为的相关结论。地方政府间策略行为会直接影响地方政府的税收政策和征管力度，无疑会进一步影响税收收入的变化。

　　基于上述考虑，本文将对我国区域税收的空间相关性和增长因素进行多角度的考察。在分析区域税收空间相关性的基础上，把地方政府间策略行为纳入分析框架，构建空间面板模型考查税收增长的影响因素，根据实证研究结果提出相应的政策建议。考虑到我国东部地区在改革开放中走在前列，经济发展水平相对较高，要素流动较为频繁，税收征管能力普遍较强，地区间策略行为更具代表性。因此，本文以我国东部地区省份为研究对象。

二、区域税收空间相关性的形成机理及分布特征

（一）区域税收空间相关性的形成机理

　　区域税收空间相关性在很大程度上源于地方政府间策略行为的相关性，而后者又与税收竞争的动机与行为直接相关。根据国外学者提出的税收竞争理论，地方政府间为了争夺流动的经济资源而展开税收竞争，其做法有两种可能，即策略互补和策略替代。如果其他地方政府降低税负，那么本地政府可能也会采取降低税负的措施，即策略互补行为。其目的是防止因本地税负较高而导致经济资源流失。但是，税负降低会带来财政收入的减少，进而导致公共产品支出减少，最终可能会降低对经济资源流入的吸引力。因此，本地政府也可能采取与降低税负不同的措施，即策略替代行为（郭杰和李涛，2009）。

　　就我国而言，地方政府不仅具有参与税收竞争的动机，还具有实施税收竞争的手段。一方面，20世纪80年代的分权化改革使得我国地方政府具有相对独立的经济利益，在晋升"锦标赛"的压力下，发展辖区内的经济无疑成为地方政府的首要任务（周黎安，2007）。特别是在当前分权化改革较为深入的背景下，地方政府有利用税收政策吸引经济资源的内在动力。另一方面，虽然我国税收立法权高度集中于中央政府，但是地方政府享有较大程度的税收征管权，其可以通过调整征税努力水平和地方性税收优惠政策来改变本地实际税负水平，进而对经济资源产生影响。在这两方面的作用下，如果其他地方政府改变其辖区实际税负，那么本地政府很可能也降低实际税负，以留

住本地经济资源和吸引其他高税负地区的经济资源，进而对本地区经济发展和地方政府政绩带来积极影响。当然，地方政府基于某些特殊情况的考虑，如为了保证税收收入增长和改善公共服务供给等，在某些税种上也可能采取差异化的税收策略。无论地方政府采取何种税收策略，大多是对其他地方政府行为的反应，进而带来区域税收的空间相关性特征。

此外，由于税收建立在经济产出的基础之上，因此，区域税收空间相关性还与区域经济增长的相关性有关。随着我国市场化的不断增强，生产要素和产品在区域间的流动性也在提高，一些地区的经济发展对其他地区经济发展的带动作用也逐步显现，即出现了区域间的溢出效应（李敬等，2014）。许多实证研究也证明了我国区域经济增长相关性的存在，且呈现出地理距离越近，其相关性越强的特点。如潘文卿（2012）发现，我国经济增长存在全域范围的正的空间相关性，并且这种相关性随着时间的推移在增大，局域性的空间集聚特征也越来越明显。李敬等（2014）进一步研究发现，地理位置的空间相邻、投资消费结构和产业结构的相似是产生区域经济增长空间关联的主要因素。在区域经济增长的相关性或溢出效应存在的条件下，一个地区的经济增长会导致以经济产出为来源的税收增长，同时通过溢出效应导致其他地区经济增长和税收增长，最终在一定程度上增强区域税收的空间相关性。

（二）区域税收空间分布特征

在分析地方政府间税收策略行为之前，有必要了解地方政府税收规模和税收结构的空间分布特征。本文基于经济和地理统计数据，运用 GIS 技术得到了 2016 年我国东部地区地方政府税收规模和税收结构的空间分布情况，分别按四级和三级分层进行分析。

1. 税收规模分布特征。从地方税收收入来看，四个层级分布为：第一层级包括广东和江苏，其中广东的地方税收收入为 8 098.63 亿元，远远超过其他省份的水平；江苏为 6 531.83 亿元，处于第二位。第二层级包括上海、浙江、北京和山东，地方税收收入在 4 212.59 亿元至 5 625.90 亿元之间。第三层级包括河北、福建、辽宁和天津，地方税收收入在 1 624.22 亿元至 1 996.12 亿元之间。第四层级仅包括海南，地方税收收入为 504.96 亿元。

从人均地方税收收入来看，四个层级分布为：第一层级包括上海和北京，前者的人均地方税收收入高达 23 247.52 元，后者为 20 492.27 元。第二层级包括天津、江苏、浙江和广东，人均地方税收收入在 7 363.06 元至 10 398.34 元之间。第三层级包括海南和福建，人均地方税收收入分别为 5 506.65 元和 5 066.39 元。第四层级则包括山东、辽宁和河北，人均地方税收收入在 2 672.18 元至 4 235.04 元之间。

从地方税收负担来看，四个层级分布为：第一层级包括北京和上海，地方税收负担分别为 19.97% 和 17.35%，这与两地的总部经济较发达有较大关系。第二层级只有海南，地方税收负担为 12.46%。第三层级包括广东、浙江、天津和江苏，地方税收负担在 8.44% 至 10.02% 之间。第四层级则包括辽宁、福建、河北和山东，地方税收负担均在 7.6% 以下，其中山东的地方税收负担最低，仅为 6.19%。

2. 税收结构分布特征。从货物劳务税收入占本省份税收收入的比重来看，各省份的该指标普遍较高，三个层级分布为：第一层级包括江苏、浙江、河北，货物劳务税收入占比在 46% 以上，其中最高的江苏达到了 50.52%。第二层级包括辽宁、广东、上海和天津，货物劳务税收入占比在 43.60% 至 45.84% 之间。第三层级包括福建、山东、海南和北京，货物劳务税收入占比在 40.39% 和 43.00% 之间。从企业所得税收入占本省份税收收入的比重来看，三个层级分布为：第一层级包括北京和上海，企业所得税收入占比均超过了 23%，其中最高的北京达到了 24.60%。第二层级包括广东、福建和天津，企业所得税收入占比在 17.14% 至 18.42% 之间。第三层级包括浙江、江苏、辽宁、河北、海南和山东，企业所得税收入占比在 16% 以下，其中最低的山东为 11.95%。

从个人所得税收入占本省份税收收入的比重来看，个人所得税收入普遍要比货物劳务税收入、企业所得税收入所占的比重小，均低于 13%。其三个层级分布为：第一层级包括北京和上海，个人所得税收入占比均超过了 10%，其中最高的北京为 12.83%。第二层级包括广东、福建、天津、浙江和江苏，个人所得税收入占比为 5.85% 至 7.88% 之间。第三层级包括辽宁、河北、海南和山东，个人所得税收入占比均低于 5%，其中最低的山东为 3.40%。

三、模型设定与数据说明

(一) 模型设定

为了将地方政府间策略行为纳入分析框架，考查地方税收收入和主要税种收入的影响因素和空间相关性，本文根据 Hausman 检验结果选择固定效应空间面板模型进行分析。该模型设定如下：

$$y_{it} = \rho \sum_{j=1}^{N} w_{ij} y_{jt} + \beta X_{it} + \varepsilon_{it}$$

式中，y_{it} 表示地区 i 在年度 t 的税收收入变量，i 和 j 均表示地区；X_{it} 表示外生解释变量，代表一系列影响税收收入的经济因素；ρ 表示空间相关系数，度量了其他地区税收收入变量对本地区的影响程度；w_{ij} 表示空间权重矩阵的元素；β 表示回归系数向量；ε_{it} 表示误差项。

本文运用极大似然法估计相关参数。

（二）空间权重矩阵构建

在国内外文献中，比较常见的空间权重矩阵是基于相邻关系构建的邻域矩阵，该权重矩阵相对简单。为了多维度地考查各省份税收收入的空间相关关系，本文分别从地理特征和经济特征两个角度构建空间权重矩阵。

1. 地理距离矩阵。地理距离矩阵是基于两个地区间的地理距离进行构建的，其构建的依据是"距离越近，联系就越紧密，相互影响就越大"。在相应的矩阵位置上赋值两个地区间地理距离的倒数，表明两个地区地理距离越接近，所取权数就越大；而地理距离越远，所取权数则越小，最后进行行标准化。本文基于各省份间的直线距离得到空间权重矩阵 W_1。

2. 经济距离矩阵。虽然地理距离矩阵克服了邻域矩阵过于简单的缺点，但地区之间的空间分布特征往往并不仅仅以地理距离的远近为依据。地区间经济水平的异同，即所谓"经济距离"，在一定程度上也能体现地区间的空间关系。在相应的矩阵位置上赋值两个地区间经济距离的倒数，该经济距离往往是经济指标之间的差值，表明两个地区之间的经济距离越小，所取权数就越大；而经济距离越大，所取权数则越小，最后进行行标准化。本文基于各省份经济距离（地区生产总值差异）构建空间权重矩阵 W_2。

（三）指标选择

本文选取东部地区各省份的地方税收收入、增值税收入、营业税收入、企业所得税收入和个人所得税收入作为被解释变量，单位均为亿元。解释变量主要包括：

1. 固定资产投资额（单位：亿元），即以货币形式表现的建造和购置固定资产的工作量总和。该指标反映各省份固定资产投资的规模与速度等情况。

2. 消费品零售额（单位：亿元），即包括批发业、零售业、住宿业、餐饮业等行业直接售给城乡居民和社会集团的消费品总额。它主要反映各省份零售市场的变动情况及经济景气程度。

3. 进口总额（单位：亿元），即在对外贸易中发生的进口货物总金额。该指标反映各省份对外贸易的进口水平及其经济开放程度，它根据同年度人民币对美元平均价折算为人民币金额。

4. 出口总额（单位：亿元），即在对外贸易中发生的出口货物总金额。该指标反映各省份对外贸易的出口水平及其经济开放程度，它根据同年度人民币对美元平均价折算为人民币金额。

5. 居民储蓄存款（单位：亿元），即年末城乡居民在银行或其他金融机构的人民币储蓄存款总额。该指标反映各省份居民储蓄水平，并在一定程度上反映各省份居民的购买力水平。

6. 产业结构，由第三产业产值除以第二产业产值计算得出。该指标反映各省份产业结构现状与优化升级的程度。

7. 总部经济发展程度。总部经济带来的税收转移问题值得关注，因为总分机构汇总纳税会带来税收与税源之间的背离，进而对地方税收收入带来影响。考虑到数据的可得性，本文根据上市公司个数设定虚拟变量，用于表示某省份总部经济是否发达。如果某省份年末上市公司个数大于全区域平均值，说明总部经济相对发达，该指标设定为1；如果该省份年末上市公司个数小于或等于全区域平均值，该指标设定为0。为了便于计量分析，消除变量因单位和数值差异较大带来的不利影响，对各被解释变量和除产业结构、总部经济发展程度之外的解释变量数据均做了自然对数变换。

（四）数据来源

本文所使用的数据来源于国家统计局国家统计数据库、相关省份统计年鉴和《中国证券期货统计年鉴》相关各年版本。考虑到我国1994年分税制从实施到影响机制的发挥需要一定的时间，数据的采集年份为1998—2016年。相关变量描述性统计如表1所示。

表1 相关变量描述性统计

变量名称	均值	标准差	最小值	最大值	样本量
固定资产投资额	8.483 8	1.245 6	5.155 4	10.884 1	209
消费品零售额	8.268 8	1.155 0	4.995 9	10.455 6	209
进口总额	19.320 5	1.460 5	15.173 7	21.759 7	209
出口总额	19.427 1	1.500 8	15.637 8	22.111 0	209
居民储蓄存款	8.940 7	1.110 9	5.954 6	10.998 2	209
产业结构	1.145 8	0.690 9	0.562 0	4.165 5	209
总部经济发展程度	0.492 8	0.501 2	0.000 0	1.000 0	209
地方税收收入	6.714 3	1.248 3	3.304 7	8.999 5	209
增值税收入	4.611 5	1.165 6	0.760 8	6.552 8	154
营业税收入	5.199 0	1.116 1	2.374 9	7.226 2	154
企业所得税收入	4.883 1	1.367 8	0.593 2	7.307 9	209
个人所得税收入	4.024 9	1.183 5	1.022 5	6.458 5	209

注：考虑到我国从2012年开始实施"营改增"改革，为了消除该措施对各省份增值税和营业税收入的影响，增值税和营业税为被解释变量的模型数据区间为1998—2011年

四、模型估计结果与分析

根据前文所述的模型和数据，可以得到地方税收收入模型参数的估计结果，如表2所示。

表2 地方税收收入模型参数估计结果

	地理距离					经济距离		
	模型（1）	模型（2）	模型（3）	模型（4）	模型（5）	模型（6）	模型（7）	模型（8）
空间相关系数	0.281 0*** (4.674 9)	0.196 0*** (2.963 4)	0.233 0*** (3.575 6)	0.250 0*** (3.832 5)	0.206 0*** (3.055 6)	0.145 0** (2.156 1)	0.205 0*** (3.067 1)	0.226 0*** (3.400 0)
固定资产投资额	0.146 3*** (4.259 8)	0.180 0*** (5.218 0)	0.243 6*** (6.121 0)	0.251 1*** (6.320 5)	0.132 1*** (3.759 5)	0.174 9*** (5.040 6)	0.241 4*** (6.014 4)	0.249 9*** (6.245 0)
消费品零售额	0.500 8*** (6.663 0)	0.253 0*** (2.622 6)	0.200 0** (2.094 0)	0.209 4* (2.200 4)	0.590 8*** (7.109 8)	0.273 1*** (2.715 8)	0.197 1** (1.978 3)	0.204 0** (2.047 8)
进口总额	0.208 8*** (5.284 6)	0.169 7*** (4.332 8)	0.167 6*** (4.384 5)	0.165 1*** (4.344 4)	0.220 8*** (5.558 3)	0.171 7*** (4.363 5)	0.167 2*** (4.365 5)	0.164 0*** (4.314 1)
出口总额	-0.022 7 (-0.565 1)	-0.041 5 (-1.059 9)	-0.004 4 (-0.109 2)	-0.008 8 (-0.218 7)	-0.012 3 (-0.297 9)	-0.037 5 (-0.949 6)	0.001 3 (0.032 2)	-0.003 1 (-0.076 9)
居民储蓄存款	—	0.374 3*** (3.727 9)	0.250 2*** (2.334 5)	0.217 3* (1.995 8)	—	0.420 3*** (4.334 3)	0.288 4*** (2.753 0)	0.252 8** (2.407 2)
产业结构	—	—	0.129 1*** (2.931 1)	0.130 2*** (2.971 2)	—	—	0.138 0*** (3.069 1)	0.140 5*** (3.154 7)
总部经济发展程度	—	—	—	0.054 8 (1.608 5)	—	—	—	0.061 2* (1.803 7)
调整后 R^2	0.985 7	0.986 1	0.986 6	0.986 8	0.985 2	0.986 2	0.986 7	0.986 9
对数似然值	156.336 5	164.231 6	168.631 9	169.997 0	152.693 4	162.967 0	167.729 1	169.403 9

注：***、** 和 * 分别表示在1%、5%和10%的水平上显著；括号中的数值为 t 统计量

表 2 报告了不同空间权重矩阵下地方税收收入模型参数的估计结果。从整体的回归结果来看，各模型的拟合优度和对数似然值都比较高，整体回归结果良好。如果分别从模型（1）—（4）和模型（5）—（8）来看，随着解释变量居民储蓄存款、产业结构、总部经济发展程度的加入，各模型的拟合优度和对数似然值都有所提高，且加入的居民储蓄存款变量和产业结构变量在 1% 或 5% 水平上都显著。这说明模型（4）和模型（8）的设定是比较合理的。

在表 2 中，各模型的空间相关系数均为正值，且在 1% 或 5% 水平上都显著，说明各地方政府在税收收入方面存在策略互补式竞争，即本省份税收收入受到其他省份税收收入的正向影响，地方税收收入空间相关性显著。基于地理距离矩阵的模型（4）的空间相关系数为 0.250 0，且在 1% 水平上显著，说明当其他省份税收收入提高 1% 时，本省份税收收入会提高 0.25%。基于经济距离矩阵的模型（8）的空间相关系数为 0.226 0，且在 1% 水平上显著，说明当其他省份税收收入提高 1% 时，本省份税收收入会提高 0.226%。无论是基于地理距离矩阵，还是基于经济距离矩阵，各模型的空间相关系数均显著，说明地方政府在决定税收政策时，不仅会考虑地理上邻近省份的情况，而且会考虑经济发展规模相近省份的情况。

在模型（1）—（8）中，除了出口总额和总部经济发展程度之外，各解释变量的参数估计结果均显著为正值，均对地方税收收入产生了正向影响，与基本经济理论相符。具体来看，固定资产投资额、消费品零售额的估计系数在模型（4）中分别为 0.251 1 和 0.209 4，在模型（8）中分别为 0.249 9 和 0.204 0，因为二者对经济产出有直接影响，它们的增加可以带来经济产出的提高，进而促进相关税种收入的增长；固定资产投资额的估计系数在 1% 水平上显著，消费品零售额的估计系数在 5% 水平上显著，且前者略高于后者，说明固定资产投资额对地方税收收入的贡献略大于消费品零售额。进口总额的估计系数在各模型中均显著为正值，虽然从征管角度来看进口环节的增值税和消费税都属于中央收入，进口总额的变动不会通过进口环节直接影响地方税收收入，但是进口总额的增加会促进当地其他环节经济活动的繁荣，带来国内增值税、营业税、所得税等税收收入的增加。出口总额的估计系数在各模型中均不显著，未对地方税收收入产生显著影响。

在模型（4）和模型（8）中，居民储蓄存款的估计系数分别为 0.217 3 和 0.252 8，均在 5% 水平上显著，说明居民储蓄存款对地方税收收入有显著影响。究其原因，一方面是居民储蓄存款代表了居民的购买力和投资能力，从而影响了消费和投资行为；另一方面，居民储蓄存款是金融机构贷款的主要来源，它可以通过货币创造机制影响经济中的货币供给。居民储蓄存款在这两个方面对经济产出和税收收入的影响都是正向的。产业结构的估计系数在模型（4）和模型（8）中分别为 0.130 2 和 0.140 5，二者在 1% 水平上均显著，说明产业结构是影响地方税收收入的重要因素之一，我国产业结构调整和优化带来第三产业的不断扩张，创造了更多的税源。总部经济发展程度的估计系数在模型（4）和模型（8）中分别为 0.054 8 和 0.061 2，前者不显著，后者在 10% 水平上显著，说明总部经济的发展对地方税收收入有一定的正向影响。

根据前文所述的模型和数据，可以得到不同空间权重矩阵下地方各税种收入模型参数的估计结果，如表 3 所示。从表 3 可以看出，各模型的拟合优度和对数似然值大都比较高，整体回归结果良好。模型（9）和模型（13）中的空间相关系数均为正值，且在 1% 水平上都显著，说明各地方政府在增值税方面存在策略互补式竞争，即本省份增值税收入受到其他省份增值税收入的正向影响。需要说明的是，考虑到我国增值税由国税部门征管，其各项政策在各地区基本统一，这可能会高估地方政府在增值税方面的竞争程度。在模型（9）和模型（13）中，固定资产投资额的估计系数显著为负值，说明固定资产投资额的增加会降低增值税收入；消费品零售额、进口总额的估计系数显著为正值，说明二者的增加会促进增值税收入的增长；产业结构的估计系数显著为负值，说明第三产业的扩张会降低增值税收入，这符合我国增值税主要来源于第二产业的现实；居民储蓄存款的估计系数为正值，但在模型（9）和模型（13）中的显著性不同，前者不显著，后者在 1% 水平上显著，说明居民储蓄存款可能对增值税收入有一定的促进作用；出口总额和总部经济发展程度的估计系数不显著，未对增值税收入产生显著影响。

模型（10）和模型（14）中的空间相关系数均为负值，分别在 10% 和 1% 的水平上显著，说明各地方政府在营业税方面存在策略替代式竞争，即本省份营业税收入受到其他省份营业税收入的负向影响。这也反映了地方政府在营业税政策制定中有较强的自主性。在模型（10）和模型（14）中，固定资产投资额、消费品零售额、进口总额、居民储蓄存款的估计系数显著为正值，说明它们的增加会促进营业税收入的增长；产业结构的估计系数显著为负值，说明第三产业的扩张削弱了营业税收入的增长，这可能与地方政府通过降低营业税实际税负来发展第三产业有关；总部经济发展程度的估计系数为正值，但在模型（10）和模型（14）中的显著性不同，前者在 10% 水平上显著，后者不显著，说明总部经济发展可能对营业税收入有一定的促进作用；出口总额的估计系数不显著，未对营业税收入产生显著影响。

表 3　地方各税种收入模型参数估计结果

被解释变量	地理距离				经济距离			
	模型（9）增值税	模型（10）营业税	模型（11）企业所得税	模型（12）个人所得税	模型（13）增值税	模型（14）营业税	模型（15）企业所得税	模型（16）个人所得税
空间相关系数	0.678 0***	−0.128 9*	0.471 0***	0.478 0***	0.699 0***	−0.225 0***	0.397 0***	0.446 0***
	(13.769 7)	(−1.705 1)	(6.537 7)	(8.171 1)	(16.001 9)	(−3.032 1)	(5.213 5)	(7.455 7)
固定资产投资额	−0.120 0***	0.258 9***	0.225 4**	0.029 5	−0.138 5***	0.257 8***	0.196 5**	0.006 6
	(−2.960 0)	(6.708 4)	(2.438 5)	(0.611 8)	(−3.460 2)	(6.907 0)	(2.071 4)	(0.133 5)
消费品零售额	0.236 0***	0.275 2***	0.271 4	0.415 8***	0.148 7*	0.371 7***	0.378 7*	0.287 5**
	(2.927 2)	(3.511 5)	(1.251 4)	(3.579 3)	(1.872 4)	(4.404 5)	(1.671 7)	(2.451 5)
进口总额	0.141 5***	0.213 7***	0.305 4***	0.139 3***	0.138 4***	0.216 3***	0.286 0***	0.152 0***
	(3.641 7)	(5.838 1)	(3.484 3)	(−3.027 4)	(3.580 8)	(6.087 6)	(3.189 2)	(−3.221 6)
出口总额	−0.023 0	−0.018 9	−0.202 8**	0.371 0***	−0.024 5	−0.021 3	−0.165 5*	0.381 8***
	(−0.611 5)	(−0.533 6)	(−2.155 0)	(7.536 2)	(−0.664 1)	(−0.619 2)	(−1.721 5)	(7.573 0)
居民储蓄存款	0.117 1	0.619 4***	−0.093 0	−0.295 2***	0.231 3***	0.643 8***	−0.083 7	−0.097 3
	(1.392 4)	(6.176 4)	(−0.404 8)	(−2.499 6)	(2.849 5)	(7.356 0)	(−0.360 5)	(−0.808 5)
产业结构	−0.241 0***	−0.114 8**	0.345 9***	0.522 3***	−0.253 3***	−0.143 7***	0.325 3***	0.539 2***
	(−5.191 1)	(−2.527 8)	(3.430 1)	(9.929 1)	(−5.570 9)	(−3.152 9)	(3.142 1)	(9.992 3)
总部经济发展程度	0.026 8	0.048 7*	0.168 7**	0.136 7***	0.013 9	0.039 9	0.179 0**	0.148 8***
	(0.920 8)	(1.720 5)	(2.150 7)	(3.332 3)	(0.486 2)	(1.458 7)	(2.231 6)	(3.534 7)
调整后 R^2	0.976 7	0.990 5	0.915 9	0.957 0	0.973 7	0.990 9	0.921 3	0.953 3
对数似然值	160.608 5	177.589 1	−10.255 9	125.332 6	160.749 9	181.365 0	−14.188 6	120.041 7

注：***、** 和 * 分别表示在 1%、5% 和 10% 的水平上显著；括号中的数值为 t 统计量。考虑到我国从 2012 年开始实施 "营改增" 改革，为了消除该措施对各省份增值税和营业税收入的影响，增值税和营业税为被解释变量的模型数据采集区间为 1998—2011 年

243

模型（11）和模型（15）中的空间相关系数均为正值，且在1%水平上都显著，说明各地方政府在企业所得税方面存在策略互补式竞争，即本省份企业所得税收入受到其他省份企业所得税收入的正向影响。在模型（11）和模型（15）中，固定资产投资额、进口总额的估计系数显著为正值，说明二者的增加会促进企业所得税收入的增长；产业结构和总部经济发展程度的估计系数显著为正值，说明第三产业扩张和总部经济发展会提高企业所得税收入；出口总额的估计系数显著为负值，说明出口总额的增加对企业所得税收入有一定的抑制作用；消费品零售额的估计系数为正值，但在模型（11）和模型（15）中的显著性不同，前者不显著，后者在10%水平上显著，说明消费品零售额可能对企业所得税收入有一定的促进作用；居民储蓄存款的估计系数不显著，未对企业所得税收入产生显著影响。

模型（12）和模型（16）中的空间相关系数均为正值，且在1%水平上都显著，说明各地方政府在个人所得税方面存在策略互补式竞争，即本省份个人所得税收入受到其他省份个人所得税收入的正向影响。在模型（12）和模型（16）中，消费品零售额、出口总额的估计系数显著为正值，说明二者的增加会促进个人所得税收入的增长；产业结构和总部经济发展程度的估计系数显著为正值，说明第三产业扩张和总部经济发展会提高个人所得税收入；进口总额的估计系数显著为负值，说明进口总额的增加会抑制个人所得税收入的增加；居民储蓄存款的估计系数为负值，但在模型（12）和模型（16）中的显著性不同，前者在5%水平显著，后者不显著，说明居民储蓄存款的增加可能对个人所得税收入有一定的抑制作用；固定资产投资额的估计系数不显著，未对个人所得税收入产生显著影响。

五、结论与政策建议

（一）研究结论

本文在分析我国区域税收收入空间分布特征的基础上，将地方政府间策略行为纳入分析框架，构建空间面板模型，考查了税收收入增长的影响因素。通过以上研究，本文得出如下主要结论。

1. 地方税收收入分层明显，分布特征与经济发展水平相符。通过GIS技术可以发现，东部地区各省份在地理区位上具有一定的相似性，但其税收收入规模和结构的分层特征明显，差异和趋同现象同时存在。从税收收入规模来看，经济发达地区的税收收入较高，同时表现出明显的区域集聚特征，从税收结构来看，经济发达地区所得税占比相对较高。

2. 地方税收收入受到政府间策略行为的影响，空间相关性显著，但策略行为在不同税种上存在差别。对地方税收、增值税、企业所得税和个人所得税而言，各地方政府存在策略互补式竞争；对营业税而言，各地方政府存在策略替代式竞争；各地方政府在决定税收政策时，不但考虑地理上邻近省份的情况，而且会考虑经济发展规模相近省份的情况。

3. 地方税收收入受到投资、消费、进出口、储蓄、产业结构和总部经济等因素的影响，影响的方向和程度在不同税种间有所不同。对地方税收和营业税而言，固定资产投资额、消费品零售额、进口总额、居民储蓄存款对它们均为正向影响，而产业结构对前者为正向影响，对后者为负向影响；对增值税而言，消费品零售额、进口总额对其为正向影响，而固定资产投资额、产业结构对其为负向影响；对企业所得税而言，固定资产投资额、进口总额、产业结构、总部经济发展程度对其为正向影响，出口总额对其为负向影响；对个人所得税而言，消费品零售额、出口总额、产业结构、总部经济发展程度对其为正向影响，进口总额对其为负向影响。

（二）政策建议

本文研究发现，我国地区间税收收入差距和趋同现象同时存在，政府间策略行为、投资、消费、进出口、储蓄、产业结构等都是影响地方税收收入的因素。为了保障基本公共服务均等化的实现，缩小地区间经济和税收收入的差距，促进区域经济协调发展，需要采取多种措施。具体来说，包括以下几个方面。

1. 建立健全地方政府间税收合作机制，防止地区间的恶性竞争。主要包括：建立税收利益分享机制，保障区域产业布局优化带来的产业转移中各地方政府的利益；建立税收政策配合机制，保障协同发展目标下各地区税收政策保持合理的统一和差异；建立涉税信息共享机制与涉税争议处理机制，保障对跨区域经营活动的有效监管和纳税服务水平的提高。

2. 继续推进"放管服"改革。主要包括：取消与区域统一市场要求不适应的地方保护措施，促进地区间经济资源自由流通；以京津冀、长三角、珠三角等城市群为引领，推动区域协同发展不断深入；在技术创新、基础设施、产业园建设、环境保护等方面加强区域合作和共同治理，发挥发达地区对区域经济的辐射带动作用（刘志彪，2017）。

3. 进一步深化我国税制改革，充分发挥税收政策对现代化经济体系建设的支持作用。主要包括：适度加大优惠力度，以促进产业结构转型升级、创新型国家建设和先进制造业投资；完善个人所得税费用扣除标准和扣除项目，以提升居民消费能力；健全绿色税收体系，以形成资源节约和环境友好的生产方式和生活方式。

注：本文发表于 2018 年 8 月《税务研究》（权威期刊）。

参考文献

[1] 白彦锋，叶菲．中期预算：中国模式与国际借鉴 ［J］．经济与管理评论，2013（1）：78.

[2] 谢珊，汪卢俊．中期预算框架下我国财政收入预测研究 ［J］．财贸研究，2015，26（4）：64-70.

[3] 杨志勇．预算法修正必须面对的四个难题 ［N］．东方早报，2014-05-27.

[4] 王雍君．中国的预算改革：引入中期预算框架的策略与要点 ［J］．中央财经大学学报，2008（9）：3-7.

[5] 萨伊．政治经济学概论 ［M］．北京：华夏出版社，2014.

[6] 王金秀．解读跨年度预算平衡机制 ［J］．财政监督，2015（7）：130.

[7] 杨思涛．中央部门如何做好滚动支出规划 ［N］．中国经济新闻，2014-10-07.

[8] 林江．建立跨年度预算平衡机制依然任重道远 ［J］．财政监督，2015（12）：74-80.

[9] 楼继伟．加快发展中国特色管理会计　促进经济转型升级 ［J］．财务与会计，2014（10）：3-11.

[10] 李燕．实施跨年度预算平衡机制的思考 ［J］．中国财政，2015（2）.

[11] 袁军宝．征收"过头税"现象说明了什么？［EB/OL］．［2013-08-14］．http：//cpc. people. com. cn/n/2013/0815/c87228-2256703/html.

[12] 白景明，石英华．依法加快建立跨年度预算平衡机制 ［J］．中国财政，2015（1）：50-53.

[13] 廖家勤，宁扬．防范地方政府债务风险的预算平衡机制创新研究 ［J］．当代财经，2014（9）：28-35.

[14] 石英华．积极稳妥推行中期财政规划管理 ［J］．公共财政研究，2015（1）：61-73.

[15] 徐小平．花钱必问效　无效必问责 ［N］．荆州日报，2015-05-29.

[16] 王智．加强人大监督　推动预算绩效管理 ［N］．荆州日报，2015-05-22.

［17］李红霞，刘天琦．建立我国跨年度预算平衡机制的深层次思考［J］．当代财经，2016（9）：24-31．

［18］李红霞，刘天琦．中期财政规划难点与路径探析［J］．中央财经大学学报，2016（6）：21-28．

［19］李红霞，杨妍坤．中期预算构建中的难点问题与破解思路［J］．经济研究参考，2017（50）：23-30．

［20］斯密．国富论［M］．北京：中央编译出版社，2012．

［21］PETTY W. The economic writings of Sir William Petty：together with the observations upon the bills of mortality［M］. Cambridge：Cambridge University Press，1986.

［22］KEYNES J M. The general theory of employment，interest and money［M］. Montana：Literary Licensing，2013.